交通版高等学校交通工程专业规划教材

ZHINENG JIAOTONG XITONG
智能交通系统

徐建闽　主　编

林培群　秦　钟　王　钰　副主编

张　毅　主　审

人民交通出版社股份有限公司
China Communications Press Co.,Ltd.

内 容 提 要

本书分为 14 章。内容包括：绪论，智能交通系统相关基础理论与技术，交通信息自动采集技术，交通数据库技术，城市交通综合信息平台，智能交通指挥系统，出行者信息服务系统，智能公共交通系统，智能高速公路系统，智能收费系统，智能物流系统，智能车辆系统，智能车路合作系统，交通仿真系统。

本书可作为高等院校交通相关专业方向的本科生教材，也可作为相关领域的科研、工程技术人员的参考书。

图书在版编目(CIP)数据

智能交通系统/徐建闽主编. —北京：人民交通出版社股份有限公司，2014.8
交通版高等学校交通工程专业规划教材
ISBN 978-7-114-11515-8

Ⅰ.①智… Ⅱ.①徐… Ⅲ.①交通运输管理—智能系统—高等学校—教材 Ⅳ.①U495

中国版本图书馆 CIP 数据核字(2014)第 146909 号

交通版高等学校交通工程专业规划教材

书　　　名：	智能交通系统
著　作　者：	徐建闽
责任编辑：	富砚博　郭红蕊
出版发行：	人民交通出版社股份有限公司
地　　　址：	(100011)北京市朝阳区安定门外外馆斜街 3 号
网　　　址：	http://www.ccpress.com.cn
销售电话：	(010)59757973
总　经　销：	人民交通出版社股份有限公司发行部
经　　　销：	各地新华书店
印　　　刷：	北京武英文博科技有限公司
开　　　本：	787×1092　1/16
印　　　张：	15.75
字　　　数：	358 千
版　　　次：	2014 年 8 月　第 1 版
印　　　次：	2024 年 1 月　第 8 次印刷
书　　　号：	ISBN 978-7-114-11515-8
印　　　数：	22001—24000
定　　　价：	38.00 元

(有印刷、装订质量问题的图书由本公司负责调换)

交通版高等学校交通工程专业规划教材

编审委员会

主 任 委 员：徐建闽（华南理工大学）
副主任委员：马健霄（南京林业大学）
　　　　　　　王明生（石家庄铁道大学）
　　　　　　　王建军（长安大学）
　　　　　　　吴　芳（兰州交通大学）
　　　　　　　李淑庆（重庆交通大学）
　　　　　　　张卫华（合肥工业大学）
　　　　　　　陈　峻（东南大学）
委　　　员：马昌喜（兰州交通大学）
　　　　　　　王卫杰（南京工业大学）
　　　　　　　龙科军（长沙理工大学）
　　　　　　　朱成明（河南理工大学）
　　　　　　　刘廷新（山东交通学院）
　　　　　　　刘博航（石家庄铁道大学）
　　　　　　　杜胜品（武汉科技大学）
　　　　　　　郑长江（河海大学）
　　　　　　　胡启洲（南京理工大学）
　　　　　　　常玉林（江苏大学）
　　　　　　　梁国华（长安大学）
　　　　　　　蒋阳升（西南交通大学）
　　　　　　　蒋惠园（武汉理工大学）
　　　　　　　韩宝睿（南京林业大学）
　　　　　　　靳　露（山东科技大学）
秘　书　长：张征宇（人民交通出版社股份有限公司）

（按姓氏笔画排序）

前 言

随着经济的飞速发展和城市化进程的加快,我国的汽车保有量不断增加,随之而来的交通拥堵、环境污染、交通事故频发等问题,已成为城市可持续发展所面临的主要问题。智能交通系统(Intelligent Transportation Systems,ITS)已被公认为解决当前世界范围内存在的交通问题的有效途径。

智能交通系统利用系统的观点,将人、车、路以及环境综合起来考虑,并把先进的信息技术、数据通信技术及电子控制技术等有效地综合运用于交通运输体系,从而建立起一种大范围、全方位发挥作用、实时、准确、高效的交通运输系统。世界上目前正在发展的ITS技术多种多样,但其内涵主要包括如下几个方面:(1)先进的交通管理系统;(2)先进的出行者信息系统;(3)先进的车辆控制系统;(4)先进的公共交通系统;(5)先进的电子收费系统。

对智能交通系统的研究工作可以追溯到20世纪60年代,美国提出的电子路径导航系统(ERGS)。从20世纪80年代开始,随着交通需求的增长,欧洲、美国和日本相继从扩大路网解决交通问题转到对ITS的研究、开发和应用。经过30多年的发展,ITS的开发应用已取得巨大成就,已经成为改造和完善城市交通管理的重要方法和手段。美国的导航者系统、日本的Smartway系统、欧洲的eSafety计划等都是ITS发展的有效实践。可以说,当前智能交通的建设直接关系城市交通运输乃至整个社会经济的持续、稳定、健康发展。

与国外相比,我国智能交通系统起步较晚,但是发展迅速。从"863"计划到"973"计划的相继提出并实施,我国的ITS重大专项科研相继得以设立。2010年,交通运输部明确提出将智能交通列为交通规划的重要组成部分。北京奥运会、上海世博会以及广州亚运会对智能交通系统项目的研究与实施,起到了很大的促进作用。目前,ITS各种应用系统已在各大中型城市开始研发或使用,管理与监控着城市的交通运行。

智能交通系统最主要的特征是"智能化"和"系统化"。"智能化"要求系统能够实现人的各种智能行为,随着人工智能技术、通信技术、信息技术的发展,ITS的智能化将向着具备实时响应的更加复杂的应用发展。"系统化"是指将智能交通系统的各个组成要素,人、车、路、环境等看成相互联系相互作用的有机整体,而ITS本质上是一个复杂的大系统。因此,依靠不断迅速发展的相关领域的新技术,未来的智能交通系统将会在对更大范围的信息进行集成的基础上,对交通运输实现更为智能的管理。

目前,交通运输部已经启动了"新一代智能交通系统发展战略研究"和"应用物联网技术推进现代交通运输策略研究"两个重大科研项目,指引着我国的ITS向更高层次发展。更

透彻的感知,更全面的互联互通,更深入的智能化,是智能交通系统未来的发展目标,具体表现在:

1)建立车路合作系统,实现人、车、路、环境的相互协作

在车路合作的环境下,行驶中的车辆可以获得周围车辆的信息,以保障行车安全;驾驶人员可以获得城市各个路段的交通状态,通过动态导航,可以得到到达目的地的最快行驶路径;交通管理中心通过对整个城市车辆与交通状态数据的分析,可以对交通流进行合理的动态分配,提高整个城市的交通运行效率。在车路合作系统中,车辆的自主驾驶成为可能,它将不仅仅依赖于车辆自身的智能化,自主行驶的安全性也将大为提高。

目前,世界各国正积极进行车路协同方面的研究与应用,例如:美国实施的"智能车辆计划"、"车辆道路智能集成系统",通过车—车与车—路通信,为驾驶人提供安全辅助驾驶或自主驾驶支持;欧盟的 eSafety 计划利用先进的通信技术为道路交通提供全面的安全解决方案;日本的 Smartway 计划将道路基础设施的智能化以及道路基础设施与车载终端系统的相互协作作为研究方向,使道路与车辆成为智能道路与智能车辆。然而,国内在车路协同领域的研究才刚刚起步,未形成具体可行的技术框架,更没有深入研究与实际应用,因此需要加大研究开发力度,以期快速赶上发达国家,满足我国智能车路应用的需求。

2)利用大数据技术,进一步提升 ITS 的智能化水平

在信息爆炸的时代,"大数据"得到了各国的关注,大量的大数据研发计划被启动,力求让海量复杂的数据帮助人们回答更多的问题,通过对大数据的分析和挖掘获取前所未有的知识。及时、准确获取交通数据并对其进行深入分析,是构建更高层次的智能交通系统的关键,未来这一难题可以通过大数据技术得到解决。

随着无线通信技术、物联网技术及微电子技术的发展,智能交通系统能够获取的数据已经从贫乏转向丰富。交通数据的感知已经不再局限于线圈、视频等固定的检测设备,更加丰富的数据将会来自于智能手机、车载智能终端以及遍布各个角落的各种各样的传感器。动态交通信息的获取和共享可以在更大的范围内实现。在这样的环境下,交通数据的感知与分析会遇到很大的挑战。如果能够对这些海量数据进行分析,探寻其数据模式及特征,进而发现潜在的知识,那么交通管理人员就可以预测到未来交通流的变化趋势,可为交通流预测、动态路径诱导、交通流动态分配、交通事件预测、道路科学规划等提供参考。同时,对各种交通突发事件的应急调度能力也会因此而提高。大数据技术提供了 PB 级别的数据的存储与分析能力,在此基础上,构建智能交通大数据平台将极大地提高智能交通系统的信息处理能力与运行效率。

车路合作系统与大数据技术是相辅相成的,二者都是为了能够更好地对交通要素进行更大范围的整合,对交通数据进行更加广泛的采集与深入挖掘。展望未来,这将为交通运营效率和城市网络的通行能力带来前所未有的改变。

智能交通系统一直在不断地发展和完善中,本书根据最新的智能交通技术体系对智能交通系统作了详尽的分析与说明。本书的主要内容包括五个部分:第一部分,介绍智能交通系统的基础理论与技术,包括第 1 章绪论、第 2 章智能交通系统相关基础理论与技术;第二部分,介绍交通信息采集与存储,包括第 3 章交通信息自动采集技术、第 4 章交通数据库技术;第三部分,介绍智能交通系统的各个组成部分,其中,"城市道路交通管理服务信息化"包

括第5章城市交通综合信息平台、第6章智能交通指挥系统、第7章出行者信息服务系统,"城市公交信息化"包括第8章智能公共交通系统,"公路交通信息化"包括第9章智能高速公路系统、第10章智能收费系统、第11章智能物流系统;第四部分,介绍智能交通系统研究前沿内容,包括第12章智能车辆系统、第13章智能车路合作系统;第五部分,介绍实验与仿真,包括第14章交通仿真系统。

各章节以及知识点之间的关联关系,如图1所示。

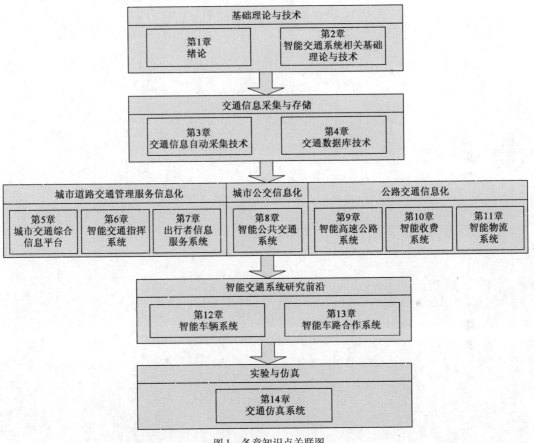

图1 各章知识点关联图

本书从基本概念到基础理论与技术,再到各层次的应用系统,从不同角度介绍了智能交通系统的基本知识、研究成果与实践应用。这些内容不仅有利于读者将理论与实践相结合,让读者较为系统地掌握智能交通系统的理论精髓与相关技术,同时,书中给出的应用案例,为利用ITS技术解决交通的实际问题提供了具体思路和方法。

本书由徐建闽教授领导的研究团队编写。该团队承担了"863"计划项目、国家自然科学基金项目等ITS相关项目共70余项,发表了高水平论文达百余篇,积累了大量的研究成果与经验。本书编写过程中,在对ITS的框架、支撑技术与案例进行分析和总结的同时,也融入了本团队多年来积累的成果。本书的编写得到了国家"863"计划项目(2012AA112305)、国家自然科学基金项目(51108191,61174184)、广东省自然科学基金项目(S2013010013871)的支持。

本书可作为高等院校交通相关专业方向的本科生教材,也可作为相关领域的科研、工程技术人员的参考书。

参与本书编写工作的还有硕士研究生谢荣发、郑瑞朋、周沛、赵艳丽、荆彬彬、李桂超、易倩等,撰写过程中,参考了国内外许多专家、学者们的文献与著作,引用了其中的观点与结论,在此一并表示感谢。

编 者
2014 年 7 月

目 录

第1章 绪论 ··· 1
  第1节 ITS的定义及特点 ··· 1
  第2节 ITS的组成部分 ··· 3
  第3节 ITS评价 ··· 9
  第4节 ITS的发展历史 ··· 12
  第5节 ITS的发展趋势 ··· 21
  第6节 国内外典型综合应用案例 ··· 24
  课后习题 ··· 32
  参考文献 ··· 32

第2章 智能交通系统相关基础理论与技术 ··· 34
  第1节 基础理论 ··· 34
  第2节 技术体系 ··· 36
  课后习题 ··· 42
  参考文献 ··· 42

第3章 交通信息自动采集技术 ··· 43
  第1节 概述 ··· 43
  第2节 磁场型交通信息采集技术 ··· 44
  第3节 微波/雷达交通信息采集技术 ··· 47
  第4节 压力式交通信息采集技术 ··· 51
  第5节 视频交通信息采集技术 ··· 51
  第6节 GPS浮动车交通信息采集技术 ··· 53
  第7节 物联网/车联网时代交通信息采集技术 ··· 56
  第8节 交通传感器网络 ··· 57
  课后习题 ··· 58
  参考文献 ··· 59

第4章 交通数据库技术 ··· 61
  第1节 交通数据的特征 ··· 61

第 2 节　交通数据结构 ……………………………………………………… 62
　　第 3 节　交通数据库设计 ……………………………………………………… 63
　　第 4 节　交通数据仓库设计 …………………………………………………… 69
　　第 5 节　数据挖掘技术 ………………………………………………………… 73
　　第 6 节　GIS-T 技术 …………………………………………………………… 76
　　课后习题 ………………………………………………………………………… 78
　　参考文献 ………………………………………………………………………… 78
第 5 章　城市交通综合信息平台 …………………………………………………… 80
　　第 1 节　概述 …………………………………………………………………… 80
　　第 2 节　分布式并行计算技术 ………………………………………………… 81
　　第 3 节　多源信息融合技术 …………………………………………………… 84
　　第 4 节　智能决策支持技术 …………………………………………………… 87
　　第 5 节　云计算与云服务技术 ………………………………………………… 89
　　第 6 节　大数据时代的交通信息平台 ………………………………………… 93
　　第 7 节　应用案例 ……………………………………………………………… 94
　　课后习题 ………………………………………………………………………… 97
　　参考文献 ………………………………………………………………………… 97
第 6 章　智能交通指挥系统 ………………………………………………………… 99
　　第 1 节　概述 …………………………………………………………………… 99
　　第 2 节　交通信号控制系统 …………………………………………………… 100
　　第 3 节　视频监控系统 ………………………………………………………… 102
　　第 4 节　交通诱导系统 ………………………………………………………… 104
　　第 5 节　闯红灯电子警察系统 ………………………………………………… 106
　　第 6 节　GPS 车辆控制系统 …………………………………………………… 106
　　第 7 节　应用案例 ……………………………………………………………… 107
　　课后习题 ………………………………………………………………………… 110
　　参考文献 ………………………………………………………………………… 110
第 7 章　出行者信息服务系统 ……………………………………………………… 111
　　第 1 节　概述 …………………………………………………………………… 111
　　第 2 节　最优路径算法 ………………………………………………………… 115
　　第 3 节　可变情报板 …………………………………………………………… 117
　　第 4 节　交通电台 ……………………………………………………………… 119
　　第 5 节　基于 Web 的交通信息服务 ………………………………………… 119
　　第 6 节　基于静态数据的车载导航系统 ……………………………………… 123
　　第 7 节　车联网时代动态交通信息服务 ……………………………………… 127
　　第 8 节　智能停车系统 ………………………………………………………… 132
　　第 9 节　应用案例 ……………………………………………………………… 134

课后习题 ... 138
　　参考文献 ... 139
第8章　智能公共交通系统 ... 141
　　第1节　概述 ... 141
　　第2节　电子卡技术 ... 142
　　第3节　智能化排班方法 ... 144
　　第4节　智能化调度方法 ... 146
　　第5节　应用案例 ... 150
　　课后习题 ... 151
　　参考文献 ... 151
第9章　智能高速公路系统 ... 152
　　第1节　概述 ... 152
　　第2节　匝道控制 ... 153
　　第3节　区间速度管理 ... 157
　　第4节　事件管理 ... 160
　　第5节　交通流紧急疏导 ... 165
　　第6节　应用案例 ... 167
　　课后习题 ... 168
　　参考文献 ... 168
第10章　智能收费系统 ... 170
　　第1节　概述 ... 170
　　第2节　ETC收费系统 ... 171
　　第3节　基于GPS与GIS的收费系统 ... 174
　　第4节　收费系统技术发展趋势 ... 176
　　第5节　应用案例 ... 177
　　课后习题 ... 179
　　参考文献 ... 179
第11章　智能物流系统 ... 181
　　第1节　概述 ... 181
　　第2节　物流机械技术 ... 183
　　第3节　物流信息技术 ... 186
　　第4节　智能仓储技术 ... 186
　　第5节　商用车辆运营管理系统 ... 189
　　课后习题 ... 192
　　参考文献 ... 192
第12章　智能车辆系统 ... 194
　　第1节　概述 ... 194

第2节　世界智能车辆的研究与发展 ··· 195
　第3节　驾驶人行为检测技术 ·· 197
　第4节　智能车辆与机器视觉 ·· 200
　第5节　导航与定位技术 ·· 201
　课后习题 ··· 203
　参考文献 ··· 203

第13章　智能车路合作系统 ·· 205
　第1节　概述 ·· 205
　第2节　智能车路合作系统的技术体系 ··· 206
　第3节　智能车路合作系统通信网络构建 ··· 208
　第4节　美国 Connected Vehicle 计划 ··· 213
　第5节　欧盟 eSafety 计划 ·· 214
　第6节　日本 Smartway 计划 ·· 215
　课后习题 ··· 215
　参考文献 ··· 216

第14章　交通仿真系统 ··· 217
　第1节　概述 ·· 217
　第2节　交通仿真模型与系统介绍 ··· 219
　第3节　在线交通仿真技术 ·· 224
　第4节　多维度一体化仿真技术 ·· 225
　第5节　用于 ITS 评价的仿真技术 ··· 226
　第6节　应用案例 ··· 229
　课后习题 ··· 234
　参考文献 ··· 234

附录　本书配套数字教学资源 ··· 235

第1章 绪 论

➡ 第1节 ITS 的定义及特点

一、ITS 的定义

在市场经济引导社会发展的大环境下,大部分工业化国家都经历了汽车与经济相互促进不断发展的过程:经济的发展催生并促进汽车的发展,而汽车的发展又刺激经济的进一步发展。通过这一过程,这些国家都已进入了汽车化的时代。然而,汽车化社会也出现大量的社会问题,如交通拥堵、交通事故、能源消耗和环境污染等。考虑到交通拥堵会造成巨大的经济损失,美国、日本等道路设施十分发达的国家也必须通过转换思维模式来改善日益严峻的交通状况:从过去仅仅依靠供给来满足需求的方式转换为同时考虑供给和需求两方面,进行共同管理的方式。这些注重汽车发展的工业国家不断地寻求可以用来维护汽车化社会,缓解交通问题的方法,在这个过程中,旨在运用现代化科学技术来实现"保障安全,提高效率、改善环境、节约能源"的目标的智能交通系统概念便应运而生。

随着工业化、城市化进程的不断推进,工业化国家的能源短缺与环境污染问题愈加严重,发展中国家也面临着同样的问题。从20世纪50年代开始,人类社会中最需要在短时间内得到重视的任务就是解决生存与发展的问题,最具代表性的是联合国人类环境会议在1972年通过《人类环境宣言》。通过对世界经济的发展规律进行研究可以发现,在城市化水平高于30%时,经济将会进入飞速发展阶段,这是城市化生产力发展的一个必然结果。一些发达国家诸如美国、日本、英国等,在1990年城市化水平都远远超过了30%,为解决交通运输的发展对资源和环境所产生的影响,这些发达国家开始对交通运输体系与结构进行调整。大多数发达国家都有这样的发展过程:大力开发建设交通基础设施,从而满足汽车发展的各种需求。然而,这样的过程不但占用和消耗了大量土地、石油等资源,也没有完全满足交通需求,此外由于道路堵车严重,汽车尾气排放量急剧增加,既带来了巨大的经济损失,也严重污染了环境。为解决石油危机及环境恶化问题,提高效益和节约能源,工业化国家于20世纪60～70年代开始研发应用交通系统管理(TSM)和交通需求管理(TDM),并致力于大运量轨道的发展及公交优先政策的实施,调整运输结构以保证社会可持续化发展,同时也建立以均衡利用能源和环境保护最优化为目标的交通运输体系。智能交通系统作为一代全新的与环境相协调的交通运输系统可以综合解决交通问题、促进社会经济的可持续发展,在信息技术的迅速发展的推动下,智能交通系统成为世界范围内的交通运输的主要发展导向。

由上可以看出,汽车发展的社会化以及人类环境的可持续化两者共同催生了智能交通系统并推动其发展。

智能交通系统(Intelligent Transportation Systems,简称ITS)是在传统的交通工程基础上发展起来的新型交通系统。由于各国、各地区具体情况不同,智能交通的发展重点和研究内容也存在很多不同,因此,目前国际上对智能交通系统(ITS)还没有一个完整统一的定义。综合各个观点,其含义可归纳为:智能交通系统是人们将先进的计算机处理技术、信息技术、数据通信技术、传感器技术及电子自动控制技术等有效地综合起来,运用于整个交通运输系统中,以车辆、道路、使用者、环境四者有机结合,达到和谐统一的最佳效果为目的,从而建立起的一种作用范围大、作用发挥全面的实时、精确、高效的交通运输综合管理体系。它是充分开发现有交通道路设施的潜能,提高交通效率,降低环境污染,保证交通安全,减少交通拥挤的有力措施,同时也推动了高新技术应用及产业发展。智能交通系统(ITS)的概念如图1-1所示。

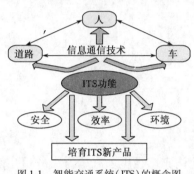

图1-1 智能交通系统(ITS)的概念图

二、ITS 的特点

智能交通系统为解决当前的各类交通难题提供了新的思路,从概念、理论和试验阶段发展到大规模的实施阶段,各地智能交通的投资规模在迅速增长。与传统的交通运输管理与设施建设不同,ITS 的特点主要表现在以下几个方面。

1. 信息化

智能交通系统以信息的收集、分析处理、交换、共享、发布为主线,为交通参与者提供多元化的服务。信息是智能交通系统的灵魂,通过信息技术对由出行者个体分散进行的交通活动进行引导整合,帮助出行者充分了解相关的宏观状态,从而促使其交通行为合理化,达到一定程度上的系统整体协调,同时提高了管理水平,实时采集交通信息,并进行传输和综合分析,这可以确保管理者能够就实际问题提供科学的解决方案,利用管理水平的提高达到提高系统运行效率的目的,并实现交通运输与整个社会经济系统之间的有效衔接,有利于各种社会资源的高效利用。

2. 整体性

ITS 项目产生的效益与对社会经济的发展影响越来越广泛,这主要得益于交通运输领域越来越多地吸收 IT 等相关技术和新理念,相比传统的技术系统,智能交通系统在建设过程中具有要求更为严格的整体性,其表现为:

(1)智能交通系统建设涉及众多行业领域,是需要全社会一起参与才能完成的大型工程;

(2)智能交通系统涉及众多技术领域,需要这些领域的技术人员共同协作,将其技术成果成功运用于交通运输系统中;

（3）智能交通系统的整体性，也体现在ITS项目的研发和实施，需要政府、企业、私人组织、科研院所等多方共同参与完成。

3. 开放性

由于智能交通系统是一个开放的系统，ITS项目中可以应用未来一些新技术，同时，ITS项目的内容也会不断地扩展，这从根本上决定了ITS具有强大生命力。此外，ITS项目的实施不但会带来直接的交通效益，还将有更长远的社会效益，并将促进相关产业的快速发展，这也决定了其广阔的发展前景。

4. 动态性

ITS新技术应用提供了实时的信息，这使得车辆、道路、环境，特别是交通系统的参与者——人的出行行为发生了变化，从而使得智能交通系统中人—车—路—环境之间可以进行实时的信息交流，相互协调。信息的不停流动体现了其动态性。

5. 复杂性

ITS从点到面，渗透到整个交通系统的各个方面，呈现出复杂科学系统中的复杂性特征。除此之外，智能交通系统是一项复杂、巨型的系统工程，需要众多行业领域广泛参与，行业间协调问题也体现了复杂性。

智能交通系统把人、车、路三部分看作一个整体，在交通的管理和服务过程中结合计算机技术、通信技术、系统工程等学科的成熟理论，有效改善交通堵塞状况，提升道路网的通行能力，从而形成能够确保其安全性、效率性、环保性的综合交通服务体系。

各地政府也在努力创造具备动态感知、主动管理、人车路协同三个特点的新一代智能交通系统。

动态感知主要是指将来的智能交通系统利用物联网技术、云计算、4G通信等先进技术，及时、准确地发布信息，使市民、企业和政府可以实时动态感知最新的交通信息，其目标是各类的交通需求信息以及交通供给信息能够在人、车、路三者之间进行迅速、确切地相互传输。

主动管理则是智能交通系统在动态感知的基础上，对未来交通变化趋势进行准确预测，并判断交通发展态势，从而可以主动管理自身的交通需求，达到市民可以主动参与、企业可以主动把握以及政府可以主动干预的目的，最终使有限的交通资源在无限需求中得到最大化地利用。

人、车、路协同是利用动态感知和主动管理，达到人、车、路三者协同运作的目标。市民、企业和政府，通过对自身交通信息的动态感知，主动管理自身的交通行为，满足自身的交通需求，并促使车辆行驶更加安全舒适、提高路网资源利用率，最终达到路网资源供给量与车辆交通需求量保持动态平衡的目标。

第2节　ITS的组成部分

一、ITS研究内容组成

智能交通系统有较为广泛的研究内容，通常将其归类于以下7个部分：先进的出行者信息系统，先进的交通管理系统，先进的公共运输系统，商用车辆运营系统，先进的车辆控制和安全系统,不停车收费系统,应急管理系统,如图1-2所示。

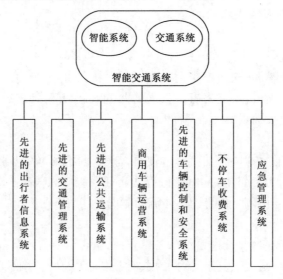

图1-2 智能交通系统的构成与研究内容

1. 先进的出行者信息系统

先进的出行者信息系统(Advanced Traveler Information System,ATIS),用于改善交通需求管理,提供给用户所需要的出行信息。该系统通过移动终端可以为驾驶人提供道路拥堵状况、服务设施位置等各种交通信息。驾驶人可以根据这些信息合理选择出行方式、时间和路线。用户通过该系统提供的实时最佳出行路线,可以避开交通拥挤和阻塞路段和时间,提高交通运行效率。该系统包含3个子系统:启程之前的出行信息系统、合成配载和预约系统以及需求管理与运营系统。

2. 先进的交通管理系统

先进的交通管理系统(Advanced Traffic Management Systems,ATMS),用于对公路交通系统进行管理及检测控制,包括城市道路信号控制、高速公路交通监控、交通事故处理、交通仿真等功能。ATMS可以根据交通流的实时变化对车辆进行有效的实时疏导,对交通实施有效的控制和提高事故处理效率,减少交通阻塞和延误,从而最大限度地发挥路网的通行能力,减少环境污染,节省旅途时间和交通费用,提高交通运输系统的效率和效益。该系统包含6个子系统:交通控制系统、突发事件管理系统、在途驾驶人信息系统、线路引导系统、出行人员服务系统、排放测试和污染防护系统。

3. 先进的公共运输系统

先进的公共运输系统(Advanced Public Transport System,APTS),通过应用电子通信设备,可以改善城市交通拥堵情况,减少城市交通量,以适应出行者的交通需求。通过电子通信系统,出行者可以根据自身的需要随时随地与出租车、公共汽车等进行联系,及时调整交通路线,同时这也有助于交通部门增加客运量,提高交通运输效率和效益。通过在使用率较高的家用汽车、公共汽车、有轨电车、地铁等交通运输设施中运用先进的电子技术,公共运输系统的可靠性、安全性和使用率都得到了提高,公共交通系统得到更好的发展。该系统包含

4个子系统:公共交通管理系统、换乘交通信息系统、针对出行者的非定线公共交通运输系统以及出行安全系统。

4. 商用车辆运营系统

商用车辆运营系统(Commercial Vehicle Operations,CVO),利用自动询问和接收各类交通信息,可以对商用车辆进行合理调度,提高其运营效率,增强其安全性。该系统可以向驾驶人提供较为专业的道路信息,诸如桥梁高度、路段限速等,此外,系统还可以对运送危险物品的车辆进行跟踪监视,检测到危险时进行自动报警,以确保车辆和驾驶人的安全,是专门为提高运输企业效益而研发的智能型运营管理技术。该系统包含6个子系统:商用车辆电子通关系统、自动化路边安检系统、商用车辆管理系统、车载安全监控系统、商用车辆交通信息系统以及危险品应急系统。

5. 先进的车辆控制和安全系统

先进的车辆控制和安全系统(Advanced Vehicle Control and Safety System,AVCSS),其作用是:自动识别路网中的障碍、自动发出警报、自动改变方向、自动制动、自动保持车距在安全范围内、控制车辆速度和巡航。该系统在可能发生危险的情况下,可以实时地以声音或者光的形式为驾驶人提供车辆四周的必要信息,同时可以针对危险情况自动采用相应的措施,从而有效地避免危险的发生。该系统主要有事故规避系统和监测调控系统。

6. 不停车收费系统

不停车收费系统(Electronic Toll Collection System,ETC),是当前国际上最为先进的路桥收费系统。其先进性主要表现是无需停车、自动收费。该系统首先通过车辆自动识别技术在车辆与收费点之间进行无线数据通信,自动识别车辆并交换收费方面的数据,之后通过联网技术将银行与计算机相互关联,完成后台结算处理,这样车辆经过路桥收费站时无需再像传统收费站那样停车缴费,而是无需停车自动交纳过路桥费。同时,该系统利用联网技术进行后台处理,将收取的费用清分到收益业主,这样省了大量的时间以及人力资源等。该系统采用先进的车辆自动识别技术、联网技术以及电子扫描技术,实现收费车道上无人管理、无需停车的自动收费。

7. 应急管理系统

应急管理系统(Emergency Management System,EMS)是一个特别的系统,它基于ATMS、ATIS、相关救援设备及机构,通过ATMS、ATIS将交通道路监控中心和专业救援机构组成一个有机的整体,为出行人员提供现场抢救、排除发生事故的车辆、紧急处理车辆故障现场以及拖车等服务。该系统的作用在于提高对突发交通事件反应能力,提高交通事件应急的资源调度能力并优化资源配置。该系统包含两个子系统:应急车辆管理系统以及紧急通告与人员安全系统。

二、ITS物理结构组成

从物理结构分析,ITS由6大部分组成,分别是信息管理中心、路侧系统、车载系统、出行者需求管理系统、交通管理控制系统、区域路网管理系统。

1. 信息管理中心

信息管理中心是ITS的核心。信息交流是ITS的关键环节,而信息管理中心是交通运输中所有信息进行流通共享的基础。

2. 路侧系统

路侧系统也称作路边系统，它可以对路况和行车情况进行实时检测，例如检测路段参数、车辆与路面标线之间的距离以及道路上的交通设施等。路侧系统也包括测量车辆速度的检测器、交通路口的信号灯和电子收费装置等。

3. 车载系统

车载系统也称作车内系统，位于车辆内部可以随时为驾驶人提供实时的交通信息。它包含动态实时监控系统、导航系统等，其中导航系统内部一般都具有路网数据库、路况预测算法、最短路径选取算法等，并可以通过视频、音频输出导航信息提示。

4. 出行者需求管理系统

出行者需求管理系统是 ITS 中重要的组成部分，它针对出行者进行需求分析与管理，主要功能是对有需求的用户进行分析研究，根据分析结果管理控制系统以制定高效的符合出行者需求的服务策略，同时将服务策略实时地提供给准备出行或已经出行的有需求的用户。

5. 交通管理控制系统

交通管理控制系统是智能交通系统决策的中心，它的功能是通过应用软件来分析与整个运输系统相关的信息，获得用来控制和管理交通运输系统以确保其运行于最佳状态的策略，使 ITS 能够实现提高交通安全、减少交通堵塞、节省能源、改善交通环境的目标。

6. 区域路网管理系统

区域路网管理系统是一个区域内的信息管理中心，它是隶属于信息管理中心的一个子系统，为实现路网信息共享和路网信息管理，不同地区的区域路网管理系统之间也可以双向传递信息。

智能交通系统与传统交通系统相比有很大改进：车辆靠自身的智能如车载导航系统等，能使驾驶人更好地了解正确的路线和方向，确保车辆在道路上安全行驶，提高行车效率；路网靠自身的智能如路线诱导系统，能够使出行人员选择最佳路线，合理分配交通流，使其调整到均衡状态，从而缩短行程时间，减少交通阻塞；交通管理中心则利用系统的智能性实时监控道路和车辆的状态，及时监测到交通事故，从而能够实施紧急救援，使道路畅通以及交通安全得到保障。借助交通系统的智能性，驾驶人可以充分了解车辆情况和道路交通状况，管理人员则清楚掌握车辆的行踪和运输调度。智能交通系统利用各种高新技术，特别是电子信息技术，将使用者、车辆、道路、环境四者密切配合，和谐统一，从而极大地提高交通运输率，增加交通安全性，优化交通环境并提高资源利用率。

图 1-3 所示为 ITS 的系统构成，从图中可以看出，几乎各个子系统之间都存在双向的信息传递。

三、ITS 信息组成

信息是 ITS 的灵魂，道路交通信息是 ITS 信息中最基础、最重要的部分，ITS 的应用范围和应用效果受限于道路交通信息的精细程度。图 1-4 体现了信息在 ITS 中的作用。

智能交通系统是信息技术与交通运输相结合的产物，从广义的角度出发，ITS 是信息技术应用于交通领域内的具体体现。信息技术包括 4 项技术，分别是传感检测技术、信息传输

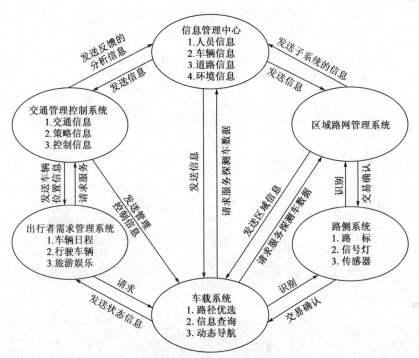

图 1-3 智能交通系统组成

技术、信息处理技术以及信息控制技术,它们均可以用来挖掘并使用信息资源。信息技术的主要内容是:利用传感检测系统、信息传输系统、信息处理系统和信息控制技术,对自然或人为的各类信息进行检测、传递、处理,最后作用在外部世界。

信息技术在智能交通系统中研究的是各类具体的交通信息,这些交通信息主要包括有关交通四要素,即人、车、路和环境的实时信息以及预测信息,也包括系统中经过处理后所得到的策略信息和控制需要的目标信息或控制信息。面向交通信息而进行的各类操作,诸如信息的采集、传输、处理、使用等是信息技术在智能交通系统中的主要应用。交通信息的采集依靠传感检测技术,通过这项技术可以获取交通车流量、路面参数、行车速度、车间距、天气情况、路桥收费、停车场位置等信息;交通信

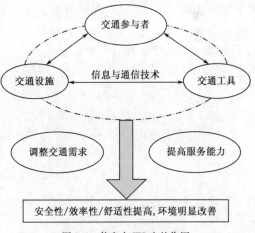

图 1-4 信息在 ITS 中的作用

息的传输依靠信息传输技术,运用这项技术传输基于感测技术所采集的信息以及处理后待传送的信息,其中包含通信所使用的相关协议;交通信息的处理依靠信息处理技术,运用这项技术分析基于信息传输技术所传递的诸如交通流量、车辆速度、车道特性等信息,并可以预测危险事故、采取控制方法;信息的利用则是依靠信息控制技术,通过这项技术将依靠信息处理技术处理后的交通控制信息,如交通车流量控制信息、车辆行驶引导信息等传递给车

辆、行人以及交通标志等。由此可以看出,交通信息在 ITS 中是不断循环流动的,它产生于交通四要素,最后再以适当的形式作用于四要素,协调它们的相互作用,这样就可以高效调控交通系统。智能交通系统信息流动情况如图 1-5 所示。

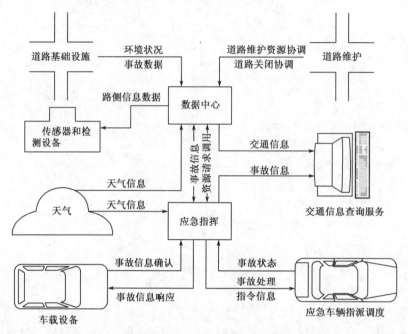

图 1-5　智能交通系统信息流动示意图

智能交通系统最重要的部分是信息技术的运用和信息的充分共享,这可以大大提高交通系统的运输效率,更好地解决各类交通问题。在智能交通系统中,移动的部分包括出行者和运输的货物等,而出行者和物品的移动同时伴随着信息的传输。智能交通系统基于信息的采集、传输、处理以及使用 4 个过程,可以分成 5 部分:物理层、传输层、处理层、智能层、服务层,这 5 个层次实际也是服务功能实现过程的 5 个层次,如图 1-6 所示。

图 1-6　智能交通系统 5 个层次

物理层主要是采集接收交通信息的路网基础设施,包括道路本身以及辅助性路网设施,如道路标示、路侧传感器、车速检测器等。

传输层主要作用是完成信息的流动及传输,以实现 ITS 的信息共享以及信息充分利用的目标,包括短程微波通信、卫星、光缆通信等。

处理层负责完成的是先对信息进行提取,之后对信息进行处理综合生成一个包含各类数据的完整数据库,为不同部门或不同服务提供他们所需求的相应信息。

智能层主要是基于当今各个行业的知识成果,对交通信息进行智能化处理,为各个服务领域提供相应的信息,对交通流进行调整规划。

服务层与智能层相互依赖,相互作用,密不可分。一方面服务层接收智能层提供的功能,这些功能能够用于不同的服务领域;另一方面服务层不断地向智能层反馈信息,根据不同的服务需求不断地对智能层的功能进行扩展,以更好地适应各类服务需求。

ITS 是一个开放的网络体系,其功能的强大性由物理层的道路设施、传输层的传递方式、处理层的处理手段、智能层的智能化程度、服务层的服务范围和水平所决定。随着科技的进步与人们需求的增长,信息共享所需的这 5 部分功能也会得到不断发展与扩充。

第 3 节 ITS 评价

一、ITS 评价的意义与必要性

1. ITS 评价的意义

ITS 评价是 ITS 运行的先决条件。首先,ITS 评价有助于人们更好地把握 ITS 对社会、经济、环境和交通系统及其使用者等所能带来的种种影响,通过进行 ITS 评价,人们可以更准确地了解项目内容与项目所涉及的交通条件的改善这两者之间的关系,从更长远的角度出发可以看出,通过进行 ITS 评价还可以为之后实施的 ITS 项目提供有价值的经验;其次,了解其作用后,ITS 评价就有助于人们量化 ITS 带来的影响以及效益,投资者根据 ITS 评价所提供的各种信息,可以对未来做出更好的投资决策;最后,ITS 评价有助于人们识别现有的交通系统以及所用设备中需要进一步改善的地方,这样有利于管理者和设计者能够更好管理、调整、改善和优化系统设计和系统运行方式。ITS 评价的意义如图 1-7 所示。

2. ITS 评价的必要性

ITS 会产生难以预料的社会、经济和环境影响,同时也很难确定建设工程成本以及其中的风险,因此没有任何成熟的经验和方法可以提供给 ITS 项目的效果评价作为参考;同时,我国交通系统本身的特点与其他国家存在很多不同之处,此外,统计数据具有不完备性,而且 ITS 对改善交通出行的复杂环境效益的分析具有困难性,这又使国外发达国家的研究成果不能很好地为我国所用。综上所述,从 ITS 项目的无参考、难预测和中国交通系统的自身独特复杂性可以看出,在我国,ITS 项目的评价是必不可少的,具有必要性。

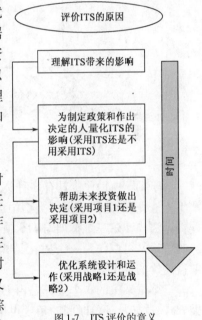

图 1-7 ITS 评价的意义

二、ITS 评价的主要内容

1. ITS 评价的基本框架

ITS 属于大型复杂系统,因此,ITS 项目评价的研究应采用系统科学思想和系统工程方法。美国系统工程专家霍尔(A. D. Hall)在 1969 年提出了霍尔三维结构(Hall three dimensions structure），为解决规划、组织和管理大型复杂系统方面提供了一个统一的方法，在世界各地得到广泛使用。借助该三维结构，他提出了 ITS 评价的三维模型。

三维模型提供了 ITS 评价的步骤、评价的方法及类型。逻辑维把 ITS 评价分为 7 个步骤，通过类型维将 ITS 评价分为 7 种类型，通过方法维给出了可采用的主要评价方法，这样可以保证评价结果的完整性和客观性，从而形成了由逻辑维、类型维和方法维所组成的三维空间框架，如图 1-8 所示。

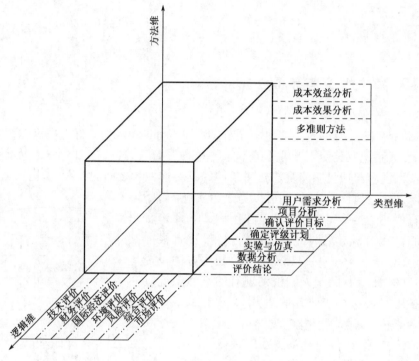

图 1-8　ITS 评价的三维框架

由于 ITS 项目评价具有多种类型和多个阶段，不同类型或者不同阶段可能使用不同的评价方法，不同阶段或不同类型中可能会使用同一种评价方法，方法维中列举了 3 种主要的评价方法。霍尔三维框架对 ITS 项目评价进行了详细的说明，其中任意一个阶段、步骤或方法的讨论又可以作为一个树状结构进行进一步扩大。可以看出，这些内容几乎覆盖了 ITS 项目评价的各个方面。

三维框架中的 3 个坐标是由 ITS 项目评价的主要需求给出的。除此之外还有其他的分类方式，比如从评价时间的角度可以分为几个阶段的评估，从评价手段的角度也可以分为实验和仿真。

我们以中国交通系统的发展情况为前提，结合上述三维框架以及国家 ITS 体系框架和相关的研究成果得出 ITS 项目评价的评价步骤如图 1-9 所示。需要说明的是，不一定是所有的评价内容都可以用到这里所提到的评价步骤，评价内容不同，评价步骤也不同。

2. ITS 评价的基本步骤

按照评价的时间阶段，ITS 评价可以分为 4 类：事前评价、事中评价、事后评价、跟踪评价。4 类评价的关系如图 1-10 所示。

1) 事前评价

事前评价也称"事前评估",是在项目实施之前进行的项目可行性研究,它的主要作用是为了确定项目的可行性。由于评价所用的参数基本上都是项目实施前的预测数据,因此其正确性得不到保证。

2) 事中评价

事中评价也称"中间评价",是在项目实施过程中进行的项目评价,主要作用是在项目实施过程中动态地连续考核项目达到阶段目标的程度,并根据考核结果对项目计划进行适当调整。

3) 事后评价

事后评价是在项目实施完成之后所进行的评价,其主要作用是定量地了解该项目达到预期目标的水平,查看项目及其实施计划是否考虑周全,风险程度的预期估计是否反映该项目在实施中和实施后的状态等,以期分析项目的持续能力。

4) 跟踪评价

跟踪评价是在项目完成后若干时间对项目效益进行的评价,包括在系统更新阶段前后进行的评价,其主要作用是具体地反映项目的真实效益,这主要是由于该项目刚刚完成,很多项目的效益无法反映,特别是宏观经济效益(如对该地区的经济发展贡献)。

4个阶段和项目各阶段的关系如图1-11所示。

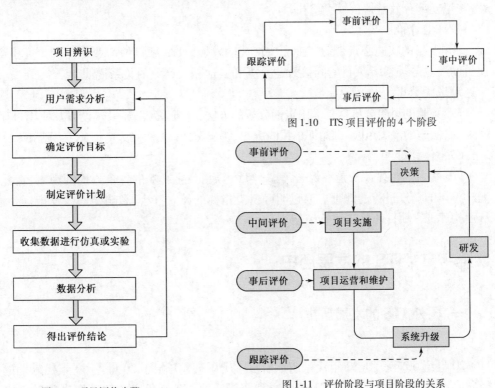

图1-9 项目评价步骤

图1-10 ITS项目评价的4个阶段

图1-11 评价阶段与项目阶段的关系

3. ITS项目评价的内容

ITS项目评价的内容主要有必要性评价、经济评价、综合效益分析、产业评价、风险分析以及在此基础之上的整体评价。

1）必要性评价

ITS 项目的必要性评价是 ITS 评价的前提条件。对目前交通现状进行调查,分析调查结果,了解当前的主要交通问题,这样可以明确实行 ITS 的必要性,从而确保 ITS 项目的实施具有目的性。同时,在明确要实施的 ITS 项目后,要对其进行需求分析和预测分析,根据分析结果确定该地区对此 ITS 项目的存在需求,这样就可以确保实施 ITS 项目有利于未来交通的发展。

2）经济评价

ITS 项目的经济评价的内容包括国民经济评价和财务评价。国民经济评价和财务评价是有区别的,区别在于评价的出发点不同。简单地说,国民经济评价是从宏观的角度出发,对各方面的因素综合考虑,确定 ITS 项目的实施对区域甚至国家所产生的作用;财务评价则是从微观的角度出发,确定 ITS 项目的实施对企业或者个人所产生的利益。

3）综合效益分析

简单地说,ITS 项目的综合效益分析就是对 ITS 项目的交通效益以及社会和环境效益综合起来进行分析。由于 ITS 项目的实施属于基础性项目的实施,它的实施并不像其他投资的项目一样具有较高的投资收益,但是它的实施是直接为社会大众提供各项服务,是人类自身发展的重要条件,所以 ITS 项目的综合效益分析非常重要。ITS 项目的综合效益分析主要从下面几个方面进行阐述:ITS 项目实施的交通安全、交通效益、社会效益以及能源和环境效益,并建立部分效益评价模型。

4）产业评价

ITS 项目的实施必定带动其他相关产业的发展。ITS 项目的产业化评价主要是介绍 ITS 项目的产业分类、ITS 项目的间接效益分类和其他相关产业的关系说明。

5）风险分析

ITS 项目的风险分析就是运用定性分析的方法,分析系统、管理、建设以及使用过程中阻碍 ITS 项目实施的重大风险,进而评估风险大小,提出建议,以消除或减少项目的风险为目的。

6）整体评价

ITS 项目的整体评价是在综合考虑对 ITS 项目产生影响的各个方面的因素,在此基础之上从整体的角度进行的评价。通过明确各类指标的设立方法、影响要素以及指标处理方法,从而构建 ITS 项目的整体评价模型。

第4节 ITS 的发展历史

一、国外 ITS 的发展历史

1. 美国

20 世纪 60 年代到 80 年代是萌芽阶段。美国 ITS 开始于 20 世纪 60 年代末期的电子路径导向系统(ERGS)。但是由于美国土地资源丰富,80 年代之前并没有出现较为突出的交通堵塞问题,所以构建全国范围内的州际高速公路系统是当时的交通发展主流环节,而交通系统管理技术和交通设施维护措施并不是整个交通的重点,没有得到交通部门的重视,智能交通研究也没有得到积极的资金投入。而那时的欧洲各国、日本以及澳大利亚等发达国家非常重视智能交通,并投入大量资源,日本、德国关于路径诱导系统的研究正是得益于美国的电子路径导向系统,日、欧等的 ITS 开始迅速发展。

20 世纪 80 年代到 90 年代是核心技术研究阶段。20 世纪 80 年代,美国建设的大规模全国州际高速公路系统已基本完成,由于此公路网相当庞大,通过继续占用大量土地资源、投入大量资金来建设大规模路网已无法解决现有的交通问题,交通拥挤问题日益严重而交通系统无法得到进一步扩展,这两者之间存在着深刻的矛盾,而当时的计算机和通信技术等现代技术发展迅猛,使交通发展重心开始发生转移,渐渐从建设交通系统转向管理交通系统,美国开始再次重视 ITS 的发展。

20 世纪 80 年代中期,美国研究的 PATHFINDER 系统初获成功。20 世纪 80 年代末,随着欧洲、日本的交通技术日益进步以及本国交通问题的日益严重,美国 Mobility-2000 提议运输部注重智能车辆—道路系统(简称 IVHS)的开发,政府对此作了积极回应。在其推动下,1990 年建立了官民合作的全国性组织即 IVHS America,美国从那时开始了相互协调、统一合作的 IVHS 研究、开发和部署工作。美国 ITS 的发展特点是全国统一规划、投资充分、发展迅猛。

20 世纪 90 年代至今是实用和标准化阶段,战略研究计划核心是 IntelliDrive。美国国会于 1991 年通过了"联运地面交通效率法案"(简称 ISTEA),目的是依靠计算机仿真等高新技术以及合理的交通规划来促进路网效率的整体提升。1992~1997 年,开始运作新一轮的道路交通建设法案,其中把 IVHS 确定为中心项目,并制定了巨大投资计划,用来进行 ITS 的研究工作。

1994 年,美国分析 IVHS 得到其名称已经无法涵盖其全部研究内容,因此将 IVHS 易名为 ITS,同年建立了智能交通协会(简称 ITSA),该会的成员囊括了联邦政府、各州政府、地方政府、其他国家的政府机构、致力于开发 ITS 的国家和国际公司、大学、研究机构以及探索 ITS 的公共团体和其他从事 ITS 活动的团体,其主要活动是:帮助政府制定政策、设立技术论坛、协助发展标准问题以及处理横向问题、促进国际合作、管理和交换 ITS 信息、展示 ITS 新技术、支持地方和州范围的 ITS 计划、提高公众对 ITS 的认识。1995 年,美国出版了《国家智能交通系统项目规划》,确定了智能交通系统的 7 个主要领域,其中的每一领域都包括对应的使用者服务。

1998 年,美国政府将研发的重点转向以提高交通安全为主、兼顾交通信息服务的智能车辆系统,开始实施智能车辆行动计划(Intelligent Vehicle Initiative,简称 IVI)。其主要内容是以预防交通事故(尤其是碰撞事故)与其导致的人员伤亡为目的,对车载智能化装置进行开发,避免驾驶人分神,并研发和应用防撞系统,提高安全性。

2003 年,美国逐渐认识到单单考虑车辆的智能化是不够的,道路交通是人—车—路相互作用的整体性系统,因此美国运输部(简称 DOT)建立了车路一体化集成系统(Vehicle Infrastructure Integration,简称 VII)的概念,该项目计划将道路设施作为基础,运用通信技术促进车辆与道路设施的集成,从而提高交通安全性和交通效率。

2009 年 VII 计划更名为 IntelliDrive,应用范围、研究内容、通信方式等都得到进一步发展。同年,交通部提出了《智能交通系统战略计划:2010~2014》,为将来 5 年的智能交通系统的开发项目提供了策略指导。其主要内容是根据 VII 的研究成果,进一步开发具有实效性和安全性的车车通信(简称 V2V)、车路通信(简称 V2I),以及研究实时数据获取和管理、动态的机动性和道路气象管理等,该计划的核心就是 IntelliDrive。

目前,美国在智能交通领域建树颇丰,创建了较为完善的四大子系统:车队管理、公交出行信息、电子收费和交通需求管理技术,同时也建立了多个子系统并规定了技术规范标准。

具体来讲,美国的 ITS 研究已经非常先进,制定出了纲领性文件来指导全国 ITS 快速、健康、规范化发展。美国的 ITS 发展可以简单概括为三个方面:一是建立诸多子系统,实现全面的交通智能化,目前,美国大部分城市已经建成了将交通信号控制系统、交通流信息采集系统、公交优先通行系统、交通电视监控系统、交通事故报警系统、交通信息综合处理系统、交通信息服务系统集合于一体的交通智能系统;二是美国在交通控制中心的技术支撑投入很多,引进做技术分析和设备维护工作的科技人才以提高设备的运行效率,并将管理社会化,最后形成良好的服务社会、服务大众的观念;三是将交通信息化建设作为交通管理智能化的基础,美国的交通信息化主要包括信息的采集、发布及控制功能,该系统可以有效整合利用交通信息,通过各种媒体或交通管理设施,交通控制中心可以及时地把交通管理信息转化为公共交通信息,从而能够与出行者及时沟通信息,双方形成互动,实现交通管理信息的共享。美国各州都设立了交通管理信息系统,实现全国联网,此外还设立了运用现代科学技术的交通指挥信息系统,例如电视监控系统、卫星定位系统、救助医疗与消防联动系统等。

2. 日本

20 世纪 70 年代萌芽阶段。1973 年,日本进行第一个 ITS 项目 CACS (Comprehensive Automobile Control System),它也是世界范围内研究最早的动态路径诱导系统。

辅助视频

20 世纪 80 年代大力推进系统研发阶段。进入 80 年代后,针对交通拥堵状况的不断恶化以及交通安全和环境污染问题,日本开始研发面向交通控制、交通安全和交通信息应用的一系列项目。1984 年开始,建设省研发了"路车间信息系统"(Road/Automobile Communication System,简称 RACS),1987 年开始,警视厅研发了"先进的车辆交通信息与通信系统"(Advanced Mobile Traffic Information & Communication System,简称 AMTICS),1989 年,将 RACS 升级为"先进的道路交通系统"(Advanced Road Transportation System,简称 ARTS)。

20 世纪 90 年代政府组织、发展繁荣阶段。1991 年,运输省主持研发了"先进的安全汽车"(Advanced Safety Vehicle,简称 ASV),通产省主持研发了"超智能车辆系统"(Super Smart Vehicle System,简称 SSVS)。警视厅基于 AMTICS 研发出"新交通管理系统"(Universal Traffic Management System,简称 UTMS),之后改进为"21 世纪交通管理系统"(Next Generation Universal Traffic Management System,简称 UTMS21)。

1994 年 1 月,由日本警视厅、通产省、运输省、邮政省和建设省 5 个政府机构、大学和科研机构以及民间企业等部门联合成立了车路交通智能化组织(Vehicle Road Traffic Intelligence Society,简称 VERTIS),其使命是推进 ITS 的研究、开发和利用,现改名为日本智能交通协会 ITS Japan。1995 年,日本研制出国际上最大规模的、统一标准的不停车收费系统(Electronic Toll Collection,简称 ETC),2000 年开始在高速路上进行部署,2001 年开始投入使用。1995 年 7 月成立车辆信息与通信系统(Vehicle Information and Communication System,简称 VICS)中心,并于 2003 年其服务覆盖了日本全国。日本的 VICS 是 ITS 实用化的第一步,在世界上处于领先地位,VICS 最明显的优势是具有动态的交通信息服务,并且在灾害发生的情况下,能够自动接收报警信息。1995年8月四省一厅颁布了《公路、交通、车辆领域的信息化实施方针》,此方针提出了ITS研究开发的九大领域,1996年4月正式启动VICS,为指导ITS的长期工作,1996年政府制定了"日本智能交通系统综合规划"(Comprehensive Plan for Intelligent Transport System in Japan)。1996年7月起,日本开始发展智能交通系统的框架体系,该框架描述了9个系统、21个项目、56个专题、172个子专题的相互关联情况,其中的九个系统为自动计费、交通管理、安全驾驶等在内的多个高效的系统。1998年警视厅联合部分企业开始研发驾驶安全支持系统(简称DSSS)。1999年11月,日本进行了"自动公路系统"(Automated Highway System,简称AHS)公开试验。

21世纪初期综合信息应用阶段。2004年,日本开发了智能道路(Smartway)系统和先进安全型汽车(Advance Safety Vehicle,简称Smartcar/ASV)系统,对智能交通系统的研究成果进行推广并应用,实现多元化,引进先进科技,并发挥它的优势。该系统以ETC系统的通信平台为基础,将VICS以及车载安全系统、自动公路系统与路网监测系统、可变情报板、信标、数字地图、光纤网络及专用无线通信系统等基础设施整合为一体,形成供公众使用的基础平台,达到车载系统一元化以及车路一体化协同,并提供多个方面的智能交通服务。以Smartway的开发为代表,日本研发的下一代智能交通系统就是在Smartway的基础上建立的智能交通通用信息平台,能够提供路网信息、电子收费、安全驾驶、公众出行支持等九方面服务。对于日本来说,Smartway将相互独立的VICS、ETC等集成到一个公共信息平台,提供智能交通服务,之后提出了信息交互设施(即ITS-Spot)概念,也就是计划通过对系统进行再次整合,集成在一个整体内,实现高速度、大容量的车路通信系统。

2009年6月,日本国会通过了一项议案,该议案确定政府投入250亿日元在高速公路沿线部署智能交通信息交互设施。到2011年3月,日本建设完成了覆盖全国各地高速路网的ITS信息交互设施,同时产业界研发生产了可以提供ETC、导航和道路安全信息3项服务的新型车载设备。

智能交通系统的发展也提高了人民的生活水平,在日本,21世纪ITS与人民生活水平的关系可分为4个阶段,分别是:第一阶段是在2000年前后,在这一阶段,交通信息主要提供给已经运行的VICS和与其相关系统,车载导航系统可接收交通路况信息和最佳路线信息,从而使驾驶人能够节约出行时间并使旅途更加舒适,在本阶段的后半段,电子收费系统得到推广,减少了收费站附近的拥堵事件,改善了路况;第二阶段是在2005年前后,服务使用者的思想逐渐渗透带来了交通系统的改革,在这一阶段,使用者可以直接接收ITS的与目的地相关的服务信息和公共信息,此外,通过驾驶人安全驾驶系统和行人安全保护系统交通事故得到减少,同时,公共交通的舒适性和便利性也将得到极大的提高;第三阶段是在2010年,智能交通系统发展到一个更高的程度,道路设施、车载设备、法律和社会系统促使其成为一个坚实的社会系统,其作用具有全国性,利用ITS的更多更高级功能,全方位地发挥自动驾驶的作用,这样汽车安全性和舒适性得到进一步的提高;第四阶段是在2010年后,智能交通系统的全部子系统都已经投入运营,它已经变得愈加成熟,同时基于其所布设的大量光纤网和建立的各个服务系统,整个社会将进入高度信息时代,在这一阶段,自动驾驶的需求量将大量提高,ITS将会成为一个被全社会接受的基本系统,虽然交通量在不断上升,但是交通事故将会大大减少,道路堵塞情况缓解,交通安全性提高,道路环境与地球环境和谐融洽。

3. 欧盟

20世纪80年代是智能交通发展分散阶段。80年代初，德、英、法以及其他较发达的国家先后进行了自己的路径诱导系统的开发。1985年，西欧国家进行了一项在尖端科学领域内开展共同研发的计划，也就是"尤里卡（European Research Coordination Agency，简称EURECA）计划"，其目的重点在于提升西欧各企业的国际竞争力，开拓更大的国际市场。欧洲的很多国家都比较小，但是每个国家使用的交通诱导系统互不相同，无法相容，这在过境车辆和道路交通管理方面产生了很多不便。经济合作与发展组织（Organization for Economic Cooperation and Development，简称OECD）为解决上述问题，开始致力于促使智能交通系统进一步发展并且协调全欧各国之间的合作，同时将ITS纳入了"尤里卡"计划，目的是建立跨欧的智能化道路网。

1988年，欧洲10多个国家投入了50多亿美元的资金，联合执行DRIVE计划，这项计划的内容是欧洲用于车辆安全的特殊路网设施，其目的是完善道路设施，提高服务质量，现在已经进入第2阶段的研究开发工作。

20世纪90年代是统一发展阶段。1991年，欧洲成立了智能交通系统推进组织——欧洲道路运输通信技术实用化促进组织，即ERTICO，其作用是协调并支持欧洲各国的ITS研发。20世纪90年代中期，欧盟先后实施的两个ITS骨干计划：一是1995年启动了时长4年的民间企业主持的PROMEHEUS计划，其目的是提升车辆的竞争力；二是1998年公布了研发交通运输远程信息处理（Telematics for Transportation）计划。这两个计划都是包括公路运输、航空运输、铁路运输和水路运输及多种联合运输的综合性研发计划，研究重点是各种交通运输方式的智能化措施，这表明相比日本和美国，欧盟更加注重研究综合交通运输项目。由此可见，欧洲智能交通系统发展的最大特征是重视国际以及洲际的合作和标准化、重视综合交通运输系统的智能化。

1996年初，欧共体事务总局发布了T-TAP收集的具体74个子项目。这些计划具有的相同特点是它们都是国际合作项目，子项目包括全欧联合、局部地区联合以及单个国家或城市的项目，大多数子项目由下自上通过公开征集确定。

21世纪初期是面向服务高效节能阶段。欧洲智能交通系统特别强调用户需求，将来计划在欧盟的框架的基础上创建具备一致性的道路交通设施和交通信息服务系统，如即时交通路况、即时路径规划、即时地图更新等。2006年欧洲投资达4400万欧元，开展了时长5年的合作性车辆基础设施一体化系统（Cooperative Vehicle-Infrastructure System，简称CVIS）的项目，其主要目标是设计、开发和测试能够实现车车通信以及车辆与附近的路边基础设施通信的技术，以促进出行者和货品的移动性以及路网运输效率的改善。2008年起，欧洲就开始组织合作系统的路上测试，2008年主要是测试系统结构、框架以及方法，欧盟委员会制定了欧洲ITS发展行动方案，来进行ITS全面部署，2009年则以车载通信信息系统运行测试为主。2010年，欧洲公布了智能交通系统发展指令，目的是协调欧洲每个国家的智能交通系统的提升水平，欧洲每个成员国都允许使用这些政策所带来的科研成果，从而促进欧洲各国在智能交通系统领域的发展。同年，欧盟委员会基于CVIS启动eCoMove项目，此项目耗时3年，投资1370万欧元，其目标是运用车车（V2V）和车路（V2I）通信技术，利用高效节能的驾驶方法和交通运输管理控制方式，降低交通消耗的能源总量。

4. 其他国家和地区

在光州市,韩国投资 100 亿韩元(1250 万美元)建立了智能交通系统示范工程,选取了 9 项内容用来开发和检测智能交通系统技术和效益,9 项内容分别是:交通信号系统、公交车乘客信息系统、动态线路诱导系统、自动管理系统、实时播报系统、电子收费系统、停车预报系统、行驶中测重系统、智能交通系统中心,这说明智能交通系统在韩国具有适用性。

新加坡的城市交通管理系统逐渐成熟愈加先进,该系统不仅具有传统的城市交通控制系统中信号控制、交通检测、交通诱导和交通信息等功能,还包括将现代技术与交通系统相结合的新功能,例如使用电子计费卡控制交通流量,其工作原理是将一张电子计费卡固定在汽车风窗玻璃上,这样如果汽车经过需要收费的拥堵路段或繁忙区域时,利用安装于路口的电子扫描仪对计费卡进行感应,自动从卡的信用额度扣费,并在车流量较高的时段和路段,主动增加通行费,合理地控制道路系统的车流量,提高路网利用率。

澳大利亚研发智能交通控制技术的时间较早,其智能交通系统包括先进的交通控制系统(简称 SCATS)、远程信号控制系统、计算机交通控制系统(简称 BLISS)、交通信号系统、汽车监控系统和公众信息服务系统等。

香港于 1977 年在九龙设置了一套电脑化区域交通控制系统,目的是通过用电脑控制交通信号灯,减少车辆通过交叉口的时间。除此之外,香港还通过广播电台等向驾驶人发布交通信息,目的是向他们公布实时的交通运输资料。同时,道路上所有车辆都配有无线对讲机,驾驶人随时随地都可以向公司报告行车情况,而公司也可以随时向驾驶人提供行车指示。

通过国外 ITS 发展历史可以看出,ITS 的投入使用促使了道路运输的许多根本性变革:通过发布实时信息和交通管理控制,可以改善道路交通拥堵状况,使道路更加顺畅、舒适,减轻了交通对环境的负荷;通过研究智能汽车和自主驾驶技术,大大提高了交通安全性;通过向商用车辆提供交通信息和引入电子收费技术,大大提高了运输效率。

二、我国 ITS 的发展历史

"九五"之前是智能交通系统萌芽阶段。20 世纪 70 年代末期,我国在交通运输管理中启动运用电子信息技术的研发和项目。20 世纪 80 年代初期,我国开始从整治城市中的各类交通问题入手,通过高科技的发展来带动交通运输系统的发展,公路收费系统"津塘疏港公路交通工程研究"作为国家科技攻关项目首次在高等级公路上把微机技术、通信技术和电子信息技术结合到监控和管理系统中。20 世纪 90 年代初,高校和研究交通技术的机构开始研究城市交通诱导系统技术,并对研究成果进行尝试。

"九五"期间智能交通体系启动阶段。20 世纪 90 年代,我国在交通管理系统上进行了大量的科研工作和工程实施,在城市交通管理系统、高速路监控系统、路桥收费系统、交通安全系统等方面获得多个研究成果,并研制出车辆检测器、可变情报板、可变限速标志、紧急电话、分车型检测器、通信控制器、监控地图板等多类交通设备,规定了一整套的准则和规范。科技部通过对国际上智能交通系统的发展情况的参考,在国家"九五"科技攻关项目中添加了与 ITS 有关的内容,重点研究了"国家智能运输体系框架"、"国家智能运输系统标准"等内容。

1995年，我国国家技术监督总局批准交通部负责ISO/TC204的国内归口任务，主要工作是推进中国ITS的标准化。1996~2000年期间，交通部提出"加强智能公路运输系统的研究与发展"，内容是根据我国国情，按阶段启动交通控制系统、驾驶人信息系统、车辆调度与导航系统、交通安全系统及收费管理系统5个领域的研发、工程化和整合工作。

1997年在北京召开了智能交通系统发展趋势国际学术研讨会，将ITS作为交通领域的一场革命，ITS成为我国科技发展及高新技术产业发展战略的关键环节，而且在2000年设立了全国ITS发展协调指导小组，同时也制定出我国智能交通系统的体系结构和战略模型。1998年1月，交通部正式批准建立智能交通运输系统工程研究中心（简称ITSC），并投入1400万元的资金建设中心试验室，以加强该中心在交通智能交通系统的开发及试验能力，在国家制定道路交通运输的发展政策时可以向政府提供其研究成果等作为科学依据。同年2月，国家科委领导我国ITSC与欧盟进行合作，建立了中欧智能交通信息服务中心（简称STICNISC/ITS），并在7月正式向国际社会提供网络基础上的信息咨询和技术服务。1999年8月，在北京召开了"99中国国际智能交通运输技术与设备博览会"，此次会议得到国家发展计划委员会及对外经贸部的批准，并得到交通部等4个部委的支持。之后，交通部制定了《公路、水运交通信息化"九五"规划和2010年发展纲要》，纲要提出了发展形成我国智能交通系统（ITS）的基本体系框架。

"十五"期间智能交通系统发展阶段。这段时间智能交通系统开始稳步发展，科技部在"十五"科技攻关计划之中列入ITS关键技术开发以及示范工程，国内科研院所连同企事业单位相继开始研究ITS关键技术。2001年，根据我国国情，规定了适用于自己国家的智能交通系统框架。2002年，在10个ITS重点示范城市开始建设ITS示范工程，科技部组织进行了十个重大技术专项的技术攻关工作。2001年起，以科技部启动国家"十五"科技攻关"智能交通系统关键技术开发和示范工程"重大项目为标志，我国ITS的发展进入发展期。

"十一五"期间智能交通系统技术基础形成阶段。在这段时间内ITS开始实际的开发和应用，在国家科技项目的支持推动下，我国智能交通事业发展迅猛。国家通过"863"计划建立了现代交通技术领域并具体开展了"综合交通运输系统与安全技术"专题，现代交通技术开始作为一个单独的领域进行研究，并与科技支持计划相互配合，通过进行ITS管理技术的探索和重点技术的研究，获得了一系列新方法、新技术和新产品，为提高我国综合交通运输系统的效率提供了必要的技术支持，也为保证我国综合交通运输的可持续发展构成了有效的技术准备。2006年，科技部开展实行科技支撑计划重大项目"国家综合智能交通技术集成应用示范"，建立了"北京奥运智能交通管理与服务综合系统"、"上海世博智能交通技术综合集成系统"、"广州亚运智能交通综合信息平台系统"、"国家高速路联网不停车收费和服务系统"、"远洋航船及战略物资运输在线监控系统"和"国家智能交通发展综合模式及评估评价系统"6个课题，取得了一大批成果。2008年，科技部、公安部和交通部共同开展了"国家道路安全技术行动计划"。2008年5月，科技部、公安部、住建部、交通部、铁道部和民航总局等单位牵头成立中国智能交通协会，目的是对我国智能交通规划和建设工作进行更好的协调和开展。2009年，在北京召开的第14届世界智能交通大会促进了行业的国际交流与合作。2010年，科技部启动了"重特大道路交通事故综合预防与处理联合技术开发与范例运用"科技支持计划项目，探讨了交通信息共享平台、山区道路安全保障、高速公路安全管控、营运车辆行驶安全、全民交通行为安全提高、路网安全态势监测、交通安全执法等7个研究课题。

在我国走可持续发展的道路上,在先进的道路交通管理系统的帮助下,我国能够更好地在经济全球化的影响下经济发展不动摇,民生工作得到切实落实,积极创造良好的社会环境,由此可以看出,ITS可以很好地解决我国交通问题。

表1-1说明了我国ITS发展概况。

我国ITS发展概况　　　　　　　　　　　　　　　　　　　　　　　表1-1

阶　段	应用理论研究	应用技术及项目
第一阶段(20世纪70年代中期至80年代初)	(1)交通理论 (2)交通工程学 (3)城市路口自动控制数学模型	(1)点、线、面控计算机软件 (2)北京"前三门"交通控制实验系统 (3)天津线控、面控实验系统 (4)信号机、检测器
第二阶段(20世纪80年代中期至90年代初)	(1)交通运输系统工程在城市交通体系中的发展 (2)高速公路监控系统数学模型 (3)交通堵塞自动判断模型 (4)标志和标线视认性 (5)驾驶心理学	(1)天津疏港公路交通工程技术研究 (2)可变情报板、可变限速标志通信适配器 (3)通信控制器、大型地图板、紧急电话的研制 (4)道路和桥梁管理系统 (5)电子收费系统和不停车收费的实验 (6)交通工程CAD
第三阶段(20世纪90年代中期至20世纪末)	(1)智能交通系统工程(ITES)的探索 (2)道路通行能力的研究 (3)公路使用者效益分析	(1)ITS发展战略研究 (2)公交优先策略 (3)GIS、GPS等在交通信息管理控制系统中的应用 (4)交通运输网络系统关键技术研究

表1-2说明了各国的智能交通系统的发展历史。

各国的智能交通系统的发展历史　　　　　　　　　　　　　　　　表1-2

阶　段	美　国	日　本	欧　盟	中　国
20世纪60年代末至70年代	电子路径导向系统(ERGS)	第一个ITS项目CACS		
20世纪80年代初			各自研究路径诱导系统	公路收费系统
20世纪80年代中	PATHFINDER系统	开发了"路车间信息系统"(RACS)	将ITS纳入了"尤里卡"计划	
20世纪80年代末	智能车辆—道路系统(IVHS)	(1)开发了"先进的车辆交通信息与通信系统"(AMTICS) (2)将RACS升级为"先进的道路交通系统"(ARTS)	实施DRIVE计划	

续上表

阶段	美国	日本	欧盟	中国
20世纪90年代初	（1）国会通过"综合地面运输效率方案"（2）把IVHS的研究开发置于中心项目的位置	（1）开发"先进的安全汽车"（ASV）与"超智能车辆系统"（SSVS）（2）开发"新交通管理系统"（UTMS），之后升级为"21世纪交通管理系统"（UTMA2）	成立欧洲道路运输通信技术实用化促进组织ERTICO	
20世纪90年代中	（1）IVHS改名为ITS，设立了美国智能交通协会（ITSA）（2）出版了《国家智能交通系统项目规划》，确定了智能交通系统的7大领域	（1）设立道路、交通、汽车领域智能化推动协会（2）成立道路交通信息通信系统（VICS）中心，颁布了《公路、交通、车辆领域的信息化实施方针》（3）研制不停车收费系统（ETC）（4）研究与开发先进道路支援系统（AHS）	（1）开展了民间企业主持的为提升欧洲汽车竞争力的PROMEHEUS计划（2）公布了T-TAP征集的具体74个子项目	
20世纪90年代末	实施的智能车辆行动计划（即IVI）	向全国推进ITS建设		成立交通智能运输系统工程研究中心（ITSC）
2000～2001年		《形成ITS社会基本法》《E-JAPAN战略》《E-JAPAN优先政策计划》提出ITS，车辆信息与通信系统VICS		制定了《公路、水运交通信息化"九五"规划和2010年发展纲要》
2001～2005年	提出了车路集成系统的概念（Vehicle Infrastructure Integration，即VII）概念	开发Smart way系统		开展国家"十五"科技攻关"智能交通系统关键技术研究和示范工程"

续上表

阶　段	美　国	日　本	欧　盟	中　国
2006~2013年	（1）提出了名为IntelliDrive的《智能交通系统战略计划：2010~2014》 （2）进行大型车路和车车合作系统示范项目	（1）投资建设高速公路沿边的ITS信息传递设施 （2）在其全国高速公路网上建设完成了覆盖全部路网的ITS信息交互设施（ITS Spots）	（1）组织合作系统的路上测试 （2）制定欧洲ITS发展行动方案 （3）公布了欧洲的ITS发展指令	从"十一五"开始，"863计划"将现代交通技术作为一个单独的领域来开展研究

第5节　ITS的发展趋势

一、国外智能交通系统的发展趋势

当前，国外智能交通系统的研发与使用重点在于城市交通和高速公路两个部分，而地区性的综合交通运输研究比较欠缺，只有欧盟和美国对此有所涉猎。ITS总体发展趋势可归纳为以下几个部分。

1. 体系结构成为ITS的开发重点

智能交通系统的整体规划和设计中最重要的工作内容是研究其体系结构，这是过往每一届ITS世界大会的一个关键课题。

美国的国家ITS体系结构是7大系统：出行者与交通信息管理系统、出行者与交通需求管理系统、公共交通运营系统、不停车收费系统、商用车运营系统、应急管理系统、先进的车辆控制与安全保障系统。

日本的国家ITS体系结构是9大部分：先进的导航系统、不停车收费系统、安全驾驶辅助系统、交通管理优化系统、道路管理效率化系统、公交运营协助系统、商用车效率化系统、行人协助系统、应急车辆运营协助系统。

而欧盟建构了整个欧洲的ITS项目KAREN，它的成立翻开了欧盟ITS开发的新篇章，这足以说明体系结构研究是ITS的工作重点。

2. 合作系统成为ITS的发展热点

从主要发达国家ITS应用状况和发展趋势可以看出，智能交通系统正在从某一个方向的智能化运用系统向更高层次的合作系统演进。欧洲、美国和日本逐步将其历年开发和应用的各种智能交通系统集成到合作系统中，并开始在产业和标准方面进行协调。2009年起，欧、美、日三国之间分别签订了标准合作协议，开始为产业发展和市场繁荣做准备，而且各国都开始使用这个新名词：智能交通领域的合作系统（Cooperative System in the Field of ITS），2012年欧洲和美国正式在文件中统一使用合作型智能交通（Cooperative ITS）作为下一阶段的ITS发展的代表，日本随后也加入，2013年上半年韩国也完成了与欧、美、日的政府间合作协议，正式加入合作型智能交通的开发。

从美国政府和欧盟已经发布的报告内容可以看出，合作型智能交通系统是以前面各种

ITS技术开发和应用为基础,结合下一代通信技术将车与路、车与车、车与其他机构和人连接起来,从而可以使交通更加安全、畅通和绿色。现在人机交互、标准、互操作和评估工具是开发重点。

除了政府间的合作研究,发达国家的企业界以及一些高校也积极开发合作型智能交通系统,而且更把其含义扩大设定为基于新一代移动通信的交通服务,其概念是使用者通过移动终端的相互通信可以成为一个可控的交通系统组成部分。交通信息成为系统的控制指令,通过控制出行者的行为来优化交通环境,为使出行更加舒适便捷,大部分人都会根据交通信息来适当地改变自己行为,如改变行车路线、改变所乘交通工具、改变出行时间等。由上可以看出,合作型智能交通可以将出行者纳入系统,可以提升综合交通系统效率和安全,所以合作系统成为国际ITS发展的新热点。

3.综合运输智能化成为ITS的发展方向

目前世界ITS的发展主流是道路运输的智能化,然而,只有实现整个综合运输系统的智能化,才能从根源上解决交通运输问题。通过欧盟制定多式联运智能化具体计划的实施结果可以很明显地看出,综合智能交通系统提供的服务比道路智能交通系统有效性更高、安全性更强、污染更少、发展前途更广。同样的,美国的多式联运智能化受到广泛关注,推进多式联运智能化的有效途径得到很大的重视。日本的公共交通早就成为城市客运的主要组成,因此并没有在综合交通智能化方面获得显著进步。但是无论如何,综合运输智能化实施结果日益显示出其将是解决交通问题的根本途径,它的出现指明了未来ITS的发展方向。

二、我国智能交通系统的发展趋势

中国智能交通产业前景研究报告指出了我国智能交通系统的未来发展趋势,主要内容为:智能交通系统的建设将从管理需求拉动逐步转向服务需求拉动;智能交通系统将转向一体化、系统化建设;商业市场将适应为服务付费的要求;节能减排方面的作用将被强化。

1."十三五"期间的研究方向和发展趋势

在"十二五"期间,智能交通得到了国家的大力支持,研究突破了智能车路协同、区域交通协同联动控制等一系列技术,并对其进行部署。智能交通系统作为交通现代化建设的重要内容,"十三五"期间仍将是我国交通科技领域重点支持和发展的战略方向。"十三五"期间,我国智能交通科技主要发展趋势可以概括为四方面内容,分别为:综合交通运输协同技术越来越受到重视;交通安全保障技术还是发展的核心;智能化交通运输管控技术得到不断提高;智能汽车技术与车路协同技术是发展重点和主要前进方向。具体体现如下:

1)提升综合交通系统效能与服务水平

运用网络资源分配和体系优化技术、一体化无缝连接运输组织技术和设施、交通枢纽能力协同提高技术、公共交通集合技术等可以提高综合交通运输效能,构建的交通运营和信息服务系统构造合理、优点互补、分工明确、衔接顺畅。进一步满足出行者的需求,提升交通服务水平,研发便捷、高效的公众出行智能化服务技术。

2)交通运输系统安全运行智能化保障

未来交通运输系统安全运行的智能化保障将重点集中于运用现代信息技术来分析事故成因、演化规律、管控策略以及设计主动安全技术和管理方法,从人—车—路协调的角度实现交通安全运行防控一体化。例如：汽车自动预警技术、车路信息采集与交互技术、车路协同安全技术、车路协同控制技术、安全保障管理技术等。

3）合作式智能交通和自动驾驶将成为智能交通的重点

合作式智能交通、互联车辆是近年来国际智能交通界关注的重要方向，它将无线通信、传感器和智能计算等前沿技术综合应用于车辆和道路基础设施，通过车与车、车与路信息交互和共享，实现车辆运行的安全保障、绿色驾驶和交通信息服务。发达国家在这个领域已经做了大量的实际道路测试，基本实现了产业化。同时，自动驾驶汽车方向值得重视，这虽然是从智能交通诞生起就在研究的领域，但是近几年的发展极为迅速，在高速公路和城市道路上的测试试验已经在发达国家普遍开展，自动驾驶汽车在无人干预的条件下自动运行数百万公里的例子比比皆是。并且低速无人驾驶汽车在发达国家的开发和试验也接近实用，在特殊区域、开放道路、居民社区已经进行了大量运行试验，新出行模式的萌芽已经开始显现。

4）智能交通系统技术体系和标准化体系的完善

近年来，在交通运输部和国家标准管理委员会的领导下，对智能交通标准体系进行了修订，将智能交通领域的通信应用技术、车路和车车合作技术、移动互联交通应用技术、交通信息安全管理等内容补充进标准体系。其中，车路和车车通信国家标准由交通运输部和工业和信息化部安排，已经发布了两项，还有若干项在标准委的安排下正在编制。立足国情，放眼世界，适时完善和丰富我国智能交通系统体系框架，将是未来我国交通领域的重要工作。

2. 智能交通系统前沿技术

1）车路协同智能控制技术

物联网技术和智能车辆技术的发展将带来智能交通产业的重大变革。世界上关于智能交通研究的新焦点是能够为将来的智能交通系统的发展指明方向的先进技术——车路协同控制。未来智能车路协同控制的核心技术研发成功，可以推动我国提前占据智能交通前沿技术的制高点，同时也决定了我国将来是否具有智能交通产业的关键竞争力。

"十五"和"十一五"期间，国内对车辆辅助驾驶、车载导航设备、驾驶人状态判别、车辆运行安全状态监测预警、交通信息获取等方面进行了大量研究，逐渐掌握了以下核心技术：智能车共性技术、车辆运行状态识别技术、高精度车载导航和地图匹配技术、高可靠交通信息获取技术以及信息交互技术等，这些核心技术为车路智能协同控制打下了坚实基础。同时开始探索智能汽车关键技术、智能路侧系统关键技术、车路—车车协同信息交互技术、基于车路—车车协同的安全保障等技术方面，在"十二五"期间这些方向仍然是技术攻关的重点部分。

2）汽车安全多系统协同控制技术

为提高汽车综合安全性能，我国开始注重研究一项高新技术——汽车安全多系统协同控制技术，这项技术是将现代汽车结构设计及电子控制技术，与汽车被动安全与主动安全不同结构和系统协调起来。该技术包括先进的耐撞性构造与车内人员保护、汽车驾驶稳定性控制与驾驶安全辅助技术，以及基于这两类技术的协同智能安全保障技术。通过汽车安全技术可以看出，我国汽车技术水平与国外汽车技术水平有着明显的差距，在我国，还未形成可以有效支持车辆安全多系统协同的先进安全车辆技术体系，同时也缺少对系统核心前沿技术研究的有效支撑。

在"十二五"结束期,我国计划初步设立汽车被动、主动安全多体系协调控制技术系统,并利用有关技术开发出基于原理的样机,依靠技术应用示范,促进我国汽车安全技术体系的迅速进步,提升我国汽车安全技术水平。其中,关注和攻关重点应该放在研制自适应碰撞安全构造新概念系统技术、智能车内人员管理系统及核心技术、以一体化概念为基础的车辆行驶稳定性管控系统、复杂情况下行驶安全协助系统技术、多系统智能协同体系结构以及安全性综合控制等技术。

3) 大城市区域交通控制技术

一直以来,城市区域交通运输控制作为智能交通系统产业发展的关键技术支持,其研究和发展得到国际上长期关注和重视。而我国缺乏在区域交通运输控制领域的集中研究,成果比较疏散,整体技术水平大大落后于国外,关键核心技术无法突破,导致大部分技术和产品仍然需要进口。同时缺乏对动态信息的采集,大多数城市交通信号仍然是单点控制,而且控制技术落后,这导致通行效率低,无法很好地解决拥堵问题。另外,交通信号控制技术产品和测试标准不够成熟,产业化程度很低,交通仿真的核心技术几乎没有发展,我国交通控制集成水平低,与国外差距明显。由此可以看出,在"十二五"期间,一些核心技术,如网络动态交通信息采集与交互技术、区域交通信号控制的关键技术、交通控制集成技术、区域交通效率优化提高技术、区域交通效率评价与仿真技术等仍要得到重点研究。

以广州的 ITS 结构为例可以简单说明大城市区域交通控制技术,如图 1-12 所示。

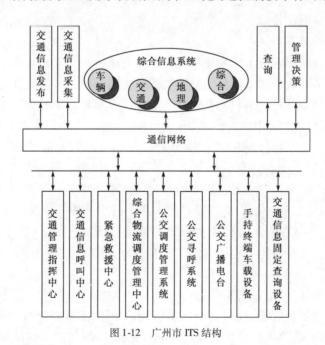

图 1-12　广州市 ITS 结构

第 6 节　国内外典型综合应用案例

根据 ITS 发展重点问题,这里分别选取美国、日本、新加坡、首尔和北京等国家或城市的智能交通成功案例进行介绍。

一、美国:ITS 案例

1. 美国的 ITS 标准

为了指定智能交通系统的子系统间的信息交互过程以及接口规范,美国交通部与专业的协会和机构建立了其标准。ITS 标准包括以下 7 类:

(1)商用车辆的安全和资质认定标准。

(2)短程通信技术标准。

(3)数据无线电传输标准。

(4)微波通信、车流和路侧设备通信标准。

(5)信号机、交通控制中心通信标准(功能层面)。

(6)综合性指标规范,包括小型汽车、公交车等多类交通工具的信息传递标准等。

(7)高级出行者信息系统的数据字典,紧急事故处理标准。

2. 美国 ITS 技术范畴

美国交通部 ITS 办公室及美国 ITS 协会等机构提出 ITS 主要包括以下几类技术:

(1)交通监测技术:通过感应线圈、红外线、摄像头、卫星定位系统等技术对交通车辆进行监测,并采集交通数据。

(2)出行者信息技术:出行者可以从多渠道获得交通信息,包括互联网、电话系统、电视系统以及其他。

(3)控制技术:包括先进交通信号系统、匝道间的信号灯控制、高速公路间的信号灯控制等。

(4)通信技术:包括光纤通信、无线通信等。

(5)数据处理技术:包括数据存储、流量预测、交通控制数据处理等。

3. 美国 ITS 实施领域

美国 ITS 的实施领域包括三个部分:基础设施与设备、车辆和信息。

1)基础设施与设备

其中,路网交通基础设施有:道路、桥梁、隧道、车站和客运换乘枢纽;管控设备有:标志、标线、情报板、交通管控中心、交通事故处理机构以及公共交通运营等。

2)车辆

车辆主要包含私人汽车、出租车、公交车、货运车、公共安全车和铁路货运车等。

3)信息

信息主要包含有与整个智能交通系统相关的信息、与基础设施和车辆相关的信息以及气象信息等。这些信息可以帮助出行人员优化他们的出行路线和出行时间;可以帮助公共安全机关对交通事故快速反应;可以帮助运输公司完善其运输规划,进一步控制其车队的行程;可以帮助公交公司提升其运行效率和服务水平;可以帮助更加有效地管理和使用基础设施和设备。

为了实现 ITS 的用户服务功能,实现各种预期的经济和社会效益,组成智能交通系统的 3 个基础设施需要逐渐运用新技术进行开发和改造。

美国 ITS 的代表系统为 TRAVTEK(Travel Technology)系统。图 1-13 所示为 TRAVTEK 概念图。

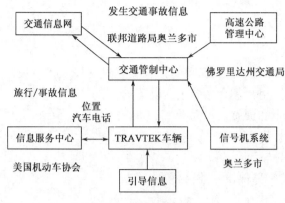

图 1-13 TRAVTEK 概念图

二、日本：先进的车辆信息与通信系统 VICS 与智能公路 Smartway 计划

1980 年,日本开始实施路车间通信系统(简称 RACS)和先进的交通信息系统(简称 AMTICS)。这两者即为车辆信息服务系统(简称 VICS)的前身。1996 年日本开始提供 VICS 服务,VICS 提供 7×24 小时的实时道路交通拥挤信息和管制信息,其工作原理如图 1-14 所示。

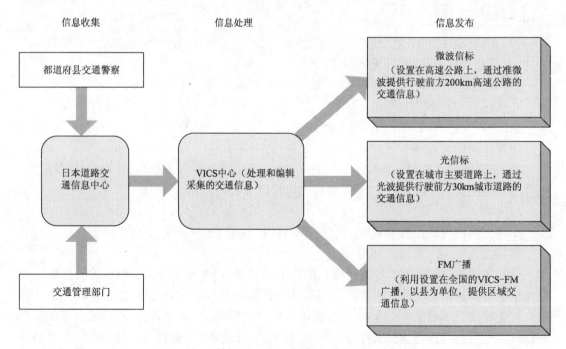

图 1-14 VICS 工作原理图

Smartway 计划的目标是建立一个综合智能交通系统技术的高效、安全的交通环境。这条道路是这样构想的:通过先进的通信设施不断向车辆发送各类交通信息,所有的收费站都不需停车交费,能以较快的速度通过,路网与车辆可高度协调,路网向车辆提供必要信息以确保车辆可以自动驾驶。这项计划的实施方案是:1999 年运营产学官三者合作的"推进委

员会",2000 年为正式引入先进道路支援系统(简称 AHS)进行试验验证,2001 完成有关智能道路的标准,2002 年在全国主要道路上引进智能交通。先进安全型汽车(Advance Safety Vehicle,简称 Smartcar/ASV)计划是在车辆上安装电子导航系统、通信设备、自动驾驶仪等先进的电子仪器,使其能了解行车路途上的交通状况、不断选择最佳行车路线,根据车道上的标线以及车车通信信息进行自动驾驶,例如在换向时探测一般车辆的视觉死角位置的车辆以及行人进行自动制动或驾驶。为推动 Smartcar 计划的实施,日本还特意建立了研发先进安全型汽车项目的研讨会,其组成如图 1-15 所示。

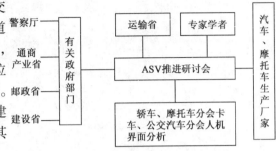

图 1-15 ASV 推进研讨会组成结构图

推行 Smartway 及 Smartcar 项目能够极大地提升交通的安全性、改善拥堵状况。

三、新加坡:整合交通管理系统(ITMS)

新加坡凭着其具有前瞻性的交通规划理念以及得天独厚的地理、经济、技术和其他方面的条件,在整合交通管理系统的开发方面已经走在世界前列,并向大部分亚洲发展中国家提供了现代城市交通发展的范例。

新加坡的 ITMS 是一个综合集成交通系统,它以交通信息中心为轴线,衔接公车系统、出租车系统、城市捷运系统、城市轻轨系统、城市高速路监控系统、行车速度信息系统、电子收费系统、交通信息管理系统、优化交通信号系统、电子通信系统、车载导航系统等。整合交通管理系统实现了道路、出现者和交通系统之间可进行稳定的信息传输和处理,从而为使用者以及其他道路上的出行人员提供了实时、恰当的交通信息,有助于使用者充分、实时地辨识交通线路、交通形式和交通时间。

整合交通管理系统并不是一直不变的,该系统还将通过继续吸收和整合最新的智能交通技术而不断发展,如图 1-16 所示。

四、首尔:有效的智能公交改革

在首尔公交改革项目中,关键技术的创新确保了改革得以顺利有效地执行。为有效地管理公交系统,首尔建立了公交管理系统(简称 BMS)。这个改进的新系统把公交运营与信息服务结合为一个整体,提供具有全面性和实时性的交通数据。该系统还将智能运输系统技术和全球定位系统技术有效结合,以确定汽车的位置,控制排班次序,并通过互联网、手机以及其他无线终端设备向乘客发布相关公交信息。该系统可以向乘客提供实时精确的交通数据,同时还是提升公交运营的可靠性、安全性和数据采集分析的质量的技术支持,如图 1-17 所示。

公交管理系统将公交运营与信息服务(简称 TOPIS)整合为一,提供交通信息数据,并且这些信息可上载到城市的每个交通点。首尔交通运营和信息服务的作用如图 1-18 所示。

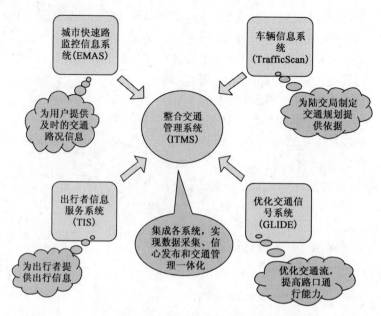

图1-16 新加坡整合交通管理系统（ITMS）

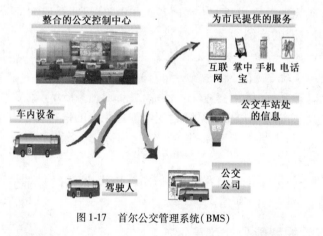

图1-17 首尔公交管理系统（BMS）

图1-18 首尔交通运营和信息服务（TOPIS）的作用

在公交监管方面，政府根据发达的车载管理系统，全面掌握车辆的运行距离、运行时间和乘客人数等，并能及时掌握运营商的经营情况。

五、北京：奥运智能交通重点工程

在北京为兼顾奥运交通和长效交通的需求,将重点建设奥运交通管理指挥调度系统、奥运车辆监控及服务系统、奥运公共交通运营管理系统、奥运公众出行信息服务系统。

1. 奥运交通管理指挥调度系统

该系统综合电视监控信息、交通信号控制信息、路网诱导信息等多种数据,通过制订计划进行智能指挥。依托交通指挥调度系统,成立了由北京公安交通指挥中心、仰山桥交通勤务指挥中心和38个场馆群交通指挥所组成的三级奥运交通指挥系统。对奥运交通以及其他交通有效组织、正确管控,确保两类交通有序协调运行。图1-19所示为三级奥运交通指挥系统。

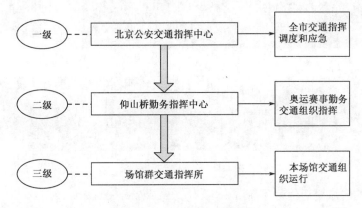

图1-19 三级奥运交通指挥系统

对于偶有的突发事件,指挥人员可以通过警力定位系统,实时掌握全局路面警力部署,动态调整警力投入;也可以依据需求,调度具备卫星通信、无线传输、图像获取等技术的交通指挥通信车辆到现场,达到快速响应、服从指挥的目标。在指挥调度集成体系可视化的图像界面下,可以依据计划同步完成电视监控、交通控制和交通诱导等多个系统的联动,通过信号系统控制事件周边路口、快速路出入口,提醒附近驾车出行人员对此绕行,缓解事件路段的交通堵塞情况。图1-20所示为流动交通检测车,图1-21为装在流动交通检测车上的摄像头。交通应急指挥系统如图1-22所示。

图1-20 流动交通检测车

图1-21 流动交通检测车摄像头

图 1-22 交通应急指挥系统

2. 智能化的区域交通信号系统

按照北京市道路布局以及行人、机动车、非机动车混合的交通特征，在城区设立了交通信号地区控制系统，系统利用掩埋在路口的交通流检测仪获取到的交通车流信息，对路口交通信号进行实时信号控制。近 2000 台信号机利用计算机自动控制进行协调联动，实时监测，根据路网流量变化，在车流量达到高峰时采取最大通行量控制，在平峰时采取协调控制，在低峰时采取自适应控制。通过合理调节车辆通行时间来改善在道路空间上车辆的分布情况，极大地提升了路口、路段的车辆通行率，加强了道路整体控制力，路网通行力提高了 15%。此外，位于奥运中心区的信号灯路口，增加了行人过街绿灯倒计时和盲人语言提示功能，更加体现出人性化服务，礼让民权、保障行人安全的理念。

3. 灵活管控的快速路控制系统

快速路网，另一种说法是环路及其联络路，它是北京市道路交通的主干线，承担了城市一半以上车流量，同时也是奥运专线的构成部分。北京市建成了世界上规模最大、最智能的快速路控制体系，通过安装于二、三、四环及其联络路线的主要出入路口的信号灯，依据车流量的变化自动打开或关闭出入口，智能化控制进出快速路的交通流量。在主路流量达到拥堵预警的标准时，利用信号灯来控制出入主路的车流，引导驾驶人从辅路通行，如果快速路主路出口因为拥挤形成车流堵塞，位于出口处的信号灯控制出口上游辅路的交通流量，为主路的出口提供更为顺畅的通行条件，确保主干线的通畅；还可以利用可变信号板来提醒驾驶人进行路线选择，注意进出口的车辆，有效防止在出入口发生交通事故。

4. 奥运车辆监控及服务系统

实现 T1—T4（贵宾、官员、运动员等）服务车辆的监控调度。

提供安全、准时的运输服务和交通、比赛、天气等信息服务。

5. 奥运公共交通运营管理系统

实现 T5（观众、志愿者和组织人员）服务车辆的调度与应急保障，提供公交服务信息，系统的重点是 34 条奥运公交专用路线的调度，结合运力资源，进行抢修救援。此系统是一个具有语音调度和车辆定位功能的"总中心—分中心—车队"三级调度指挥系统。奥运公共交通运营管理系统如图 1-23 所示。

图 1-23　奥运公共交通运营管理系统

6. 奥运公众出行信息服务系统

将在现有工作基础上针对奥运信息服务需求继续扩展与完善。

在奥运前实现了互联网垂直门户、手机查询、交通广播与电视、呼叫中心、路侧诱导信息屏、汽车导航服务 6 种方式为公众提供全面的出行信息服务，如图 1-24 所示。

7. 连续诱导的大型路侧可变情报信息板

利用分布在全市主干道、环路的 228 块大型路侧可变情报信息板，按照每小时 30 次的频率发布本区域的实时路况信息，以满足道路交通参与者的需求。此外，每天发布的奥运交通管理、道路限行、绕行路线等交通服务信息达到上千条,完成了对奥运车辆和其他车辆的全程连续诱导。

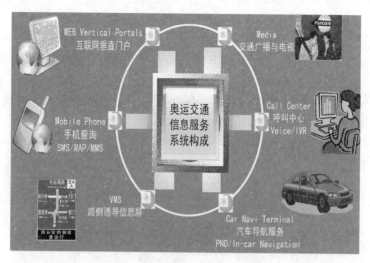

图1-24 奥运公众出行信息服务系统

课后习题

1. 智能交通系统的定义是什么？它的特点有哪些？
2. 智能交通系统的子系统有哪些？说明它们之间的关系。
3. 智能交通系统评价有什么意义？简单说明其难点。
4. 智能交通系统评价的基本类型有哪些？它们之间的关系是什么？
5. 智能交通系统有哪些主要的评价方法？
6. 简单描述国外智能交通系统的发展背景以及发展趋势是什么？

参考文献

[1] 杨晓光. 中国智能交通系统评价方法研究[J]. 交通运输系统工程与信息, 2006, 12(6): 14-20.

[2] 王笑京. 中国智能交通系统发展战略研究[J]. 交通运输系统工程与信息, 2006, 8(4): 9-12.

[3] 张可. 中国智能交通系统(ITS)体系框架研究进展[J]. 交通运输系统工程与信息, 2005, 10(5): 6-11.

[4] 胡明伟. 智能运输系统(ITS)评价方法研究[J]. 公路交通科技, 2001, 10(5): 46-50.

[5] 朱昌锋. 智能运输系统(ITS)的评价方法探讨[J]. 甘肃联合大学学报(自然科学版), 2006, 4(2): 26-29.

[6] 王笑京. 智能交通系统演进与我国未来发展趋势分析[J]. 交通运输部管理干部学院学报, 2013, 6(2): 3-6.

[7] 张伟.智能交通系统及发展趋势[J].辽宁工程技术大学学报,2005,4(4):77-79.
[8] 张振东.智能交通系统概述及国内外发展状况[J].科学之友,2010,3(9):97-99.
[9] 李晖.智能交通系统的研究现状及发展趋势[J].产业与科技论坛,2008,8(8):166-167.
[10] 徐中明.智能交通系统(ITS)中的智能汽车技术[J].重庆大学学报(自然科学版),2005,8(8):17-21.
[11] 边明远.智能交通系统(ITS)及其发展[J].武汉理工大学学报#信息与管理工程版,2001,3(1):67-70.
[12] 杨荫凯.智能交通系统(ITS)概述及我国的发展对策选择[J].地理科学进展,199,9(3):274-278.
[13] 杨东凯.智能交通系统(ITS)的发展及其模型化研究[J].北京航空航天大学学报,2000,2(1):22-25.
[14] 蔡文沁.我国智能交通系统发展的战略构想[J].交通运输系统工程与信息,2003,2(1):16-22.
[15] 陈旭梅.美、欧、日智能交通系统(ITS)发展分析及启示[J].城市交通,2004,7(7):75-79.
[16] 史其信.发展我国智能运输系统(ITS)亟待解决的课题[J].交通运输系统工程与信息,2001,2(1):23-29.
[17] 刘勇.对我国智能交通系统(ITS)发展的探讨[J].交通与安全,2006,1(1):48-50.
[18] 廖瑞辉,陈星光.智能交通系统研究现状与对策分析[J].交通企业管理,2014,1(1):6-9.
[19] 尚刚,陈宝.智能交通系统在日本的发展综述[J].华东公路,1999,6(3):62-65.
[20] 吴忠泽.中国智能交通行业发展现状与未来发展趋势[J].电气时代,2013,6(6):24-26.
[21] 张任,谢杨.智能交通系统在中国的发展趋势与前景[J].科技视界,2013:32-33.
[22] 金茂菁.我国智能交通系统技术发展现状及展[J].交通信息与安全,2012,2(2):1-5.
[23] 夏劲,郭红卫.国内外城市智能交通系统的发展概况与趋势及其启示[J].科技进步与对策,2003,1(1):176-179.
[24] 谢振东.新一代智能交通发展战略研究[J].移动通信,2011,8(15):9-12.

第 2 章　智能交通系统相关基础理论与技术

智能交通系统本身是一个复杂的系统,在技术上,它需要综合利用先进的计算机处理技术、信息技术、数据通信技术、传感器技术及电子自动控制技术等;在理论上,它集中了交通运输、系统论、信息论、控制论、运筹学等多学科的理论;在管理上它需要把交通参与者、交通管理者、交通运营者、交通工具、交通服务设施等结合起来,使各种交通运输行为形成一个协调运转的有机整体。智能交通系统本身是现代前沿高新技术的系统大集成,它依赖跨学科、跨领域的多种理论和技术。

第1节　基础理论

支撑智能交通系统解决系统规划与设计、交通流的分配、交通的诱导等问题的基础理论包括图论、系统论、信息论、控制论4个领域。

一、图论

图论是数学的一个分支,它以图为研究对象。很多生活中的对象之间的联系都可以表示为图的形式,比如两个地点之间的交通路线等。图论是智能交通系统重要的理论基础之一,其相关基础理论可以用于交通网络规划,相关算法可以应用于智能交通系统中的交通诱导、交通流的分配以及路网检测器布点等问题。图论应用在交通领域又称为交通网络技术。

路径分析是智能交通系统中的一项重要的网络分析功能。智能交通系统可以提供静态或动态的最短路径的诱导,利用的就是图论中的最短路径理论。道路交通网可以描述为一个加权有向图如图 2-1 所示。一段弧的权值通常是指车辆通过此弧段的阻抗或耗费,如行程时间、长度、收费、油耗等。

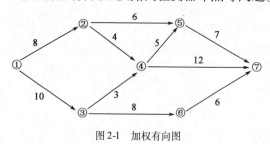

图 2-1　加权有向图

针对最短路径问题的研究已经有 40 多年的历史,其中应用最广泛的有 Dijkstra 算法、Floyd 算法等。

通常可以把一个网络看成是某个公路网络、铁路网络或水运网络等，这些网络的运输问题可以看作是这些网络的网络流问题。在现实中，人们常常需要知道在这样一个网络中最大流为多少？在一个加权有向图中，图中的权是该弧在单位时间内的最大通过能力，称为弧的容量（capacity）。最大流问题是在单位时间内安排一个运送方案，将发点的物质沿着弧的方向运送到收点，使总运输量最大。

二、系统论

系统工程是一门新兴的综合的科学，它从系统的观点出发，跨学科地考虑问题，运用现代的科学技术方法去研究和解决各种系统问题。从系统的观点来看，智能交通系统是一个复杂的、开放的大系统，系统要素包括人、车、路、环境等，因而智能交通系统的构建是一项巨大的综合性的系统工程。

智能交通系统具有一般系统所共有的特点，即集合性、相关性、层次性、目的性、环境适应性、整体性、动态性。集合性体现在智能交通系统是由人、车、道路、设施、管理组成的综合整体；相关性体现在智能交通系统内部各子系统之间是有机联系、相互依存又相互作用的；目的性表现在智能交通系统的设计、实施与运行要以提高交通效率、缓解交通拥挤、保障交通安全、减少环境污染为目的；环境适应性表现为智能交通系统受周围环境的影响和制约，并与周围环境相协调；整体性表现为智能交通系统追求总体运行效果最优；动态性表现为智能交通系统的研究在不断发展，系统的功能与状态是时间的函数。

智能交通系统工程的研究对象是交通系统。智能交通系统工程是系统工程在交通领域的具体应用，它将人、车辆、道路、环境作为一个整体，从系统观点出发，集成运用计算机处理技术、信息技术、数据通信技术、传感器技术及电子自动控制技术等多种先进技术对交通活动进行全方位的、实时、准确、高效的协调和控制。智能交通系统需要用系统工程的方法进行系统分析、系统建模、系统预测、系统优化和系统评价。

三、信息论

信息论是运用概率论与数理统计的方法研究信息、信息熵、通信系统、数据传输等问题的应用数学学科。信息论基础即香农（C. E. Shannon）信息论，是用概率论与随机过程的方法研究通信系统传输有效性和可靠性极限性能的理论，是现代通信与信息处理技术的理论基础。信息论以信息熵为基本概念，以香农三个编码定理为核心内容，研究通信系统中信源信息的度量、信源的压缩，以及信息通过信道有效和可靠传输等问题。对信息进行量度是信息论的首要问题。香农定义了信息熵作为信息的量度，是信息论中最重要的概念。

智能交通系统的基本功能就是对信息的获取、加工和传输。智能交通系统中的很多原理与算法都与信息论有着重要联系，比如 ITS 的重要组成部分通信系统，就是以信息论的通信系统模型为基本原理。因此，信息论是智能交通系统的理论基础。

四、控制论

控制论的研究目的是从控制的角度掌握系统运行的一般规律，控制系统的运行。控制论的最优控制理论、最优化技术、大系统理论、自适应、自学习和自组织系统理论以及模糊理论等对研究与实施智能交通系统都有着重要的指导作用。

　　最优控制理论通过数学的方法,科学、有效地解决大系统的设计与控制问题,并强调通过采用动态的控制方法满足多种输入和多种输出系统的控制要求,实现系统的最优化。智能交通系统的每一项功能都和最优控制理论有关。整个系统可以看作一个输入各种数据,得到最好的交通管理并实现最优控制的大系统。

　　自适应系统是在系统的运行过程中,系统本身不断地测量外界条件的变化,以及系统的状态、性能和参数,自动调整其自身结构和行为参数,以保持系统原有功能的系统。自学习系统是自适应系统的延伸和发展,它是指能够根据自己在运行过程中积累的经验来改进自身能力的系统。自组织系统是指能够根据环境的变化和系统运行的经验来改变系统的结构和行为参数的系统。该系统能在与环境相互作用条件下,通过自身的演化而形成新的结构和功能。智能系统的一大特点就是要实现自适应。在当今的智能交通系统中,很多功能都应用了自适应、自学习与自组织的技术,比如自适应的信号控制系统、智能交通状态判别系统、智能交通流预测系统等。

　　模糊理论是以模糊集合为基础,其基本精神是承认存在模糊性现象,以概念模糊、不确定的事物为研究对象,并将其量化成计算机可以处理的信息。模糊理论不提倡使用复杂的数学分析解决问题。在智能交通系统中,模糊理论应用的范围非常广泛,如在车牌识别、智能车控制、交通流预测、交通状态判别等。

　　大系统理论是现代控制论一个新的研究领域,它是以规模庞大、结构复杂、目标多样、功能综合、因素繁多且常带有随机性的各种大系统作为研究对象的,研究的主要问题是大系统分析和大系统优化。对大系统的分析和设计不能采用常规的建模方法、控制方法和优化方法,因为这些常规方法无法很好的解决大系统问题。智能交通系统具有规模庞大、结构复杂、目标多样、功能综合等特点,是一个典型的大系统,因此,对智能交通系统的研究需要采用要用大系统的理论和方法。

➡第 2 节　技术体系

　　ITS 是一个集中应用了众多高新技术的大型系统,实现 ITS 的关键技术主要包括:人机工程学,传感技术,人工智能、模式识别与机器学习技术,通信技术,视频技术,计算技术,GIS 技术,GPS 技术和动态交通分配技术。

一、人机工程学

　　在人—车—环境的社会大系统中,人的因素极其重要。因此,智能交通系统不仅应从工程学方面,而且也要从人体工程学等方面进行研究。

　　人体工程学的主要研究内容是人机系统和人机界面。人机系统特指人与机器共同组成的系统。人机系统可以很小很简单,也可以很复杂。人机系统中,"人"与"机"之间能够实现相互作用的区域,称为人机界面。机器及环境中参加"人"与"机"交互过程的一切领域均属于人机界面。比如:仪器设备上的显示器、控制器。也可以把人机系统所处的环境条件看做一种人机界面,因为环境条件也可以作用于人的生理和心理。人机工程设计的对象是人机界面,研究内容涉及人的解剖学、生理学、心理学等领域。人机工程设计的首要问题是人机功能分配,人机合理分工的基本原则是发挥人与机器各自的优势。

在对智能交通系统的研究中,需要利用人机工程学的理论和研究方法,探讨和掌握人与交通环境协调的特性。人机工程学在车辆的导航系统、安全报警系统以及智能道路系统等领域应用非常广泛。未来的智能交通系统的人性化设计将具有更加全面立体的内涵,应用虚拟现实、互联网络等现代高科技技术,ITS 将给交通的使用者、管理者以全新的体验。

二、传感技术

传感技术是自动检测和自动转换技术的总称,是以研究自动检测系统中的信息获取、信息转换和信息处理的理论和技术的一门综合性学科。传感技术是智能交通系统进行数据采集的重要基础。

传感器是指能感受被测量的信息,并按一定的规律转换成可用输出信号的器件或装置,以满足信息的传输、处理、记录、显示和控制等要求。在传感器中包含两个不同的概念:一是检测信号;二是可用信号。可用信号是指便于处理、传输的信号,它由检测信号按照对应的函数关系转换而来,一般为电信号,如电压、电流、电阻、电容、频率等。

传感器由两个基本元件组成:敏感元件与转换元件。敏感元件负责将非电量变换成一种易于转换成电量的非电量(如位移、应变等)。转换元件负责将感觉到的由敏感元件输出的非电量转换为电量。转换元件是传感器的核心部分,传感器的基本组成如图 2-2 所示。

图 2-2 传感器基本组成

智能交通系统能否有效的运行,关键取决于获得全面、准确和实时的动态交通信息。传感器技术发展和应用是提高交通信息采集的实时性、有效性和经济性的关键。在 ITS 中应用的传感器主要有环形线圈、压电传感器、红外传感器、微波检测器、超声波传感器、视频车辆检测器以及 RFID 等。

三、人工智能、模式识别与机器学习技术

人工智能是研究、设计和应用智能机器或智能系统,来模拟人类的感知能力、推理与决策能力、学习能力、适应能力等方面的活动,以延伸人类智能的科学。

辅助视频

模式识别是人工智能的重要组成部分。研究用计算机来实现对事物或现象进行描述、辨认、分类和解释的过程。它主要由信息获取、预处理、特征提取与选择、分类器设计以及分类决策五大部分组成。模式识别的应用范围极为广泛,主要包括文本识别、图形图像、语音识别、预报问题、管理科学等。

机器学习过程是智能系统不断地积累和更新知识以改善系统性能,从而使系统具有自适应能力的过程。在系统内部,机器学习表现为新知识结构的建立、完善以及知识的更新。机器学习的方法很多,主要有归纳学习、遗传算法和人工神经网络。

智能交通系统的核心是智能,需要可靠各种智能化技术的支撑,因此ITS是人工智能的重要应用领域。在电子收费系统、交通流预测系统、出行者信息系统、车辆安全辅助驾驶等系统中都应用了模式识别、机器学习、智能控制等人工智能技术。智能交通系统中存在很多复杂模型的建立与求解问题,在这过程中,通过利用神经网络、遗传算法、模式识别等方法,解决了许多以往的难以解决的问题,因此人工智能技术推动了智能交通的快速发展。

四、通信技术

数据通信技术依照通信协议,利用数据传输技术在两个单元之间传递数据信息,它可实现计算机与计算机、计算机与终端以及终端与终端之间的数据信息的传递。通信技术是ITS的最重要的支撑技术之一。通信系统负责传输各种交通信息,在ITS中起着至关重要的作用。没有先进的通信系统的支持,ITS将无法正常运行。

随着通信技术的发展,ITS的通信系统也在发生着飞速的变化,交通通信系统正向着综合化、智能化、数字化的方向发展。目前智能交通的通信系统大多采用数字通信技术,所使用的通信系统包括光纤通信系统、卫星通信系统、移动通信系统、微波通信系统等。智能交通系统中的通信实体主要包括车载终端(On Board Unit,OBU)、路侧设施(Road Side Equipment,RSE)、交通管理中心(Traffic Control and Management Center,TCMC)以及通信链路等。在ITS中,信息传输方式主要有4类,分别是交通管理中心和路侧设施的通信、车与交通管理中心通信、车—路通信以及车—车通信。

1. 管理中心和路侧设施通信

交通管理中心与路侧设施之间的信息通信是交通信息采集和交通管理与控制的关键。路侧设施负责实时检测所在区域的交通状态与道路状况,包括车速、车流量、占有率、路面参数等。常见的路侧设施包括:

(1)各种交通检测器,包括电磁线圈检测器、微波检测器、视频检测器、地磁检测器、超声波检测器等。

(2)交通信息服务设备:交通诱导屏、电子站牌、车道电磁标志等。

(3)交通控制设备:信号灯、匝道控制器等。

(4)电子收费装置:ETC等。

管理中心与路侧设施的通信对数据传输的速度和可靠性要求较高,大多采用光纤通信系统。

2. 车与管理中心通信

车载智能终端具备通信功能,可以向管理中心发送车辆的GPS数据和进行实时路径导航。车载系统与管理中心的通信采用无线通信技术。无线通信技术将交通中的车辆与交通管理中心紧密地连接起来,保证不间断地通信。车载系统与管理中心通信所采用的无线通信技术包括:GPRS、3G、4G、卫星通信系统等。车载系统不间断地把自己的GPS数据发送到交通管理中心,管理中心通过对海量GPS数据的处理,可以获得各个路段的实时交通状态,并通过对车辆的诱导,实现交通流的合理分配。

3. 车—路通信

车—路通信是指运行中的车辆与路侧基础设备之间的通信。路—车通信系统如图2-3

所示，行驶中的车辆，将车辆信息发送至路侧设施，路侧基础设备可以将所在位置的交通与道路信息发送给附近的车辆，车辆根据收到的信息，可以调整速度以及行车路线。车—路通信系统可以用于辅助驾驶系统、汽车防撞预警系统、车路合作系统等。

1994年，美国加利福尼亚州的自动化高速公路(automatic highway)工程的辅助驾驶系统使用了车—路无线通信技术。当时的车—路通信的实现是通过路侧设施将附近车辆信息发送至管理中心，管理中心将收集的信息通过广播的方式发送至行驶中的车辆。

车—路通信常常采用专用短程无线通信(Dedicated Short Range Communication，DSRC)。DSRC是专门适用于ITS中道路与车辆之间的无线通信协议，在第13章有详细介绍。国际上采用短程无线通信的方法有很多种，主要包括 GPRS/CDMAIX、蓝牙、WIFI、ZigBee、电台等。

路—车通信系统中的通信依赖于路侧设施的建设。当某个路侧设施出现故障时，其覆盖范围内的车辆将无法获得道路与交通信息，因此对于辅助驾驶系统来说，可能会造成交通事故。此外，错误的以及缺失的交通数据，可能会造成交通拥堵。

4. 车—车通信

车—车通信即车辆与车辆之间的通信。车—车无线通信以移动自组织网络为基础，采用多种无线通信方式，是目前ITS研究的热点问题。车—车通信技术也是辅助驾驶系统、汽车防撞预警系统、车路合作系统的关键支撑技术之一。

车—车通信系统结构如图2-4所示。在通信范围内，车辆之间通过移动自组织网络技术直接进行通信，不需要经过路侧设施的转发。需要传递信息的车辆自动检测通信范围内的其他车辆，并将信息逐步传递给下一辆车。信息通过多跳通信的方式被发送出去。车辆可以和其无线覆盖范围内的任何车辆直接通信，也可以利用其他车辆作为转发节点与无线范围以外的车辆进行通信。车—车通信系统更适用于车辆在行驶过程中快速移动的特性。同时，当具备无线通信能力的车辆足够多，达到较高的比例，那么车—车通信系统的稳定性和鲁棒性将会得到很大提高。因此车—车通信系统比车—路通信系统具备更强的适应性。

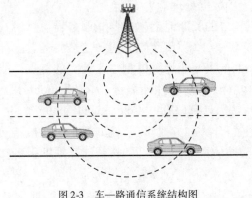
图2-3 车—路通信系统结构图

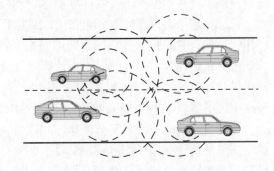
图2-4 车—车通信系统结构图

2000年欧洲的CarTalk工程的高级驾驶辅助系统使用了车—车无线通信技术，研究人员的目标是利用Ad-Hoc网络实现车—车通信以提高车辆行驶的安全性。Ad-Hoc网络即自组织网络是由一群兼具终端及路由功能的设备通过无线链路形成的无中心、多跳、临时性自治系统。此后,欧洲、美国等地的大批研究人员和汽车厂商,对车—车无线通信系统展开了大量研究。美国加州大学 Irvine 分校交通研究所提出了 Autonet 系统,该系统是一个利用车—车无线通信技术进行交通管理、控制与信息发布的系统。

五、视频技术

随着人工智能计算机视觉技术和硬件技术的飞速发展,图像和视频技术在智能交通系统中得到广泛的应用。视频技术主要应用在车辆安全与辅助驾驶及交通管理方面。

在车辆安全与辅助驾驶上,主要应用有以下几个方面:自动车辆驾驶,交叉口检测,交通标志的检测与识别,驾驶员行为检测。

在交通管理方面,主要应用于:交通流量检测,交通安全监控,交通管理。

总的来说,视频检测技术在智能交通系统中应用较多的是作为一种交通信息的采集手段,属于信息采集子系统的范畴,通过信息采集子系统获取的交通数据是交通管理与控制中心进行实时分析、处理和决策的基础。因此,视频检测技术在智能系统中占有相当大的分量。

六、计算技术

智能交通系统需要实时地对大量的交通信息进行处理,计算量很大,要及时准确地完成如此大的计算量,需要与高性能计算系统相结合。高性能计算技术主要包括并行计算技术、网格计算技术和云计算技术。

并行计算就是研究如何把一个需要非常巨大的计算能力才能解决的问题分成许多小的部分,然后把这些部分分配给许多计算机或处理器进行并行处理,最后将这些计算结果综合起来得到最终的结果。

网格将分布在不同地理位置的计算资源(如 CPU、存储器、数据库等),通过高速的互联网组成可以充分共享的资源集成,从而提供一种高性能计算、管理及服务的资源能力。网格计算是利用互联网把分散在不同地理位置的电脑组织成一个虚拟的超级计算机。网格计算充分利用了互联网上的闲置的计算资源,提供强大的数据处理能力。

云计算是指将计算任务分布在由大量计算机构成的资源池上(如网络、服务器、存储器、应用程序和服务),使各种应用系统能够根据需要获取计算力、存储空间和信息服务。云计算是由分布式计算、并行计算、网格计算等发展来的新兴商业计算模型。云计算的特点是能够提供计算、存储与服务,服务的表现形式多种多样,包括软件即服务 SaaS(Software as a Service)、平台即服务 PaaS(Platform as a Service)、按需计算(Utility Computing)等。

智能交通系统中很多复杂计算,都可以利用并行计算的方式实现,比如基于大规模路网的动态路径诱导、交通状态判别、交通事件检测、交通仿真等问题。同时,智能交通的很多功能和服务可以通过网格技术、云计算的方式实现。

七、GIS 技术

GIS(Geographic Information System,地理信息系统)是综合处理和分析地理空间数据的一种技术系统。GIS 的操作对象是空间数据和属性数据,即点、线、面、体这类有三维要素的地理实体。GIS 是 ITS 中的一项重要技术,它基于地理空间数据管理,以道路交通网络的地理位置为坐标,将道路交通特性资料与地理空间资料相结合,形成一个完整的、多层次的空间数据库,并建立相关模型的知识库。

GIS-T(Geographical Information System for Transportation,交通地理信息系统)是 GIS 在交通领域的具体应用和延伸,是收集、存储、分析和处理与交通相关信息的地理信息系统。

GIS 技术在 ITS 中主要用于车辆导航、车辆定位以及车辆监控与调度。在车辆的定位导航中,GIS 能够借助电子地图迅速准确地为用户提供各种信息的查询,方便灵活地为出行者在出发点与目的地之间选择最佳的出行路线。在对车辆的监控与调度管理中,GIS 可以通过信息中心与车辆之间的双向通信,对车辆实行跟踪和调度。同时,交通状态的查询、交通设施的管理等都可以以 GIS 为工具。电子地图的很多功能都是应用 GIS 技术实现的,在电子地图上可以直接进行各项交通管理与监测。因此,GIS 是服务于智能交通系统的一项重要技术。

八、GPS 技术

GPS(Global Positioning System,全球定位系统)是由一系列卫星组成,它们 24 小时提供高精度的世界范围的定位和导航信息。

GPS 的整个系统由空间部分、地面控制部分和用户部分三部分组成。空间部分是由 24 颗 GPS 工作卫星所组成,其中 21 颗为可用于导航的卫星,3 颗为活动的备用卫星。地面控制部分由分布在全球的由若干个跟踪站所组成的监控系统所构成。GPS 的用户部分由 GPS 接收机、数据处理软件及相应的用户设备所组成。GPS 的基本定位原理是:卫星不间断地发送自身的星历参数和时间信息,用户接收到这些信息后经过计算求出接收机的三维位置、三维方向以及运动速度和时间信息。

GIS 与 GPS 相配合能够实现电子地图功能,实时提供导航信息、交通路况信息,从而有效地实现车辆导航、车辆监控、车辆调度以及紧急救援等功能。

九、动态交通分配技术

虽然 ITS 涉及众多的学科、技术和领域,但其理论体系的核心部分则是动态交通流分配模型和算法。对动态交通流分配理论与方法的研究,可以为 ITS 系统中的交通预测、交通控制和动态路径诱导提供理论支持。

静态交通分配(Static Traffic Assignment)是将调查得到的起讫点之间的出行分布数据(OD 矩阵)分配到各条道路上,从而推测各条道路上的交通量。这其中 OD 矩阵是确定的,不考虑其随时间而变化,反映的是平均的路网交通状态,因此被称为静态交通分配。静态交通分配理论发展较为成熟,主要面对的是城市交通规划领域的应用,但却不能很好地解决城市交通拥堵问题。缓解交通拥堵需要对交通进行有效控制和诱导,这正是 ITS 要解决的问题。因此,需要基于动态 OD 对交通进行动态分配。

动态交通分配(Dynamic Traffic Assignment)就是将时变的交通出行合理分配到不同的路径上,以降低个人的出行费用或系统总费用。它根据交通供给状况和交通需求状况,分析最优的交通流量的分布模式。动态交通分配是交通流控制与管理以及动态路径诱导等领域的支撑技术之一。

课后习题

1. 大系统理论中大系统的特点是什么?
2. 传感器的作用是什么?列举ITS中使用到的传感器。
3. 智能交通系统中,信息传输方式主要有几类?分别是什么?
4. 什么是并行计算?它的优点有哪些?
5. GPS系统由哪些部分组成,其工作原理是什么?
6. 交通分配的含义是什么?静态交通分配和动态交通分配的区别是什么?

参考文献

[1] 高玉荣,谢振东.智能交通产业化发展中产业链知识整合的作用[J].科技管理研究,2010,12:163.

[2] 刘军民.传感器技术在ITS中的应用[J].汽车与配件,2002(40):37-38.

[3] 曹守明.智能交通系统的共用信息平台的研究[D].重庆:重庆交通大学,2008.

[4] 赵蓉,叶茵.信息论基础[M].北京:北京邮电大学出版社,2011.

[5] 杨学津,孙一.管理系统工程教程[M].济南:山东大学出版社,2009.

[6] [美]维纳.控制论[M].北京:科学出版社,2009:25-34.

[7] 魏学业.传感器与检测技术[M].北京:人民邮电出版社,2012.

[8] 阿地里江·阿不力米提.智能交通系统传感器技术的研究[D].大连:大连理工大学,2009.

[9] 严新平,吴超仲,刘清,等.人工智能在智能交通系统中的应用.中国人工智能学会第12届全国学术年会论文汇编[C].哈尔滨:[出版者不详],2007.

[10] 陆化普.智能运输系统[M].北京:人民交通出版社,2002:235-239.

[11] 李鹏,邵明刚.并行计算技术[J].中国科技信息,2006(7):254-255.

[12] 柳西鸣.网格,下一个互联网黄金时代的开始[J].知识就是力量,2003(6):38-39.

[13] 赵凤禹,于淼,简红韬.GPS和GIS在ITS中的应用[J].民营科技,2010(10):21-32.

[14] 唐章英.GIS技术在车辆导航系统中的应用[D].成都:西南交通大学,2005.

[15] 温凯歌,曲仕茹.基于Logit模型的动态交通分配研究[J].交通与计算机,2006,24(1):12-14.

[16] 胡婷,于雷,赵娜乐.动态交通分配理论研究综述[J].交通标准化,2010,5:6-7.

第3章　交通信息自动采集技术

第1节　概述

交通信息是 ITS 顺利实施的重要前提,及时、准确地感知多源的交通信息对于 ITS 来说是至关重要的。目前,世界上很多大中城市都已经具备了实时采集、处理、分析和发布大范围道路网络的交通信息的能力。交通信息的采集已成为交通管理监控活动的重要组成部分。

一、交通信息采集的必要性

1. 智能交通系统建设的需要

从信息处理的角度看,ITS 涉及数据采集、数据处理、信息发布和信息利用。这些环节构成了 ITS 的信息链,其中动态交通信息采集已经成为智能交通管理的重要基础。有效的交通组织和管理依赖于获取科学、客观、准确的实时交通信息。

2. 提供交通信息服务的需要

交通信息服务提供的服务信息来源于交通信息采集,为了保证交通信息服务的质量必须具有可靠、实时、准确的交通信息。

3. 交通规划的需要

交通规划是以交通信息数据为基础,对未来交通进行规划。交通采集技术越先进,采集到的信息就越准确,就越能产生高水平的交通规划。

二、常用交通信息采集技术

1. 磁场型交通信息采集技术

磁场型交通信息采集技术采用电磁感应的原理检测交通信息。常用的磁频检测技术包括感应线圈检测和磁力检测,都属于接触式检测方法。感应线圈检测采用环形线圈作为检测传感器,在检测区域中能检测到是否有车辆通过。磁力检测采用磁力传感器进行车辆是否存在的检测和车型的识别。

辅助视频

2. 微波/雷达交通信息采集技术

常用的微波/雷达检测技术包括微波检测、超声波检测、红外线检测和激光检测。微波检测的原理是当车辆从雷达波覆盖区域穿过时,雷达波束由车辆反射回雷达天线,并进入接收器,实现交通数据采集。超声波检测在高速公路上应用较多,它利用车辆形状对超声波的影响来实现交通信息的采集。红外线检测基于光学原理,利用激光二极管发射红外线,利用传感器接收反射后的红外线,并对信号进行处理,确定交通参数。激光检测是利用激光扫描成像的原理,对通过的车辆进行扫描,可以采集到车辆的速度、位置、长度与高度等数据。

3. 压力式交通信息采集技术

压力传感器即压电传感器,作为交通流数据检测设备,能够提供全面的交通数据及载荷数据。

4. 视频交通信息采集技术

视频检测器是运用视频图像处理和计算机图形识别技术对道路上视频检测范围内的交通状况进行检测,它可以进行大范围的、高效的视频监视并实时采集各种交通数据。

5. GPS 浮动车交通信息采集技术

随着 GPS、GIS 和无线通信技术的发展,利用安装了 GPS 和无线通信设备的浮动车采集交通信息正逐渐被广泛应用。利用浮动车进行交通信息采集,与传统的采集方式相比具有实时性强、覆盖范围广、数据精度高等优点。

第2节 磁场型交通信息采集技术

一、技术原理

磁场型交通信息采集技术是利用磁频技术进行交通信息的检测。当有机动车通过检测区域时,在电磁感应的作用下交通检测器内的电流会跳跃式上升。当电流超过指定阈值时会触发记录仪对车辆数及车辆存在的持续时间进行记录。

常用的磁频检测技术包括感应线圈检测和磁力检测。

二、感应线圈检测

1. 检测方法与工作原理

感应线圈检测器是目前国内外使用最为广泛的车辆检测设备。检测器由埋在路面下的环形线圈和能够测量该线圈电感变化的电子设备组成。环形线圈有一定的工作电流,当有车辆通过线圈或存在于线圈之上时,线圈的电磁感应会发生相应的变化。检测器通过对这种变化进行处理而达到检测目的。感应线圈检测器可用来检测车流量、平均车速、车道占有率、平均车长、平均车间距等交通信息。感应线圈检测器的工作原理如图 3-1 所示。

辅助视频

检测器在当车辆的前沿进入线圈一边时被触发,从而产生信号输出。当车辆后沿离开线圈另一边时,检测器的信号强度低于阈值,输出电平降为零。车辆实际对环形线圈作用的长度 L 称为车辆有效长度,它约等于车辆长度与线圈长度之和。

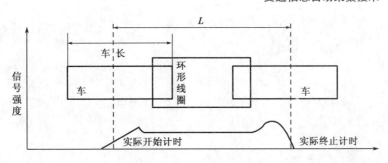

图 3-1 感应线圈工作原理

2. 系统构成

环形感应线圈采集系统包括埋于路面下面的环形线圈、接线盒、传输电缆、信号检测处理单元等。系统结构图如图 3-2 所示。检测车辆时，将一个或多个环形线圈按一定的方法埋于路面下，线头接入接线盒。信号由传输电缆送入信号检测处理单元，该单元负责处理检测数据，并通过通信电缆与控制中心的主控机连接，计算交通参数。环形感应线圈采集系统的主控机可发送信号，设置检测器的检测周期等工作参数，并监测检测器故障。检测器则将采集的交通数据如交通量、占有率等发送至主控机。

图 3-3 为环形感应线圈实物图。图 3-4 为环形感应线圈安装情况，安装时需要对路面进行切割。图 3-5 为感应线圈安装完成后的路面情况。

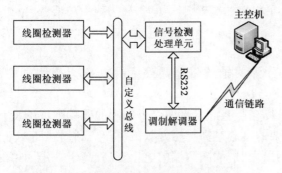

图 3-2 环形感应线圈采集系统结构图

图 3-3 环形感应线圈实物图

3. 技术特点

环形线圈检测器具有下列优点：

(1) 环形线圈检测技术的发展已很成熟，价格也相对合理，安装成本低。

(2) 检测误差率相对较少。

但环形线圈也存在以下缺点：

(1) 线圈在安装或维护时必须直接埋入车道，这样交通会暂时受到阻碍，安装施工量大。同时，埋置线圈的切缝软化了路面，容易使路面受损会造成严重安全隐患。

(2) 环形线圈的使用效果和寿命受路面质量的影响很大，很容易随着路面的变形而变形，并且受到路基下沉、冰冻等自然环境的影响，环形线圈寿命一般仅为 2 年。

(3) 环形线圈由于检测原理的限制，当在拥堵条件下（车间距小于 3m），其检测精度大幅降低。

图 3-4 环形感应线圈安装情况

图 3-5 环形感应线圈安装完成情况

三、地磁检测

1. 检测方法与工作原理

地磁检测器的检测原理是,当铁质物体通过时会引起地磁场的强度异常,因此通过检测地磁场的异常可以判断车辆的出现与否。当车辆进入并通过地磁检测器的探测区域时,检测器可以探测到车辆的铁质材料所造成的地磁场磁力的强度异常。具体的变化过程为:当车辆接近探测区域时,磁力线受挤压;当车辆将要通过探测区域时,磁力线沿中心幅合;当车辆正在通过探测区域时,磁力线沿中心幅散。

2. 系统构成

地磁检测器用于交通信息采集时,分为两轴式磁通门磁力计和磁力探测器两种类型。

两轴式磁通门磁力计可以探测到地磁场在竖直和水平两个方向上的磁场强度的变化。检测器含有 3 个线圈和 1 个线圈架,线圈架的磁芯是高导磁性软磁材料。利用线圈两端的电压,可以检测到磁场强度的变化,当车辆出现时,线圈两端的电压升高,高于一定阈值时,系统记录车辆信息。

地磁探测器可以检测到磁力线的扭曲情况。地磁探测器包含有一个导磁性材料做成的磁芯和一个线圈。当车辆通过检测区域时,磁场强度的变化引起线圈的电压信号的变化,由此确定车辆通过与否。地磁检测器对静止的车辆,没有探测能力,因此常常与其他设备联合使用来获取交通流数据。固定式地磁检测器安装后的路面如图 3-6 所示。

图 3-6 固定式地磁检测器

3. 技术特点

地磁检测技术具有极高的灵敏度,应用非常广泛,其优点具体如下:

(1)安装、维修方便,不必封闭车道,对路面破坏小。检测点不易被破坏,不受路面移动的影响。

（2）地磁检测器利用地球磁场变化原理,因而不受气候的影响。

（3）地磁检测器可以识别铁磁性物体的大小,所以可以对车辆的类型进行大致判断。

（4）由于地磁检测器对非铁磁性物体没有反应,因此可有效地减少由此产生的误检。

地磁检测器的缺点是车辆靠近时难以分辨,因此所采集的数据也存在误差。

第3节 微波/雷达交通信息采集技术

一、技术原理

微波雷达检测器可以安装在路中央的半空,也可安装路边。当车辆穿过雷达波覆盖区域时,车辆会将雷达波束反射至雷达天线,接收器通过雷达天线接收车辆的信息,包括车速、车流量、车长等数据。

常用的微波/雷达检测技术包括微波检测、超声波检测和红外检测。

二、微波检测

1. 检测方法与工作原理

微波检测器是一种工作在微波频段的雷达探测器,行驶的车辆反射由它发射的调频微波,反射波的频率由于多普勒效应会发生偏移,根据这种频率的偏移可以检测车流信息。

微波检测器原理如图3-7所示。安装在多车道的路侧上方或单车道正上方的微波检测器向路面发射微波,根据微波被反射回来的时间差对是否有车辆通过进行判断。微波检测器可以检测到的数据有车流量、车速以及道路占有率等。

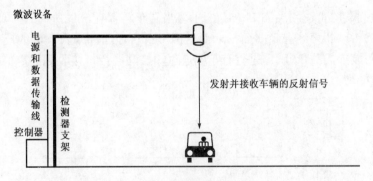

图3-7 微波检测器工作原理

2. 系统构成

微波检测器采集系统由微波检测器、串口数据传输线、系统软件和固定支架构成。安装在支架上的检测器利用串口数据传输线与通信设备相连。微波检测器可以与控制中心的主控机进行通信,检测器将采集的交通数据发送至主控机,主控机可以对检测器进行参数的设定和故障的检测。图 3-8 为侧向安装的微波检测器实物图。

3. 技术特点

（1）在恶劣的气候下性能出色，能够全天候工作。

（2）安装维护方便。

（3）使用寿命长。

微波检测器正向安装在车辆分布均匀且车速稳定的道路上检测精度较高，但是在车辆拥堵以及车辆分布不均的情况下，或者是在侧向安装时，由于遮挡，可能会漏记车辆的通过数据，测量精度会降低。

三、超声波检测

1. 检测方法与工作原理

超声波检测器利用车辆形状对超声波的影响，对车流量、车速以及道路占有率等交通信息进行采集。超声波检测器安装在道路的正上方或斜上方，它向路面发射超声波，同时接收被车辆反射的超声波。超声波检测器在高速公路上的应用较多，其实物如图 3-9 所示。

图 3-8　微波检测器

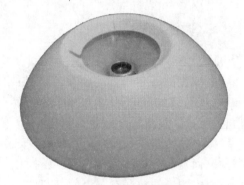

图 3-9　超声波检测器

超声波检测器的工作原理如图 3-10 所示。当有车辆存在或通过时，超声波会被车辆反射而提前返回，否则超声波会经路面反射而返回。来自地面和来自车辆的反射波的波形不同，可以通过对波形的测量，确定是否有车辆通过。检测器会将接收到的声信号转换为电信号后进行分析处理。

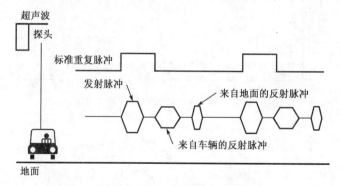

图 3-10　超声波检测器工作原理

2. 技术特点

超声波检测器有许多优点：

(1) 安装时架设方便，不需破坏路面。

(2) 使用寿命长并且可移动。

(3) 由于超声波检测器设置在车道上方，检测时不会受遮挡，同时车间距很小时也能准确检测车流量，可以实现在路况车辆拥堵时的准确检测。

(4) 对于车速的检测有较高的精度。

(5) 超声波检测器能够对车型进行精确的识别，这是大多数其他类型的检测器所不具备的。车型识别对于交通数据采集来说是至关重要的，对于电子收费系统来说，这是必备的功能；对于交通流量标准单位的计算和交通管制来说，也是必不可少的功能。

不足之处是：

(1) 检测精度容易受到环境的影响。超声波束会因为大风或暴雨而产生漂移。

(2) 探头下方通过的人或物也会产生反射波，造成误检。

四、红外线检测

1. 检测方法与工作原理

红外检测器是基于光学原理的车辆检测器，包括有主动和被动两种类型。

主动红外检测器可以发射有一定能量的红外线，如果有车辆经过，该红外线会被车辆反射回检测器。检测器通过对反射回来的红外线的能量分析，可以获得交通量、车速、排队长度等交通数据。

主动型红外检测器包括一个红外发光管和一个接收管，其工作原理如图 3-11 所示。检测器的红外发射管向道路上辐射由调制脉冲发生器产生的调制脉冲。红外接收管接收由车辆反射回来的红外线脉冲。红外线脉冲被接收后，经红外调解器调解，经过选通、放大、整流和滤波后触发驱动器输出一个检测信号。

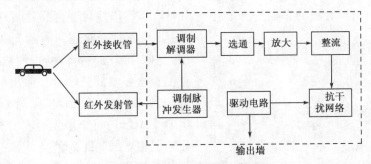

图 3-11 主动红外检测器工作原理

被动红外检测器利用的是车辆本身辐射的能量，它利用一个能量接收传感器检测在一定区域内经过的车辆的能量。根据接受能量的变化，被动红外检测器可以获得交通量、排队长度等交通数据。红外线检测器如图 3-12 所示。

2. 技术特点

红外检测器安装和维护较方便，具有快速准确的检测能力。缺点是受周围环境和气象的影响较大,工作现场的灰尘、冰雾会影响系统的正常工作,检测精度会降低,误检率较高。

五、激光检测

1. 检测方法与工作原理

激光雷达是利用激光技术与雷达技术相结合的检测器。激光雷达由五部分组成,其中激光器作为发射机、光学望远镜作为天线、光电探测器作为接收机,此外还有跟踪架及信息处理等部分组成。

测距激光雷达的基本工作原理是:测量从发送激光束到接收反射光的时间间隔(Time-Of-Flight,TOF),由反射光被反射回来的时间间隔,可以得到被测距离。测量该时间间隔常用的方法可以分为TOF法和AMCW(Amplitude-Modulated-Continuous-

图3-12　红外线检测器

Wave)法。TOF法直接测量发射光束和反射光束离散脉冲的时间间隔;AMCW法通过测量调幅连续波发射光束和反射光束的相位差来测量该时间间隔。AMCW法比TOF法具有更多优势,包括检测速度快、检测范围宽及不易受环境变化影响,因此在智能车领域,对于障碍物的探测AMCW法得到了很好的应用。

成像激光雷达按成像系统不同,分为扫描成像激光雷达和非扫描激光雷达两种。扫描成像激光雷达的工作原理是:将激光雷达同二维光学扫描镜结合起来,利用扫描镜控制射出激光束的方向,通过对被测范围进行逐点扫描测量,即可获得目标的距离图像。虽然扫描成像激光雷达的使用范围较为广泛,但是由于其采用的是逐点扫描测量的方法,检测效率很低,难以满足对高速行驶的车辆进行监控的需要。非扫描成像激光雷达即激光阵列成像雷达,其基本原理是利用激光束去照被测范围,光信号经被测物体的表面散射后,由微通道图像增强器混频输出。输出的光信号由面阵CCD/CMOS等二维成像器件接收,由CCD/CMOS的每个像元的输出信号可以得到相应成像区域的距离信息。非扫描成像激光雷达是较晚出现的新型技术,具有高效率和高可靠性的优点。激光雷达检测器如图3-13所示。

图3-13　激光雷达检测器

2. 技术特点

激光雷达检测技术不受天气、车速和交通状况的影响,具备较强的抗干扰能力,同时其检测精度非常高。缺点是配套设备价格昂贵。

第4节 压力式交通信息采集技术

一、技术原理

压力传感器也称为压电传感器,是由压电材料制成的。压电材料是一种经特殊加工后能将动能转化为电能的材料。它在受机械冲击或振动时会产生电荷,其原理是:受冲击时,它的原子层的偶极子的排列顺序被打乱,此时会有一个电子流形成。偶极子的排列顺序被打乱后,会试图恢复原来的状态。压电传感器就如同一块海绵,电荷就如同海绵中的水,当一块含有水的海绵受到挤压时,水就会流出来,被松开后,水又被吸回去。同样,当压力施加到压力传感器,它会产生电荷(电压),当压力消除之后,会相应产生相反极性的信号。压力传感器的特点是可以产生很高的电压和较小的电流。

压力传感器在智能交通系统中,主要应用于动态称重、计轴数、测轴距、车辆分类统计、车速检测、泊车区域监控、闯红灯拍照、收费站地磅等交通信息的采集。

二、技术特点

压力传感器可以应用在恶劣的自然环境下,且检测数据的准确率也是各种检测方式中最高的。但是压电传感器由于其工作原理的限制,只能够测量动态的应力,不能用于静态测量。同时压力传感器在安装或维修过程中需中断交通,对路面破坏比较大。对安装过程的技术性要求较高,如果出现错误,其可靠性和寿命会受到很大影响。压力传感器在被超重的车辆碾压后也容易被损坏。

第5节 视频交通信息采集技术

一、技术原理

视频检测器是一种非接触式检测技术,它可以实现基于视频图像的车辆检测和车型识别。视频检测器可以模仿人类的视觉

辅助视频　　辅助视频　　辅助视频　　辅助视频

功能,在由视频摄像头得到的视频数据中提取图像,通过对图像进行分析处理,实现交通信息采集和事故检测。视频检测技术的核心是图像处理和模式识别技术。

视频检测器的基本原理是:检测器先对摄像机(CCD/CMOS)采集到的图像序列进行分析处理,通过一定的目标检测算法截取出运动目标,然后提取出运动目标的相关信息,进行智能识别。该过程的核心是运动目标检测和相关交通信息提取。

运动目标检测方法主要有:

(1)帧间差分法:由摄像机(CCD/CMOS)在很短的时间间隔内连续拍摄两幅图像,并对两幅数字图像进行分析比较,如果两幅图像的差异超过一定的阈值,则表明有车辆的运动。

(2)背景差分法:采用一定的背景生成算法,计算出没有运动车辆时的图像作为背景,再

用采集到的图像减去背景图像,从而得到含有运动车辆的前景图像。交通信息的提取主要是通过对运动目标的几何形状和目标所在区域灰度值的统计和分析来实现的,该过程既可以根据不同的交通信息采取不同的识别策略,如车流量检测可以通过设定虚拟车道和检测线来实现,也可以使用目标跟踪算法来完成。车型的识别则可以基于车辆的几何形状等信息,采用一定的分类策略来完成等。

另外,在进行交通数据采集时,可以预先设定一个虚拟的检测区域,视频检测器在处理时只对检测区域内的像素点进行统计和分析,以避免无关区域(如道路隔离带等)对检测器实时处理速度和检测效果造成干扰。

二、系统构成

如图3-14所示,视频检测器主要由安装在路口的摄像机、视频处理器和数据传输设备组成。视频处理器安装在机柜里,用于接收多台摄像机传输过来的视频信号,通过进行图像的处理与分析。视频检测器实物图,如图3-15所示。

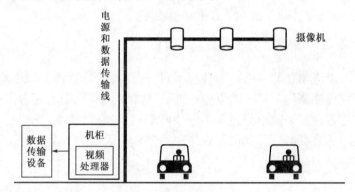

图3-14 视频检测器系统构成

图3-15 视频检测器实物图

三、技术特点

相对于其他交通检测技术而言,视频检测技术主要有以下的优点:

(1)检测范围广,一个摄像机能够采集几个车道的交通数据,包括交通流量、车速、车型分类、占有率、排队长度等,以及车辆的外形数据等交通参数,这是其他检测器所不能提供的。

(2)因为视频检测器可以提供交通现场的录像,因此获取的信息更加直观和可靠,便于管理人员对交通事件的处理和对交通现场的干预,也为改善交通管理方法提供了依据。

(3)安装时,无需破坏路面,易于移动,维护费用低。

视频检测技术的缺点是:

(1)车辆之间可能会出现遮挡问题。

(2)恶劣天气、昼夜转换以及灯光等都可能造成检测误差。

随着计算机硬件和软件技术、图像处理和模式识别技术的发展进步,视频检测器的检测精度、计算速度正在逐步提高,因此,视频检测技术将在交通数据采集领域有更加广泛的应用。

第6节 GPS 浮动车交通信息采集技术

一、浮动车技术原理

浮动车(Floating Car)指安装有无线定位装置(如 GPS、电子标签等)和无线通信设备的机动车。利用浮动车收集交通信息是一项新兴的动态交通信息采集技术。

浮动车信息采集技术的基本原理是:GPS 接收装置以一定的时间间隔记录车辆的位置坐标、车速和时间数据等,车载智能设备获取 GPS 的数据后,利用通信设备将数据传输到控制中心。控制中心应用地图匹配、路径推测等相关算法将浮动车数据和路网数据关联起来,得到各路段的交通流量、平均速度和行程时间等交通参数。

浮动车技术的原理是对整个路网的总体车辆的行进情况进行随机抽样。如果在路网中的浮动车数量足够多,通过无线通信系统可以将这些浮动车的实时位置、速度等数据传输到信息中心。信息中心对这些海量数据进行分析处理,可以得到城市路网的实时交通信息。

二、系统组成

浮动车交通信息采集系统主要由车载设备、无线通信网络和信息中心等组成。系统框架如图 3-16 所示。

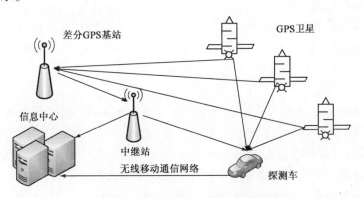

图 3-16 浮动车交通信息采集系统框架

车载设备主要包括 GPS 模块、无线通信模块等。GPS 模块接收卫星定位信号并运算出车辆的坐标和瞬时速度。无线通信模块负责将车辆坐标、速度等数据传送到信息中心,并接收信息中心发送的指令和数据。无线通信网络主要是指通信运营商提供的数据传输服务。信息中心主要包括基于 GIS 的交通信息处理系统以及无线通信设备等。

车载设备向信息中心发送的数据主要包括:车载终端 ID 号、经纬度坐标、瞬时速度、方向、时间戳等。交通信息中心对接收到的数据先进行预处理,然后结合 GIS 对交通参数如交通状态、平均速度、行程时间等进行计算得到整个路网的交通信息。

三、系统工作流程

浮动车交通信息采集系统的核心工作流程如图 3-17 所示。

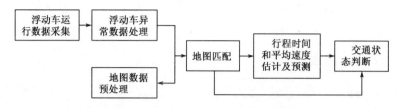

图 3-17 浮动车交通信息采集系统核心工作流程

工作流程主要包括浮动车运行数据采集、浮动车异常数据处理、地图数据预处理、地图匹配、行程时间和平均速度估计及预测、交通状态判断等重要功能。

1. 浮动车运行数据采集

确定合适的浮动车车型、数量规模、采集频率和传输频率等是浮动车运行数据采集策略的关键,因为这些指标将直接影响到浮动车运行数据的覆盖范围、旅行时间估计的具体算法和估计精度、系统的实时性和运行成本。

2. 浮动车异常数据处理

由于各种因素的影响,GPS 原始数据可能产生较大误差,例如:车辆坐标很难匹配到任何一条道路上;坐标信息保持不变,速度却不等于零等。如果不对异常数据进行清理和修正,会导致计算得到的交通参数质量偏低,因此需要对浮动车的异常数据进行处理。

3. 地图数据预处理

对地图数据进行的预处理包括:针对一些重要道路进行地图修正;对地理坐标系进行转换,使浮动车坐标数据和地图数据所采用的地理坐标系一致;选择合适的道路网络的表达方式比如路段划分等。

4. 地图匹配

地图匹配是指将 GPS 获得的车辆定位数据与电子地图中的道路信息进行比较,通过某种算法确定车辆的行驶路段以及具体位置。由于 GPS 定位数据以及数字地图的地理数据的误差与精度有限,导致 GPS 定位数据无法全部与路网数据相匹配,因此需要利用地图匹配算法对数据进行处理。地图匹配是浮动车信息采集技术中的关键环节。

5. 平均行程时间和速度的估计与预测

行程时间和平均速度的估计及预测主要包括:

(1) 单辆浮动车的行程时间和速度估计;

(2) 基于单辆浮动车数据,统计分析得到路段的平均行程时间和速度估计;

(3) 路段行程时间和平均速度短期预测。

6. 交通状态判断

将路段行程时间和平均速度估计与预测的结果与预先设定的阈值进行比较,确定各个路段的畅通、饱和、拥堵等交通状态,用不同颜色在电子地图上显示出来并提供给交通管理者和出行者。

四、技术特点

由于浮动车是流动性的,从整体上来说又是全天候工作的,因此浮动车技术能够采集到 24 小时的较多路段的交通信息,覆盖范围广,实时性高。近年来,随着车载 GPS、GIS 和无线通信技术的广泛应用,建设浮动车交通信息采集系统所需要的资金成本和时间都因此而大大减少,同时浮动车的数量越来越多,因此,浮动车交通信息采集技术将得到更为广泛的应用。

表 3-1 列出了以上各种检测技术的优缺点和能够检测到的交通参数。

交通检测技术对比分析 表 3-1

检测器	优点	缺点	检测参数
环形线圈检测器（每车道双组）	1. 技术成熟,安装成本低; 2. 检测误差率相对较少	1. 安装施工量大,路面受损; 2. 使用寿命短; 3. 在拥堵条件下,检测精度低	流量、平均车速、车道占有率、平均车间距、平均车长、车流向、车型分类
地磁检测器	1. 安装维护方便; 2. 不受气候影响; 3. 可进行车型判断	车辆靠近时难以分辨,存在误差	流量、平均车速、车道占有率、平均车间距、平均车长、车流向
微波检测器（多普勒）	1. 性能出色,不受气候影响; 2. 安装维护方便; 3. 使用寿命长	拥堵或者侧向安装时存在误差	流量、平均车速、车道占有率、平均车间距、车流向
超声波检测器（每车道双组）	1. 安装维护方便; 2. 使用寿命长; 3. 在拥堵条件下,具备较高检测精度; 4. 可进行车型判断	1. 不受气候影响; 2. 当人或物通过时会造成误检	流量、平均车速、车道占有率、平均车间距、平均车长、车流向、车型分类、排队长度、车型分类
红外检测器（主动式）	1. 安装维护方便; 2. 具有快速准确的检测能力	受周围环境和气象的影响较大,误检率较高	流量、平均车速、车道占有率、平均车间距、平均车长、车流向、排队长度
激光雷达检测器	1. 不受气候影响,抗干扰能力; 2. 检测精度非常高	设备价格昂贵	流量、平均车速、车道占有率、平均车间距、平均车长、车流向
压力传感器	1. 不受气候影响; 2. 检测精度非常高	1. 不能用于静态测量; 2. 安装施工量大,路面受损; 3. 在安装过程和使用中容易被损坏	流量、平均车速、车道占有率、平均车间距、平均车长、车流向

续上表

检测器	优 点	缺 点	检测参数
视频检测器	1.检测范围广； 2.获取的信息直观、可靠； 3.安装维护方便	1.由于遮挡问题，可能造成误差； 2.受天气及环境影响，可能造成误差	流量、平均车速、车道占有率、平均车间距、平均车长、车流向、车型分类、车色、排队长度、车辆行驶轨迹、交通流密度

第7节　物联网/车联网时代交通信息采集技术

一、物联网与车联网

物联网(The Internet of Things)是将所有物品通过射频识别(Radio Frequency Identification,RFID)等传感设备与互联网连接起来，以实现对物品的智能化识别、管理和监控等功能的系统。如图3-18所示，物联网把生活中的各类物品互相连接起来，并提供给人们所需要的各类事物的信息，将使人们的生产和生活发生巨大转变。

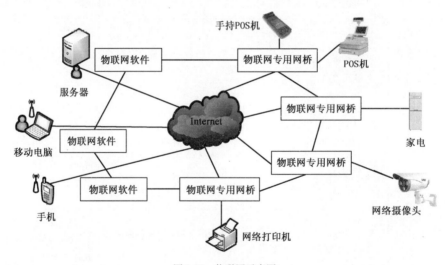

图3-18　物联网示意图

车联网(Internet of Vehicle,IOV)是物联网在交通领域的具体应用。车联网是指汽车上装有智能车载系统，通过无线通信技术，对车辆信息进行获取和利用，实现车与车、车与人、车与信息中心、车与各种基础设施之间的信息交换与互联。车联网技术让出行者能实时获得交通信息，让信息中心能够了解道路和交通的全面信息，让汽车能够感知周围环境，这不仅能够使交通环境得到优化，也使得智能车的自动驾驶成为可能。

二、车联网交通信息采集系统

车联网通过装载在车辆上的电子标签、摄像头、雷达、GPS等传感器，对所有车辆信息进行采集。车辆可以通过 GPS 获取车辆的位置信息,通过视频摄像头、车载雷达、激光检测器等传感器来感知周围环境。当车辆进入路侧设备的监控范围后,路侧设备通过传感器来采集车辆的行驶速度等信息。

RFID(Radio Frequency Identification)即射频识别技术,是物联网最基本的关键技术。RFID 通过射频信号自动识别目标对象并获取相关数据,而无需人为地干预。RFID 技术具有车辆通信、自动识别、定位、远距离监控等功能。基本的 RFID 系统由电子标签(Electronic Tag)和阅读器(Reader)组成。阅读器主要负责与电子标签的双向通信,同时接收来自主机系统的控制指令。电子标签是 RFID 系统中的数据载体。RFID 系统的工作原理,在第 13 章详细说明。

基于 RFID 的车联网交通信息采集系统,利用安装在车辆上的电子标签存储车辆的属性信息,如车牌号、发动机 ID、驾驶人 ID 等。通过阅读器读取电子标签中的信息,实现对车辆的自动识别。当加装 RFID 电子标签的车辆通过安装了阅读器的设备时,阅读器读取车辆的属性、速度等信息,然后通过无线传感网、3G 网等方式传输到信息中心。信息中心收集、统计车辆信息后,进行分析处理,作为交通管理的决策依据。

三、发展前景

以物联网为基础的信息采集系统,是在对 RFID、GPS、GIS 等技术的集成应用和有机整合的平台上,实现对车辆和路况信息的实时感知。它是物联网时代的智能交通的重要组成部分,能够实现交通信息的全方位采集,为动态诱导、智能管控等环节提供依据。交通信息的实时感知使路网状态仿真和推断成为可能,从而可以主动预防交通事件的发生,这是智能化交通管理的深刻变革。

第 8 节 交通传感器网络

一、交通传感器网络的概念

交通传感器网络由分布在道路监测区域的大量传感器节点通过有线或无线的通信方式构成,是具有高可靠性和可扩展性的智能网络应用系统。

传感器网络的研究起步于 20 世纪 80 年代,随着信息技术、微电子技术和无线通信等技术的进步,获得了迅速发展。传感器网络由大量的传感器节点构成,传感器节点具有信息采集、数据处理和通信等功能,可以自主完成预定任务。

交通传感器网络是传感器网络在交通领域的一个具体应用。交通传感器网络能够自主实现交通数据的采集、融合和传输,是 ITS 信息采集技术的重要组成部分。

二、交通传感器网络技术原理

交通传感器网络综合了传感器技术、嵌入式计算技术、无线通信技术、分布式信息处理技术等,能够通过各类传感器相互协作,实时感知各种交通信息并对信息进行处理,并通过随机自组织无线通信网络将信息发送到用户终端。交通传感器网络主要包括三大功能:感知、数据处理和通信。

交通传感器网络节点的组成包括4个基本单元:传感单元(由传感器和模数转换功能模块组成)、处理单元(由嵌入式系统构成,包括CPU、存储器、嵌入式操作系统等)、通信单元(由无线通信模块组成)以及电源部分。对应这4个基本单元,通常每一个节点会配备一个或多个传感器、一个微控制器、一个无线电收发器、一个能源设备(如电池)。

在交通传感器网络中,大量的节点被部署在车辆内部或附近。这些节点以相互协作的方式获取并处理监测区域的交通信息。节点间距离很短,一般采用多跳(multi-hop)的无线通信方式进行通信。传感器网络既可以独立运行,也可以连接到互联网,实现远程访问。

三、交通传感器网络的体系结构

传感器网络系统通常包括传感器节点、汇聚节点和任务管理节点,如图3-19所示。传感器节点分布在感知区域内,通过自组织方式构成网络。检测到的数据沿着各节点传送到汇聚节点,并通过互联网、移动通信网络或卫星发送到任务管理节点。管理节点的作用是收集检测数据,并对传感器网络进行管理和配置。

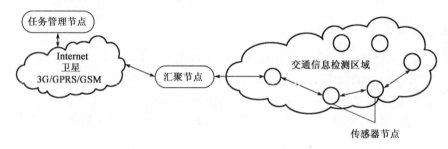

图3-19 交通传感器网络体系结构图

四、交通传感器网络的特点

传统的交通传感器系统虽然能够提供准确、实时的交通信息,但具有成本高、投资大的缺陷。交通传感器网络是一种应用方便且低成本的交通信息采集方式。交通传感器网络具有以下特点:

(1)传感器节点尺寸小,成本低,可大规模部署,实现全路段覆盖。
(2)某一节点的故障不会引起整个区域的检测瘫痪,具有较高的鲁棒性和可靠性。
(3)通过布置多种类型的传感器,交通传感器网络可提供更加全面的交通信息。
(4)可以实现分布式的信息处理,大大提高了信息采集与处理的效率。

课 后 习 题

1. 简述感应线圈检测器的工作原理和优缺点。
2. 对比几种交通信息采集技术,哪几种技术不易受到天气的影响?
3. 视频检测技术在ITS中已广泛应用,它的优点有哪些?其技术核心是什么?
4. 什么是浮动车?浮动车技术的基本原理是什么?

5. 车联网时代,交通信息采集系统所使用的技术主要有哪些?

6. 什么是交通传感器网络?它有什么特点?

参 考 文 献

[1] 秦玲,朱玥季,王春燕.动态交通信息采集与处理系统设备开发及关键技术研究[J].公路交通科技,2006(11):42-43.

[2] 刘好德.城市道路交通状态信息服务系统设计与实现[J].测绘科学,2012,37(6).

[3] 李硕,李文锋,陈维克.无线传感器网络在智能交通系统中的应用研究[J].机械与电子,2010.6(4):48-54.

[4] 张平平,储浩.交通检测器在现代交通中的应用[J].宁波工程学院学报,2005,6(17):33-35.

[5] Lawrence A. Klein. Sensor Technology and Data Requirements for ITS. Boston－London:Artech House,2001.

[6] 张平平,储浩.交通检测器在现代交通中的应用[J].宁波工程学院学报,2005,17(2):33-36.

[7] 郭晶伟.高速公路交通信息采集点布局方法研究[D].南京:东南大学,2009.

[8] 苏洁.基础交通信息采集技术的研究[J].制造业自动化,2011.1:54-56.

[9] 董珂洋.交通信息采集方法研究[D].重庆:重庆交通大学,2009.

[10] 尚德申.控制区域动态划分及其控制研究[D].北京:北京工业大学,2008.

[11] 刘祚时,罗爱华,童俊华.全自主机器人避障控制方法的研究[J].煤矿机电,2009(2):63-66.

[12] 杨喜宁.基于摄像机和激光雷达的车道检测与车辆识别技术研究[D].北京:北京工业大学,2010.

[13] 唐飞岳.基于车流分析的车辆检测器性能测试应用研究[J].企业技术开发,2011,30(5):15-18.

[14] 李春杰.高速公路车辆检测器的综合比选[J].中国交通信息产业,2006(2):98-104.

[15] 唐国侠.基于视频监控的车速检测算法研究[D].广州:广东工业大学,2008.

[16] 杨喜宁.基于摄像机和激光雷达的车道检测与车辆识别技术研究[D].北京:北京工业大学,2010.

[17] 郭琪超.车辆信息的视频提取方法及应用研究[D].南京:南京航空航天大学,2008.

[18] 张晓东,姜桂艳,王江锋.视频检测技术在ATMS中的应用[J].吉林大学学报,2003.7(33):96-98.

[19] 张存保.基于浮动车的交通信息采集与处理理论及方法研究[D].上海:同济大学,2006.

[20] 王泉啸.基于FCD的网络模型与动态最佳路径规划算法研究[D].南京:东南大学,2009.

[21] 秦玲,张剑飞,郭鹏,等.浮动车交通信息采集与处理关键技术及其应用研究[J].交通

运输系统工程与信息,2007,7(1):39-42.

[22] 刘小洋,伍民友.车联网:物联网在城市交通网络中的应用[J].计算机应用,2012,32(4):900-904.

[23] 王哲.交通流中的车—车间无线通信系统的通信性能分析[D].合肥:中国科学技术大学,2009.

[24] 周伟,赵胜川,刘锴.移动探测车交通信息采集系统建设分析——以广州市移动探测车系统为例[J].科技管理研究,2010,30(20):188-191.

第4章 交通数据库技术

⇒第1节 交通数据的特征

交通数据对于道路使用者和管理者来说,都是非常重要的基础信息,及时掌握全面、丰富、实时的交通数据,可为道路管理者的正确决策提供有力的科学依据,也可为道路使用者的出行带来便利。交通数据具有以下特征:

(1)时效性:交通数据的价值与时间变量有关,时间久远的交通数据其利用价值较低;

(2)主观性:同样的交通数据对于不同的目的便有不同的价值;

(3)流动性:根据不同用户的需求,交通数据需要进行存储和流动;

(4)再现性:对于城市中的同一个交叉口或者路段而言,其交通数据呈现周期性变化。

在众多动态交通数据中,道路交通流量数据是道路管理者和使用者最为关注的数据之一,交通流量在一天的不同时刻、每天的相同时刻中,都具有一定的时间特征,在工作日、非工作日、大型活动或异常天气中,也表现出一定的时间特征。如图4-1所示(每1小时统计一次交通量),在一天24h中,交通流量存在显著变化,24:00至凌晨3:00交通量逐渐减少,3:00至6:00,交通量最少,达到低谷,从6:00开始,交通量突增,至8:00以后,一直保持在较平稳的状态,无显著的早高峰和晚高峰之分,19:00以后,交通量平稳下降。

对于连续流,其交通量Q、空间平均车速$\overline{V}_s$、车流密度K存在基本关系:

$$Q = \overline{V}_s \cdot K \tag{4-1}$$

式中:Q——平均流量(veh/h);

$\overline{V}_s$——空间平均车速(km/h);

K——平均车流密度(veh/km)。

速度、密度的变化特征与流量变化并不相同。当在交通量较小的时间段内,速度和密度的变化较小,交通量发生变化时,则会连带速度和密度发生较大的变化,交通量和密度增大时,速度则减小,反之,交通量和密度减小时,速度增大。

另外,交通流也具有季节性及平稳性,在一段相邻的时间内,每天的相同时刻,或每周的相同时间,在没有特殊交通事件发生时,同一地点的动态交通流数据变化趋势是相同的,交通的波峰、波谷出现的时间也基本相同。

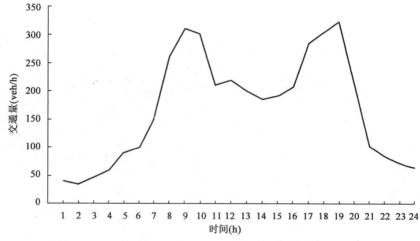

图 4-1　某路口一天中 24h 交通流量变化曲线图

第 2 节　交通数据结构

城市道路交通数据的来源比较广泛,且数据类型众多。按照交通数据的来源以及自身属性的特点可以划分为三类:智能交通系统的管理控制数据、静态的道路环境数据和动态的交通流数据等。

一、智能交通管理控制数据

智能交通管理与控制系统能记录下大量实际的交通管理与控制等信息数据,例如电子警察系统能将城市道路上有违法行为的车辆在其违法过程中用图像等数据信息记录下来,为交警执法部门提供准确的依据,包括车辆的违法时间、地点、车速、类型、车辆的图像、车牌号码等;交通信号控制系统提供与所在路段的有关运行状态信息,还包含车辆管理信息数据、驾驶人管理信息数据等。

二、静态的道路交通环境数据

静态的道路交通数据是指在一定的时间范围内保持不变或者变化较小的数据,主要包含以下几个方面:

1. 空间地理信息数据

空间地理信息数据为与城市密切相关的空间数据以及属性数据,包括路网拓扑、路段、交叉口、建筑物、高架桥、小区界限、植被、水系等城市路网元素及其属性的数据,如名称、编号、位置坐标、图层属性、几何尺寸等。

2. 路面状况信息数据

路面状况信息数据包括道路横断面形式、组成及尺寸、道路线形、道路等级、道路破损程度、照明条件等。

3. 交通基础设施数据

主要为交通硬件基础设施的分布,包括检测设备、信号控制设备、通信设备、渠化设施等。

4. 交通历史数据

交通历史数据指的是某段历史时间内的交通流量、占有量、饱和度、通行时间、地点车速等。某些道路环境信息无法从现有系统中得到,需要通过人工方式收集或从其他系统中集成。

三、动态的道路交通流数据

动态交通数据是相对于静态交通数据而言的,是指实时变化的数据,采集此类交通数据时通常是以时间为序列得到一系列交通数据系列。动态交通数据是智能交通系统管理和控制的主要对象,主要包括:

1. 实时交通流数据

实时交通流数据包括实时交通流量、占有量、饱和度、通行时间、拥堵情况等数据。

2. 发布信息数据

发布信息数据库用于发布的与通行相关的信息,包括气象状况、污染情况、道路能见度、应急电话、施工、管制、事故、车辆抛锚、设备故障等实时信息数据。

3. 用户管理数据

用户管理数据用于用户登录系统采集与处理数据,包括用户名、密码、用户类型等。

第3节 交通数据库设计

一、概述

数据库(Database)是指将数据按照一定的数据结构进行组织、存储和管理。简单来说,数据库可认为是电子文件的处所,只不过在这个处所里电子数据是按照一定的数据模型进行存储的,以达到低冗余、高共享等要求。而数据库设计(Database Design)是指对于一个给定的应用环境,构造最优的数据库模式,建立数据库及其应用系统,使其能够有效地存储数据,满足各种用户的应用需求。

交通数据库是指对按照一定的数据结构对各种交通数据,如静态的道路数据、静态的交通数据、动态的交通数据等,进行组织、存储和管理。其主要功能是实现道路交通数据的采集、处理、查询以及发布。

数据库设计的根本目的是要解决数据共享的问题。而交通数据通常涉及多个政府部门以及公众群体,要实现交通数据库的各项功能,就必须要实现交通数据的共享。交通数据库可以整合道路地理数据、交通设施数据、静态交通数据、动态交通流数据等多源数据,从而形成交通信息平台的数据基础。

二、交通基础数据库总体设计

交通基础数据库是实现信息平台各项应用子系统功能的底层数据平台。数据库以 GIS – T 为基础平台,实现信息平台海量信息的集成、存储和管理任务。在功能实现上,应用服务器从交通基础数据库层和应用数据库层中分别读取数据,根据各类专题用户和广域用户的需求,针对性地实现数据分析和信息发布功能,为交通管理者、研究人员和交通参与者提供基础数据和丰富的信息服务。因此,基础数据库的设计必须满足各个应用服务子系统的需求。

三、交通数据库设计的基本阶段

交通数据库设计包括 6 个阶段:需求分析阶段、概念结构设计阶段、逻辑结构设计阶段、数据库物理设计阶段、数据库实施阶段和数据库系统管理和维护阶段,以下对 6 个阶段分别进行说明。

1. 需求分析阶段

需求分析是城市道路交通数据库设计的核心和基础,其设计的好坏直接影响到系统各项功能能否顺利实施。为了实现综合信息平台各模块的功能,需要对数据库中存储的数据类型进行全面分析,为数据库概念结构设计奠定基础。数据库中存储的数据可分为 3 大类:静态交通属性数据、动态交通流数据和专题数据。其数据框架如图 4-2 所示。

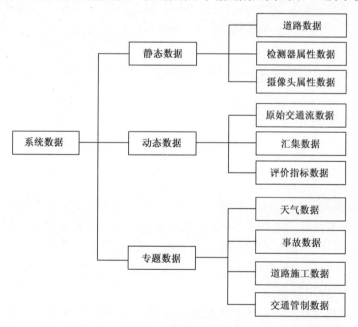

图 4-2　系统数据框架图

静态数据库包括人口经济、用地性质、道路属性、道路结构、交通设施信息库、停车场信息、高速公路信息库、公共交通场站、公交线路、交通小区等相关静态交通数据。从地理数据类型上可以把静态交通基础数据分为点数据,线数据,面数据以及空间分布矩阵。静态数据主要通过人工方式采集,用于动态数据在空间上的定位于匹配。

动态数据是指面向交通状况的数据,包括以下 3 部分:

1）原始交通流数据

主要通过布设在道路上的检测器自动采集，包括流量、速度、车道占有率，这些数据的质量直接影响着系统的性能。

2）汇集数据

这些数据主要是由信息处理模块对原始交通流数据进行处理分析后在不同空间层次不同时间间隔上汇集的交通流数据，包括在车道、断面、路段、路线、路网的空间层次上按照拟定的时间间隔如1min、5min、1h、高峰、白天、晚上、一天、一周、一月、一年等的交通汇集数据，这些数据不仅能为短时交通预测和估计提供典型的历史样本数据系列，也能为检测器采集的原始交通流数据在短缺或错误的情况下对数据进行修复提供参考依据，同时也可用来分析不同时间段的拥挤路段和道路服务水平、事故率以及受事故、天气条件影响下的交通时空变化情况。

3）评价指标数据

这些数据包括对车道、断面、路段、路线、路网的交通状况性能评价指标，包括平均速度，平均占有率，交通流率，服务水平，拥挤状况和事故率，可用于辅助交通规划、组织、管制等决策。

专题数据是指与交通状况密切相关的天气状况和道路状况数据，包括天气、事故、道路施工、交通管制的数据，分别由气象、城建、交管部门提供，主要为检测实时交通状况和分析交通评价指标提供相关的辅助数据。

数据的流程影响着数据的处理质量和存储结构，关系着系统的运算效率和稳定程度，也为数据库在概念结构设计时分析数据之间的关系提供依据。数据处理主要由信息处理模块来实现，根据其功能可以分为以下3项：

（1）对原始交通流数据进行质量检验和缺省估计处理；

（2）对处理后的数据进行时间层次和空间层次的汇集；

（3）对汇集数据自动处理，生成交通状况评价指标。

由于不同时间层次的交通流数据处理流程相似，因此这里以2min为例进行分析。

检测器采集的原始交通流数据（本例为车道交通量数据）以一定的时间间隔（本例为1min）通过信息传输模块传送至系统检测中心，信息处理模块首先根据交通流三参数的关系对原始采集数据进行检验，对检验结果中的缺省和错误部分采用相邻时间或历史时间的数据进行修复，确保数据的完整性和连续性，也为后续处理提供高质量的数据保障；其次对连续两次数据在时间上进行汇集，得出车道2min交通流数据；然后对车道2min交通流数据一次在断面、路段、路线和路网上进行空间层次汇集，得出相应的2min交通流汇集数据；最后对汇集数据分别在空间层次进行流量的统计、速度与占有率的加权平均以及拥挤状况、事故率和服务水平的分析，分别得出车道、断面、路段、路线、路网的交通状况评价指标，如平均速度、平均占有率、交通流率、服务水平、拥挤状况等，以上所有处理的结果数据都存储于数据库中。其设计数据处理流程如图4-3所示。

2. 概念结构设计阶段

概念结构式独立于各种数据模型的信息结构，是对现实世界的信息描述，是整个数据库设计的关键。在上述系统需求分析阶段中，把系统所需要的数据划分为3种，概念结构设计就是对每类数据进行属性分解和关系分析,分别设计局部实体关系图(ER图),最后根据系统数据流程,合并集成为全局ER图。ER图也称为实体联系图(Entity Relationship Diagram),提供了表示实体类型、属性和联系的方法,用来描述现实世界的概念模型。表4-1~表4-3为3类交通数据属性表。

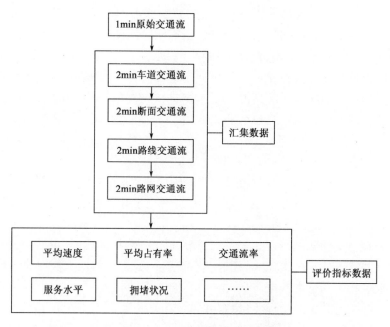

图4-3 2min交通流数据处理流程图

静 态 数 据 属 性   表4-1

数 据 内 容	属 性
车道	车道编号、位置(外侧/中间/内侧)、类型(专用/公共)、行车方向、限速等
断面	断面编号、位置(经纬度)、车道数、行车方向等
路段	路段编号、名称、方向、等级、长度、分隔带类型等
路线	路线编号、名称、等级等
路网	路网编号、名称、覆盖区域
检测器	检测器编号、类型、检测车道、安装时间、安装方式、工作状态等
摄像头	摄像头编号、类型、安装时间、安装方式、功能描述等

2min 动态数据属性   表4-2

数 据 内 容	属 性
1min 原始交通流数据	检测器编号、TXT 文件
车道2min 交通流汇集数据 断面2min 交通流汇集数据 路段2min 交通流汇集数据 路线2min 交通流汇集数据 路网2min 交通流汇集数据	编号(车道、断面、路段、路线、路网)、日期、时间、流量、速度、占有率等

续上表

数 据 内 容	属 性
车道 2min 交通状况评价指标 断面 2min 交通状况评价指标 路段 2min 交通状况评价指标 路线 2min 交通状况评价指标 路网 2min 交通状况评价指标	编号（车道、断面、路段、路线、路网）、平均交通流率、平均速度、平均车道占有率、服务水平、拥堵状况、事故率

专 题 数 据 属 性　　　　　　　　　　　　　表4-3

数 据 内 容	属 性
天气	日期、温度、适度、能见度、降雨等
事故	编号、等级、发生时间、发生路段、持续时间、结束时间等
施工	编号、路段、开始时间、持续时间、结束时间等
管制	编号、路段、开始时间、持续时间、结束时间等

将每类数据的局部 ER 图整合为系统全局 ER 图，如图 4-4 所示。

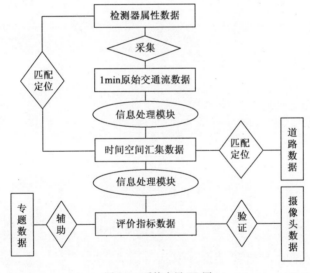

图 4-4　系统全局 ER 图

3. 逻辑结构设计阶段

数据库的逻辑结构设计过程就是把 ER 图转换为具体的关系数据库系统所支持的数据模型的过程，实际上就是把实体、实体的属性和实体之间的联系转化为关系模型。由于系统数据库的实体及关系已在概念结构设计中进行了详细分析，此处仅以静态数据实体关系为例，进行逻辑结构设计，设计结果如图 4-5 所示。

4. 物理设计阶段

物理设计是对数据在物理设备上的存储结构域存储方式进行设计，为逻辑数据模型选取适合应用要求的物理结构，依赖于给定的计算机软硬件环境。该阶段设计中应重点把握以下几点：

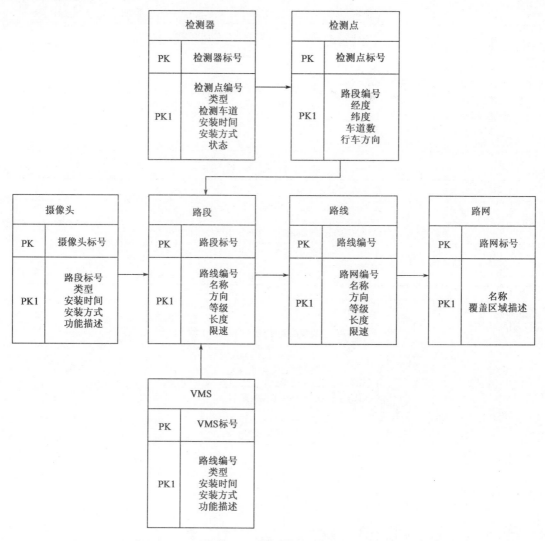

图4-5 静态数据逻辑结构图

（1）选择合适的存取方法，即建立存取路径，通过对静态数据建立唯一索引，对汇集数据建立组合聚簇与聚簇索引，可有效提高数据存取速度，实现快速读取数据库表格中的特定信息。并且，由于静态数据和汇集数据具有时间、空间上的稳定性，因此系统维护的成本较低。

（2）确定数据的存放位置和存储结构，对上述三种类型数据分开存放，可提高数据的读写速度、减少存取时间。

（3）对不同类型的用户设置不同级别的操作权限，以减少人为因素对系统的不利影响。

（4）确定系统配置方案，包括同时使用的用户数、同时打开数据库对象数、缓冲区长度、锁的数目等。

（5）从存储空间、存取时间和维护代价3个方面对设计的合理性进行评价。由于评估要涉及具体的软硬件环境，本文在此不作详细分析，在具体设计时应灵活考虑。

5. 数据库实施阶段

对数据库的物理设计初步评价完成后,就可以开始建立数据库。数据实施主要包括以下几个步骤:

(1)用 DDL(Data Definition Language)数据定义语言定影数据结构;

(2)组织数据入库;

(3)编制与调试应用程序;

(4)数据库试运行。

6. 系统管理和维护阶段

由于实际应用环境的变化,数据库在实际投入运行后,仍然需要继续进行相关的评价、调整和修改等工作,以满足实际变化环境的要求。该阶段称为数据库系统管理和维护阶段。该阶段的主要工作是有数据库管理员来完成的,其工作内容主要包括以下几个部分:

(1)数据库的转储和恢复;

(2)数据库的安全性、完整性控制;

(3)数据库的性能监督、分析和改进;

(4)数据库的重组织和重构造。

第4节 交通数据仓库设计

一、数据仓库定义

著名的 DBS(Database System,数据库系统)和 MIS(Management Information System,管理信息系统)专家 Rob Mattision 在他 1996 年出版的《Data Warehouse》(《数据仓库》)一书中,对数据仓库的定义为:"数据仓库是一种新型的数据库,其数据能被组织用作一个中性存储区,由数据挖掘和其他应用所使用,使用这些数据可以满足一组预定义的商业评测"。

综上所述,一个完整的数据仓库可用以下的一个组合公式表示:

$$DW = HDB + DBMS + Applic. + DM + KDD + DSS + II + I. \tag{4-2}$$

式中:DW——Data Warehouse(数据仓库);

HDB——Historical Data Bases(历史数据库);

DBMS——Data Bases Management System(数据库管理系统);

Applic.——Applications(应用程序);

DM——Data Mining(数据挖掘);

KDD——Knowledge Discovery in Data Bases(数据库中的知识发现);

DSS——Decision Support System(决策支持系统);

II——Information Interface(信息界面);

I.——Infrastructure(基础结构或者称作基础设施)。

从数据仓库(DW)系统涉及的内容得知,数据仓库系统(DW)是在数据库管理系统(DBMS)和历史数据库(HDB)基础之上发展起来的一种数据库系统(Data Base System,DBS)技术。DW 不但包括了多平台的操作技术(如 Applic.、DM、KDD 等),同时又包含各类综合数据预测、分析与建立相关模型,以及决策评价指标等技术。由此,数据仓库系统的建立需要多个综合的技术。

二、数据仓库特征

数据仓库是一个面向主题、集成、相对稳定、反映历史变化的数据集合,用于支持管理决策。数据仓库有以下4个特征:

1. 面向主题的(subject-oriented)

主题是一个抽象的概念,是指用户使用数据仓库进行决策时所关心的重点方面,一个主题通常与多个操作型信息系统相关。

2. 集成的(integrated)

面向事务处理的操作型数据库通常与某些特定的应用相关,数据库之间相互独立,并且往往是异构的。而数据仓库中的数据是在对原有分散的数据库数据抽取、清理的基础上经过系统加工、汇总和整理得到的,必须消除源数据中的不一致性,以保证数据仓库内的信息是关于整个企业的一致的全局信息。

3. 非易失的(nonvolatile)

操作型数据库中的数据通常实时更新,数据根据需要及时发生变化。数据仓库的数据主要供企业决策分析之用,所涉及的数据操作主要是数据查询,一旦某个数据进入数据仓库以后,一般情况下将被长期保留,也就是数据仓库中一般有大量的查询操作,但修改和删除操作很少,通常只需要定期的加载、刷新。

4. 时变的(time-variant)

操作型数据库主要关心当前某一个时间段内的数据,而数据仓库中的数据通常包含历史信息,系统记录了企业从过去某一时点(如开始应用数据仓库的时点)到目前的各个阶段的信息,通过这些信息,可以对企业的发展历程和未来趋势做出定量分析和预测。

概括起来说,数据仓库是一种语义上一致的数据存储,它充当决策支持数据模型的物理实现,并存放企业战略决策所需信息。数据仓库也常常被看作一种体系,通过将异种数据源中的数据集成在一起而构造,支持结构化的和专门的查询、分析报告和决策制定。

数据仓库不同于传统的数据库系统,数据仓库不是为了满足日常操作性系统的应用要求,而是在操作型系统的大量数据之上,发展一种成功的策略和计划,为企业的决策支持所用,制定相关的市场策略和发展策略,发现企业历史数据后面的隐含规律,例如顾客的消费模式、消费预测、不同产品和服务的相互影响关系等。总之,数据仓库可用于管理,包括对过去的理解和对未来的规划。利用数据仓库,用户可以在适当了解商业环境的基础上来看待生成的信息和事实,接着就可以利用商业技巧及对该事实的经验来提取知识,最后利用所提取的知识做出判断或决策。

三、交通数据仓库系统的设计

交通数据仓库系统的设计与开发与其他软件系统的开发过程相似,是一项十分复杂和繁琐的工作。因此,为了保证交通数据仓库系统开发的顺利完成,需要按照工程化的思路进行开发。与其他软件系统开发过程类似,交通数据仓库系统的开发流程一般为:需求分析;

概念设计；逻辑设计；详细设计与编码；方法总结与复审。其中，详细设计与编码、方法总结与复审这两个步骤与一般数据库系统开发是相同的，因此重点介绍其他开发步骤。

1. 需求分析

数据仓库系统的主要特点是面向主题，即按照主题来组织数据。主题是用户提出的要求以及所希望该数据仓库系统能够达到的目标。因此，主题是建立数据仓库系统的基础和前提。需求分析通常包括主题分析、数据分析以及环境要求分析3个方面。

1) 主题分析

主题是由用户提出来的，是用户的需求以及期望该数据仓库系统能够实现的功能。因此，如何确定用户的需求便是主题分析的前提。通常，一般首先采取软件开发方和用户交谈的方式基本确定用户的需求。其次，在数据仓库系统开发的过程中，开发方对用户需求的理解会不断加深，此时会进一步和用户沟通来修改用户需求。

2) 数据分析

确定分析主题后，就需要进行数据分析。数据分析通常包括数据源分析、数据数量分析以及数据质量分析3个方面。

(1) 数据源分析：分析当前有哪些数据源，这些数据源能否够满足主题要求，了解这些数据源之间的相互关系。

(2) 数据数量分析：分析数据数量、密度以及宽度能否满足数据仓库系统的最小要求。

(3) 数据质量分析：分析数据的正确性、一致性以及规范性能否满足数据仓库系统的要求。

3) 环境要求分析

环境要求分析是指对数据仓库系统运行的平台以及硬件提出要求，如网络、接口、设备等。

2. 概念设计

在完成需求分析的基础上，需要进行概念设计。概念设计的主要工作是建立联系客观现实到主观想法的桥梁，即概念数据模型。概念数据模型是一种抽象的数据模型，与硬件环境、软件平台无关。概念设计通常包括概念数据模型设计和系统总体设计两方面的内容。

1) 概念数据模型设计

概念数据模型设计是用来确立主题域的数据结构。所谓主题域是指支持每个主题的数据集合。主题域有两个特性：一是独立性，即主题域具有明确的边界与独立的内涵；二是完备性，即每个主题的分析要求所需要的数据均能在主题域中得到。

2) 系统总体设计

系统总体设计包括体系结构设计、接口设计以及应用程序模块设计3部分内容。

(1) 体系结构设计：是指设计构成系统软件和数据的总体框架结构。体系结构设计一般包括6个部分：数据源层、数据后端处理层、数据仓库及管理层、数据集市层、数据仓库应用层以及数据展示层。

(2) 接口设计：接口设计包括数据源与分析模型的接口设计、分析模型与应用的接口设计。数据源与分析模型接口实现的功能是将操作环境下的业务系统的数据载入数据仓库环境。分析模型与应用接口实现的功能是建立分析模型的数据结构与工具软件的数据结构的映射关系。

3. 逻辑设计

逻辑设计的主要工作是设计逻辑数据模型,逻辑数据模型是通过具体的软件结构来实现概念数据模型的。逻辑设计通常包括逻辑数据模型设计、ETL设计以及应用程序的设计3方面的内容。

1)逻辑数据模型的设计

逻辑数据模型设计需要对数据仓库系统中的每一个数据部分进行逻辑数据模型设计,即需要对数据仓库、数据集市以及多维数据体进行逻辑数据模型的设计。

(1)数据仓库逻辑数据模型设计:包括数据仓库关系表结构的设计、星形模型的设计、确定粒度层次、确定数据分割策略等内容。

(2)数据集市:数据集市是由数据仓库派生出来的,它是针对特定应用、规模更小、结构更为集中的分析数据集合体,通常采用关系数据库来实现。

(3)多维数据体逻辑数据模型设计:包括星形模型设计和定义转换规则两方面。

2)ETL设计

ETL(Extraction Transformation Loading),即数据的抽取、转换和加载,是数据仓库实现过程中,将数据由数据源系统向数据仓库加载的主要过程。从功能上看,整个ETL包括数据抽取、数据转换以及数据加载3个部分:

(1)数据抽取:从数据源系统抽取数据仓库系统需要的数据。

(2)数据转换:将从数据源获取的数据转换按照数据仓库要求的形式,对数据进行转换。

(3)数据加载:将数据装入数据仓库。

4. 数据仓库的开发工具

数据仓库开发工具主要包括 Oracle、SQL Server 等。

1)Oracle

Oracle 作为大型关系数据库开发工具,集数据库、应用服务器、开发工具包为一体,数据仓库的创建和管理是其中重要的一部分。2007 年 7 月 12 日,Oracle 公司推出 Oracle 11g。内置高级 OLAP、数据挖掘和数据仓库功能,简化了用户的操作。

和以往的版本相比,Oracle 11g 扩展了 Oracle 独家具有的提供网格计算优势的功能,降低了数据库升级以及其他硬件和操作系统更改的成本,利用自学功能自动进行 SQL 优化系统全局区(SGA)和程序全局区(PGA)的内存缓存区的自动、统一调整新的 advisor 用于分区、数据恢复、流性能和空间管理针对自动数据库诊断监视器(ADDM)的增强,提供了大量显著的 Oracle Data Guard 增强,包括可以在物理备用系统上运行实时查询用于报表和其他目的,可以通过将物理备用系统暂时转换为逻辑备用系统执行联机的、滚动的数据库升级支持测试环境的快照备用系统等。

2)SQL Server

SQL Server 中提供的数据仓库设计、建立、数据加载、数据使用和数据挖掘的工具可以实现对数据仓库的创建、操作、管理与使用的支持。当数据仓库完成物理结构设计后,就可以对数据仓库进行创建数据准备区、创建数据仓库、从业务系统提取数据、清理和转换数据、将数据加载到数据仓库、将数据发布到数据集市,数据仓库创建后就可以对其进行 SQL 查询、OLAP 应用、数据挖掘、Web 访问等工具进行数据仓库的操作和访问。

第5节 数据挖掘技术

数据挖掘,又称为数据采掘、数据开采(Data Mining,DM),是一种决策支持过程,是一种从大量不完全的、随机的、模糊的、有噪声的数据中,提取出人们感兴趣的、有用的潜在信息和知识的过程。它从大量的历史数据中,通过数据库、人工智能、机器学习、统计学、数据可视化、信息检索、图像与信号处理和空间数据分析等技术的综合处理,分析、挖掘出潜在的数据、模型等,挖掘出的知识可用于信息管理、决策支持、查询优化、过程控制及数据自身的维护等方面,数据挖掘的全过程描述如图4-6所示。

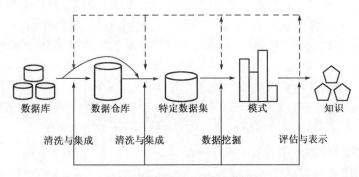

图 4-6 数据挖掘过程描述示意图

随着计算机网络技术及交通系统智能化的快速发展,交通信息的来源显得更加多样化,不仅包含了数据库中已有的大量结构化数据,还包括了来自网络的动态的、复杂的大量交通信息,如何基于数据挖掘技术,利用这些类型复杂的数据进行决策支持,是交通管理系统中重点解决的问题之一。数据挖掘的过程主要分为问题定义及数据准备、数据挖掘、数据表达及评价这3个步骤。

一、问题定义及数据准备

问题定义及数据准备中包含了3个阶段,分别为问题定义、数据收集选择和数据预分析处理。

问题定义是数据挖掘中最基础,也是最关键的步骤,在进行问题定义中,一方面需要研究人员与用户探讨,明确数据挖掘过程和结果的要求,另一方面,要根据挖掘要求,初步拟定研究方法。

数据收集选择发生在明确问题定义后,其主要目的是采集数据挖掘所需的基础数据,为下一步工作做好准备。

数据预处理是对含有噪声(错误或异常)的、不完整的、不一致的数据进行处理,以提高数据对象的质量。数据预处理一般包括数据清洗、数据集成、数据转换、数据消减这4种基本方法。

1. 数据清洗

数据清洗的内容包括填补遗漏数据、除去异常数据和平滑噪声数据、纠正不一致数据等。

对于遗漏数据的处理,采用忽略该条记录、手工填补遗漏值、默认值填补、均值填补、最可能的值填补等方法,由于最可能值是当前数据所包含信息的充分体现,因此最可能值填补法是一种常用的遗漏数据填补方法。平滑噪声数据方面,可采用Bin方法、聚类方法、机结合检查、回归分析等方法对数据进行平滑。不一致数据的产生,常常因为不同数据库取名的不规范而导致,可以用人工手动或知识工程等方法对其进行处理。

2. 数据集成

数据集成是指将来自多个数据源的数据结合在一起,形成统一的数据集合。

在数据集成中,考虑解决的问题主要有模式集成、数据冗余、数据值冲突检测与消除这3类问题。模式集成中,重点解决来自多个数据源数据的相互匹配,例如借助元数据,识别两个数据库中不一致名称的实体是否为同一种实体。数据值冲突来源于同一实体在不同数据源中的描述,在面对这些问题时,应从数据源中实体表示的方法、比例尺、编码等方面进行检测与消除冲突。当一个属性可以依据其他属性推演出来时,则成这一属性为冗余属性,在判断数据是否为冗余数据时,可利用如下关联关系进行检验:

$$r_{A,B} = \frac{\sum(A - \bar{A})(B - \bar{B})}{(n-1)\sigma_A \sigma_B} \tag{4-3}$$

式中:$r_{A,B}$——关联系数值;

A、B——属性A、B的值;

$\bar{A}$、$\bar{B}$——属性A、B的平均值;

n——属性值的个数;

σ_A、σ_B——属性A、B的标准方差。

$r_{A,B}=0$时,表示属性A、B之间相互独立,不存在关联;$|r_{A,B}|$的数值越大,表示属性A、B之间的关联性越大,若$r_{A,B}>0$表示属性A、B之间为正关联,若$r_{A,B}<0$表示属性A、B之间为负关联。

3. 数据转换

数据转换是将不同表现形式的数据通过转换,归并为一个适合数据挖掘的表现形式。

数据转换的主要方法包括:

(1)平滑处理。运用Bin方法、聚类方法、回归分析等处理数据中的噪声。

(2)合计处理。

(3)数据泛化处理。利用更高一层的抽象概念来取代低等次的数据对象。

(4)规格化。即设定一个小范围值(例如1~2),将每一个相关的属性数据值都投射到这一小范围内。

(5)属性构造。在原有属性集的基础上,构造一个新的属性。

4. 数据消减

当需要对一个大规模的数据库进行数据挖掘时,其数据的繁多性和内容的复杂性,常常使得工作难度大幅度提升,耗费大量时间。因此,在进行大规模数据库的数据挖掘前,应该采用数据消减技术,将原本庞大的数据库精简为一个保持原有数据集完整性的集合,来提高数据挖掘的效率,并确保采用此精简集合挖掘出来的结果与采用原数据集挖掘获得的结果基本相同。

数据消减的主要方法包括:

(1)数据立方合计。数据立方体是一类多维矩阵,让用户从多个角度分析数据集。

(2)属性消减。消除无关或冗余的属性。

(3)数据压缩。采用数据编码或转换技术来缩小数据集。

(4)数据块消减。运用回归与线性对数模型、直方图、聚类、采样等方法将原有的数据表达形式替换为更简单的数据表达形式。

(5)离散化及概念层次。采用更宽泛、更高一层的概念替换原有数据,主要采用概念层次数的方法。

二、数据挖掘方法

数据挖掘主要是对现有的大量数据库数据进行分析和进一步挖掘。进行分析的这些原始数据可以是结构化的,如关系数据库中的数据,也可以是半结构化的,如文本和图像数据。发现知识的方法可以是数学或是非数学的,可以是演绎的、归纳的等。以下就几种常用的数据挖掘分析方法进行简单的介绍。

1. 关联分析

关联分析是指从已有的数据集中挖掘出数据项之间相互关系的知识,其主要作用是挖掘出隐藏在数据间的相互依赖性关系。在进行关联分析时,重点是进行关联规则的挖掘,关联规则的挖掘分为两个基本步骤:

(1)发现所有的繁复项集,将这些项集的频度减少至定义中要求的最小支持频度;

(2)根据发现并处理过的繁复项集,产生对应的强关联规则,且这些规则需满足定义中规定的最小信任度阈值。

2. 分类分析

分类分析是在数据集中找出一组能够描述该数据集典型特征的模型(或函数),用于未知数据的分类识别。在分类分析中,首先要定义一组类别,然后利用一个分类函数或分类模型,将数据库或其他地方获取的每个数据按照一定的标准,映射到某一个类别中,从而实现对大量数据的分类分析。

典型的分类分析模型有:线性回归模型、决策树模型、贝叶斯模型、规则归纳模型、神经网络模型等。线性回归模型中,视影响因子个数的不同,分为一元线性回归模型和多元线性回归模型,是一种采用线性方程式进行数据分类的方法。决策树模型是实际上一种归纳模型,它根据数据的值将数据分层组织成树形结构,在树形结构中,每一层代表一个分类概念,每一分支代表一个分类下面的一个子类,以此方法对所有数据进行分类分析。规则归纳模型是从大量数据中经过归纳、总结、提取后产生的一系列规则,其可用 if…then…else 来对数据进行归类,尤其适用于关联规则的挖掘。神经网络模型是一种结构上模仿生物神经网络的模型,它利用非线性映射的思想和并行处理的方法,通过不断的学习,调整网络结构,最终将输入和输出的映射关系用特定的网络结构表示出来,用以进行对数据的分类。

3. 聚类分析

聚类分析是分类分析的逆过程，它将各个数据进行比较，按照相似性原则归纳成若干个类别，从而对数据进行合理的分类，根据数据是否是数值数据，聚类分析可分为分层聚类和概念聚类两种类型，分层聚类适用于数值数据，而概念聚类则是适用于非数值数据。

在数据分析过程中，将分类分析和聚类分析综合使用，往往可以得到更为合理、准确的记录分类。

4. 演化分析

演化分析是利用概念描述、分类分析、对比概念描述、关联分析、时间相关数据分析等建模方法对随时间变化的数据对象的变化规律和趋势进行描述，主要用于分析事件及数据的演化规律。

三、数据表达及评价

对挖掘出的信息，要采用直观的表达方式，以便于用户理解和观察。对于挖掘出的数据内容，应进行适当的评估，并判别其是否存在冗余或无关的信息，确保所得到的信息具有绝对的准确性和实用性，能对实际的工作起到很好的辅助作用。数据挖掘所发现的知识通常表现为概念、规则、规律等形式，可包含关联模型、时间序列模型、回归模型、分类模型、聚类模型等。

第6节 GIS-T 技术

一、概述

交通地理信息系统（Geographic Information System for Transportation，简称 GIS-T）是地理信息系统（Geographic Information System，GIS）在勘察设计、交通规划、交通管理等交通领域的具体应用与延伸，是公路、铁路、水路、航空、管网和通信线路等线性空间要素分析和建模的工具，也是研究地理要素沿线性网络系统运动、变化和发展的有力手段。GIS-T 是交通工程、计算机科学、地理学等多个学科的交叉与综合，GIS-T 的基本组成如图 4-7 所示。

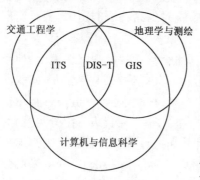

图 4-7 GIS-T 基本组成

二、GIS-T 的主要功能

交通地理信息系统的主要功能有：基本功能、叠加功能、动态分段功能、地形分析功能、栅格显示功能、路径优化功能。

1. 基本功能

GIS-T 系统的基本功能主要包括编辑功能、制图和显示功能以及图层测量功能。编辑功能主要对点、线、面进行添加和删除操作以及修改其属性。制图和显示功能主要是输出各种地图，如道路路线设计图、交通规划图等以及显示地理数据、技术数据。图层测量功能用于测量地图上线段的距离、区域面积。

2. 叠加功能

叠加功能允许两幅或更多图层在空间上比较地图要素和属性，叠加功能包括合成叠加和统计叠加两种功能。合成叠加是指两个或多个图层叠加后会得到一个新图层，新图层显示原图层的全部特征；统计叠加功能可以统计一种要素在另外一种要素中的分布特征。GIS-T 的叠加功能如图 4-8 所示。

3. 动态分段功能

动态分段功能是将地图网络中的连线根据其属性将特征相近的连线分段。分段是动态进行的，因为它与当前连线的属性相对应，如果属性改变了，动态分段将创建一组新的分段。

4. 地形分析功能

地形分析功能主要用在道路设计中，主要通过数字地形模型（Digital Terrain Model，DTM），以离散分布的平面点来模拟连续分布的地形，为道路设计创建一个三维地表模型。

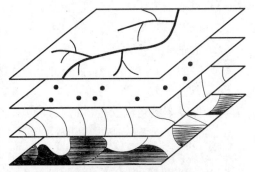

图 4-8　GIS-T 叠加功能

5. 栅格显示功能

栅格显示功能可以对 GIS 中的图片和影像对应的属性数据进行叠加分析，进而对图层进行更新。如对带状（或多边）图层进行叠加可以标出土地的用途和其他属性。

6. 路径优化功能

交通需求模型经常会用到最短路模型，而交通地理信息系统也具有这一模型，这极大地方便了求解路网中的最短路问题，而且还无须与其他软件创建链接。

三、GIS-T 的应用范围

交通地理信息系统具有强大的数据管理和处理能力，应用范围十分广泛。具体而言，其应用领域主要体现在三个方面：一是应用在整个交通管理过程中，包括交通规划、设计、施工、维护等各个阶段；二是应用在国家、省、市等不同层次的管理；三是应用在政府、企业、科研院所等各个部门。

1. 道路设计与养护维修

GIS-T 可以为道路的勘测设计提供数字化的地理信息平台，为道路工程的计算机辅助设计提供三维可视化设计辅助。另外，GIS-T 还与路面、桥梁的管理系统和公路养护管理系统相关联，借助于先进的路面及桥梁检测设备和数据搜集手段，以 GIS-T 为基础建立路面桥梁的检测和养护数据库，通过其强大的数据分析功能，科学化、合理化地进行管理，达到少花钱、多办事的目的。在美国和加拿大都建立了类似的公路维护系统，包括对道路和对桥梁的检测，通过长期跟踪，分析历史数据和检测数据，判断道路或桥梁的损坏程度，是否需要维修养护等。

2. 基于电子地图的交通管理

GIS-T 可根据由感应线圈、地磁、超声波雷达、视频等交通数据检测手段收集到的数据，经过加工处理后，可以显示具有丰富信息含量的电子地图，实现数据的可视化。通过统计工具和自动生成的图表显示,对交通部门的决策能力有强大的辅助作用。

    3. 交通规划

    对于 GIS-T 来说,交通规划辅助是 GIS-T 的一个重要的发展方向,其中包括道路线网规划和公交规划。在很多 GIS-T 系统中都集成了交通规划应用的经典理论模型,其中包括土地利用模型、重力模型、非集计模型、用户平衡分配模型、系统最优模型、随机用户平衡分配模型等。目前很多优秀的交通规划软件,如 TransCAD、TransModeler 等,都是基于 GIS 开发的,这为交通规划提供了极大的方便。

    4. 运输企业运营管理

    GIS-T 可以对车辆的行走路线进行优化,这有助于降低运输企业的运输成本。而且,辅助 GPS 系统和车辆内部安装的摄像头可以实时监测车辆的行驶轨迹、驾驶人与车辆的状态,这有助于保障车辆运输安全,特别对于监测危险、重要物质的运输有很大帮助。

    5. 为智能交通系统提供基础数据平台

    智能交通系统 ITS 是新一代的交通管理系统,它是将多种信息技术整合,其中包括 GIS-T、GPS 等,也是"数字地球"的重要组成部分。由于 GIS-T 强大的空间数据存储、操作、管理与交通网络分析功能,成为与 ITS 相结合的重要工具。GIS-T 不仅能够管理交通网络的空间传输数据,还能提供数据分析统计工具,进行交通预测,给出分析结果,对决策制定具有重要参考作用。

课后习题

1. 列举实际的交通数据,并分析其有哪些特征?
2. 分别说明交通数据库以及交通数据仓库的含义,并比较二者之间的不同之处。
3. 什么是数据挖掘技术,数据挖掘技术有哪些方法?
4. 简述 GIS-T 的含义,以及对解决交通拥堵问题有哪些启发。

参 考 文 献

[1] 廖军.公路交通信息资源整合及系统实现研究[D].西安:长安大学,2009.
[2] 徐春荣,欧阳为民,勾海波,等.智能交通数据分析系统的设计与实现[J].计算机工程与应用,2005,28:207-209.
[3] 覃明贵.城市道路交通挖掘研究与应用[D].上海:复旦大学,2010.
[4] 肖尧.智能交通信息采集与融合技术的应用研究[D].南昌:华东交通大学,2009.
[5] 刘嘉.元数据:理念与应用[J].中国图书馆学报,2001,5:32-35.
[6] 王辉,林垚,周紫君.基于元数据的交通运输科学数据共享平台设计[J].交通与计算机,2008,26(2):86-89.
[7] 王珊,陈红.数据库系统原理教程[M].北京:清华大学出版社,1998.
[8] 林宇,等.数据仓库原理与实践[M].北京:人民邮电出版社,2003.
[9] 石建军,许国华,何民,等.交通地理信息系统数据模型的研究进展[J].北京工业大学学

报,2004,30(3):318-322.
[10] 朱茵,王军利,周彤梅.智能交通系统导论[M].北京:中国人民公安大学出版社,2007.
[11] 梁艳平,刘仍奎,芮小平,等.轨道交通基础数据库元数据内容体系研究[J].交通运输系统工程与信息,2005,5(3):61-64.

第5章　城市交通综合信息平台

→ 第1节　概述

一、平台简介

随着数字城市信息化的发展,智能交通系统(ITS)对于跨部门间的资源共享、信息互动,以及交通数据的整合和综合应用方面的作用越来越大。在这种情况下,交通综合信息平台应运而生。交通综合信息平台(Comprehensive Transport Information Platform, CTIP),又称为交通共用信息平台,该系统通过整合交通运输信息资源,按照一定的标准完成多元异构数据的输入、存储、交换、分发,面向应用服务,从而实现跨部门间信息的共享。该平台包含分布式并行计算技术、多远信息融合技术、智能决策支持计算和云计算与云服务等技术,用以提高交通管理的综合水平。

二、平台系统组成

综合交通信息系统信息是对城市交通信息进行采集、管理和发布的信息平台,是由多个子系统共同组成的一个复杂的大系统,由各种硬件设备和应用软件系统共同组成。

辅助视频

城市交通信息系统主要有三大部分:交通信息采集、交通信息管理和交通信息发布。交通信息采集系统是构建交通信息系统的前提和基础,其主要是运用现代技术,对道路交通状况进行信息采集,采集要素主要包括车流量、行车速度、行车时间、车头间距、车流密度等,通过对这些交通信息的采集,确定路段的交通状况,从而得出车流饱和度,为道路的规划以及实行交通管理有重要作用。

交通信息管理系统,是整个系统的和核心,其主要是把采集的信息进行加工、处理、融合、修改,以此得到道路的有效实时交通信息,并发布这些信息,用以指导道路上的汽车行驶。交通信息管理系统实质上是一个复杂的数据库,对采集的数据处理后,转化为可供使用并发布的交通实时信息;另一方面也对转化来的信息进行保存积累,形成数据库,并对不同类型的信息进行分类保存,以加快系统的运行速度;再者,该系统会对信息进行规范化的处理整合,令不同部门的人员都可以方便使用,使数据资源得到优化,从而实现道路交通的完整性和可靠性。

交通信息发布系统,顾名思义,主要是运用不同的方式向交通需求者提供其需要的信息,主要的发布方式为电视广播、互联网、短信服务、车载导航系统等。社会科技不断进步,交通信息发布系统也不断完善其发布方式,为出行者提供交通状况,以方便高效、快捷、安全出行。

根据信息处理的流程和信息平台的要求,以及以数据和信息提取、处理、分析和服务,信息系统平台的一般构架形式、结构如图5-1所示。

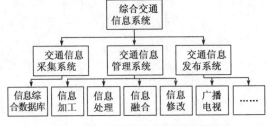

图5-1 综合交通信息系统结构示意图

三、平台基本功能

1. 信息汇聚功能

交通综合信息平台汇聚交通信息的功能,是指平台从交通管理部门、科研机构和其他组织获取交通信息资源,对信息进行标准化处理后进行存储和整合。平台主要实现对3类交通信息的汇聚,即基础交通信息、实时交通信息、交通历史信息。

2. 信息处理功能

平台对在收到接入系统的数据后,需要先检查数据的正确性,对不符合要求的数据进行过滤,这是对数据的预处理。预处理完成后,需要对数据进行标准化处理。因为接入平台的数据是多源异构的,因此数据类型、数据结构种类繁多,需要对同类数据进行归一化处理。

3. 信息提供功能

平台的信息提供功能是指平台能够为各类用户根据其需求提供相应的信息服务。平台面向出行者、交通管理者、政府机构、科研单位等,采用多种方式为其提供各种类型的交通信息。

4. 信息展示功能

平台的信息展示功能,是指平台基于GIS系统将用户所需要的交通信息以图形化的方式在地图上展现,例如实时的交通状态的展示、历史路况的展示、各种统计分析数据的展示、交通设施布点的展示以及警力资源的展示等。

第2节 分布式并行计算技术

一、分布式并行计算的概念

随着智能交通系统所需要处理的数据量的增大,ITS对于计算的需求也不断提高,并朝着数据量庞大、数据种类复杂化的方向发展。与此同时,计算机网络技术通过规模扩充的Internet/Intranet连接了数以亿计的计算机,提供了前所未有的计算能力。因此,利用越来越庞大的网络资源来解决交通信息处理中急剧膨胀的计算能力和服务能力的需求,是ITS亟待解决的问题。

分布式计算是近年提出的一种新的计算方式，所谓分布式计算就是在两个或多个软件之间互相共享信息，这些软件既可以运行在同一台计算机上，也可以运行在通过网络连接的多台计算机上。分布式计算具有以下几个优点：

(1) 可以共享稀有资源；

(2) 可以将大型的计算任务在多台计算机上平衡负载；

(3) 对于某个程序可以被放置在最适合运行的计算机上。

分布式计算是随着互联网的迅速发展而兴起的一种针对复杂计算的新型计算模式。分布式计算利用互联网把分散在不同地点的计算机组合成一个虚拟的"超级计算机"。"超级计算机"可能是由上万个计算机组成，每个参与计算的计算机是一个"节点"。分布式计算模式可以为复杂计算提供一个计算能力超强的"超级计算机"，同时也使网络上的闲置的计算资源被充分利用。

如果说ITS的某项信息处理工作是分布式的，那么，参与这项工作的一定不只是一台计算机，而是一个计算机网络，这种计算方式具有很强的数据处理能力。在大型路网条件下的交通路径诱导计算中，因为最优路径的计算量很大，同时对计算速度的要求也很高，因此分布式并行计算技术往往是不可或缺的。分布式并行计算也广泛应用在大型路网的交通仿真中。在路径诱导或者交通仿真中的并行计算，常常通过对路网进行分层或者分区，把计算任务分配到不同的节点，最后由主节点把不同节点的计算结果进行整合得到最终结果。

二、分布式并行计算平台的系统结构

基于网络的分布式并行计算平台的体系结构主要由主服务器和节点机构成。节点机是指物联网上的各种计算机，可以是普通微型计算机，也可以是服务器或者工作站。这些节点机单独的处理能力并不一定很强，但是如果多个节点机在合理分工的基础上相互协作，则完全可以达到高性能的大型计算机的处理能力。节点机接收和处理主服务器分配的任务，并与主服务器通信，报告本机的计算能力和任务的完成情况。

分布式并行计算平台有一个分布式应用服务器，它是整个平台的管理中心，负责计算任务的分配。主服务器的任务分配是并行计算的关键技术。任务分配指的是将计算任务合理地分配到不同节点上进行处理，每个节点机分担一部分负载。任务分配要求各个节点机的负载能够互相平衡，所以要采用相应的分配算法进行任务分配以达到这一目标。

网络并行计算环境可以分为两种：基于消息传递的计算环境和基于共享内存的计算环境。基于消息传递的并行计算环境的信息交换主要通过数据包的发送和接收，当并行任务中的一个成员进程要告诉另一个进程某些信息时，它便将这些信息打包发送给对方，而对方进程接受消息并进行相应的操作，存储方式是分布式存储。而基于共享内存的并行计算环境，是通过共享地址空间来实现成员进程之间的信息共享，存储方式是共享式存储。共享内存式不利于并行计算的扩展，因而目前应用较多的是基于消息传递的计算环境，因为它具有良好的可扩展性，可以极大地提高并行计算的性能。

分布式并行处理一般有功能并行FP和数据并行DP两种形式。FP指一个计算任务，可根据不同功能划分成各部分，如输入、计算、输出、显示等，将其分配给不同的节点机同时进行处理。DP则是将待处理的数据分成小块，均衡地分给所有的节点机，都进行同样的运算。

在具体应用中采用哪种并行处理方式,需要进行综合考虑。

三、分布式并行计算系统的任务分配

分布式并行计算系统的任务分配技术实际上是将串行任务划分成多个可并行运行的子任务,任务划分是实现程序并行化的基础。并行计算的负载平衡性、通信复杂度、任务间的依赖性等依赖于所选择的任务划分策略的好坏。在求解问题时,根据任务划分的原则,将给定的问题划分成 n 个独立的、计算量相等的子问题,然后用 n 台节点机并行求解每一个子问题。任务划分还要兼顾各个子问题的解很容易被组合成原问题的解。

粒度是各个节点机可独立并行执行的任务大小的量度。任务级并行的粒度就比语句级并行的粒度大,向量化是一种小粒度并行。

分布式并行计算系统的一种任务分配方式是采用小粒度的基于节点机的调度,其基本思想是将任务分成多个可执行的任务块,并将需要执行的任务块放到最早可以执行的节点机上。这种方法体现了负载均衡,即让所有的节点机处在工作状态,只有在没有任务可以分配时,才会出现空闲的节点机。这种任务分配方法的实现较为简单,当通信代价比较小时,并行效果较好,反之,并行效果不明显。

另一种方法是考虑了通信成本,以大粒度的任务结构进行任务分配,使得每个任务的通信成本比任务本身小得多。但大粒度的任务结构虽然节省了通信成本,但是会使并行效率降低。

因此,在分布式并行计算系统中,不宜单纯地规定任务的大小,也不必要求各任务的粒度基本一致,一般情况下采用以下的原则能够使得任务分配达到最优:

(1)关键路径上的任务大小在 1 倍通信成本与 2~3 倍通信成本之间。

(2)非关键路径上的任务大小可以改变很大,原则上不大于关键路径上的与之相关的任务大小。

分布式并行计算系统的任务调度可以分为静态调度和动态调度两种方式。静态调度的基本思想是假设每个节点机都要参与任务,分布原则是总运行时间尽可能短。采用静态调度容易使任务分配达到最优,但静态调度需要预先获得系统的所有信息,如果系统运行之前不知道任务的大小,采用静态调度的策略将无法解决这一问题,必须使用动态调度。动态调度的缺点是无法达到全局最优,而且在程序运行的过程中进行调度会产生一些额外的开销,降低系统的效率。

四、分布式并行计算平台-Hadoop

Hadoop 是一个开源分布式计算平台,以分布式文件系统 HDFS(Hadoop Distributed Filesystem)和分布式并行计算框架 MapReduce(Google MapReduce 的开源实现)为两大核心技术的 Hadoop 为用户提供了系统底层细节透明的分布式计算和分布式存储的编程环境,其高容错性、高伸缩性等优点允许用户将 Hadoop 部署在低廉的硬件上,形成分布式文件系统。

基于 Hadoop 实现的云平台,其提供的属于云体系中的平台即服务(Platform as a Service, PaaS),可为用户提供一种分布式并行计算和分布式存储的编程环境,其中 MapReduce 框架用于实现分布式并行计算编程,HDFS 用于分布式存储海量数据。通过对 Hadoop 开源云平台中节点的扩充,可增加整个云平台的存储能力和计算能力。

第3节 多源信息融合技术

一、概述

自然界中任何动物感知客观对象,都是依靠了多个感官的综合。人类是将通过不同感官所获取的客观对象的视觉、听觉、触觉、嗅觉和味觉信息,在大脑中进行融合以后得到一种综合的感知信息。这种对多个信息源获取的信息进行关联和组合从而获得完整、准确、及时和有效的综合信息过程即多源信息融合。

ITS是多源信息融合技术的一个重要的应用领域。在交通信息采集中,将多传感器的数据以及历史数据库的相关信息进行融合以后,可以获得比单个传感器更精确、更完整的交通环境信息。多源信息融合在智能交通系统的应用领域包括:城市交通综合信息平台、交通流检测系统、交通事件自动检测系统、智能车辆系统等领域。多源信息融合在城市交通综合信息平台中的应用是将来自于不同种类的交通检测器的海量交通检测数据,通过融合处理,为平台用户提供给出行所需的交通信息。比如,将线圈检测器数据与浮动车数据融合,计算行程时间或进行自动事件检测。

二、多源信息融合技术的基本概念

多源信息融合(Multi-source Information Fusion, MIF),又称多传感器信息融合(Multi-sensor Information Fusion)。20世纪70年代,美国康涅狄格大学(University of Connecticut)国际著名系统科学家 Y. Bar-Shalom 教授率先提出了概率数据互联滤波器(PDAF)的概念,这就成为信息融合的雏形。多源信息融合指的是利用不同时间和空间的多传感器信息资源,按照特定的计算准则对这些信息加以自动分析和综合,得到被测对象的一致性描述,最终实现信息的优化。图5-2 为多源信息融合体系图。

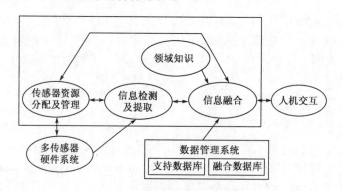

图5-2 多源信息融合体系

多源信息融合的过程如下:充分利用多传感器资源,进行信息检测与提取,在获取检测数据后把多传感器在时间或空间上的冗余、竞争、互补和协同的信息,依据相关融合准则和领域知识,对各种检测器的数据以及数据库数据进行综合分析,得到各种信息的内在联系和规律,从而删除冗余和错误的信息,保留有用与正确的信息,得到完善准确地环境的特征。

多传感器硬件系统是 MIF 的硬件基础,多源传感器信息是 MIF 的加工对象,综合分析是 MIF 的核心,信息优化是 MIF 的目标。

三、MIF 的基本内容

MIF 技术体系的基本内容包括研究方法论以及融合的三大模型,即功能模型、结构模型和数学模型。

1. MIF 方法

从广义出发,MIF 涉及传感器、信号处理、概率统计、信息论、计算机科学、人工智能和模糊数学等研究领域,是一个新兴的多学科交叉科学。对于具体的 MIF 的方法,可以分成三大类:基于随机模型的融合方法、基于最小二乘法的融合方法和智能融合方法。

1) 随机模型融合方法

随机模型融合方法主要有加权平均法、Bayes 推理、D – S 证据理论和递归算子等。随机模型融合方法优点是具有理论基础,而且易于理解、计算量小;缺点是需要较多的先验知识,因此适用条件较为严格。其中 D – S 证据理论应用较为广泛,已被称为多传感器数据融合的基本方法。

2) 最小二乘模型融合方法

最小二乘模型融合方法主要有加权平均法、Kalman 滤波、最优理论、极大似然估计等。最小二乘模型融合方法的优点是信息损失少,适用于对原始数据的融合;缺点是需要获得对象比较精确的数学模型或对象统计特性,对于复杂、难以建立模型的场合无法适用。其中 Kalman 滤波方法较为广泛地应用于融合动态的低层次的传感器信息。

3) 智能融合方法

智能融合方法主要有模糊逻辑方法、神经网络方法、聚类分析法、粗糙集理论、小波分析理论、遗传算法、人工智能、专家系统和支持向量机等。智能型融合方法的优点是对对象的先验知识要求不高或无要求,有较强的自适应能力;缺点是运算量大,规则的学习时间长且建立困难,因而不容易实现。虽然如此,智能融合方法在很多领域得到了较好的应用,其中神经网络主要用于识别数据;聚类分析用于简化数据规模;粗糙集用于处理不确定信息;小波分析用于处理信号的局部特征信息;遗传算法用于消除局部极值和噪声的影响。

2. MIF 功能模型

融合系统的功能模型有很多,其中由美国联合管理局信息研究小组提出的 JDL 模型最具代表性。JDL 融合模型如图 5-3 所示。

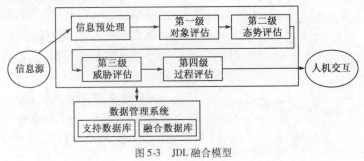

图 5-3 JDL 融合模型

JDL功能模型分为对象评估、态势评估、威胁评估和过程评估四个级别。第一级对象评估与第二级态势评估属于低层融合，主要负责对传感器数据的单位和坐标的规范化处理，对象的识别与位置、属性和运动特性的实时估计等。第三级威胁评估与第四级过程评估属于高层融合，主要负责提供实时的控制信息。

3. MIF的结构模型

MIF的结构模型可以按数据处理的层次和融合的结构类型两种标准进行分类。

1）按数据处理层次分类

按照数据处理层次进行划分，MIF结构模型通常分为三层结构：数据层、特征层和决策层。它们分别表示在哪一阶段对传感器信息进行融合处理。融合的层次越低，信息的处理量越大、抽象程度越低；融合的层次越高，信息的处理量越小、抽象程度越高、系统的容错性也越高。三层融合结构各层的特点如表5-1所示。

表5-1 三层融合模型的特点比较

层次结构	信息来源	数据量	融合结果	主要数学方法
数据层	所有传感器的原始数据	很大	最准确	加权平均法、卡尔曼滤波、贝叶斯估计法、参数估计法
特征层	从观测数据中提取的特征向量	较小	较准确	分离性判断方法、搜索树方法、模拟退火方法、遗传算法
决策层	各传感器的判决或局部判决信息	很小	最不准确	投票表决法、贝叶斯估计法、模糊积分法、证据理论方法、模糊逻辑法

2）按照融合的结构类型分类

根据融合的结构类型，MIF可分为中心式融合结构和无中心融合结构。

（1）中心式融合结构

中心式融合结构的特点是有一个融合中心单元。融合中心接受各个传感器的原始数据，完成对数据的预处理、关联分析、目标分类等功能。如果传感器是同种类型的，那么可以用原始数据进行融合，如果传感器是不同类型的，在融合前需要对数据进行预处理，然后提取特征向量，在此基础上进行融合。中心式融合结构的特点是可以充分利用传感器数据，但系统的通信成本大，融合中心单元的计算负载大，系统的可扩展性较差。

（2）无中心融合结构

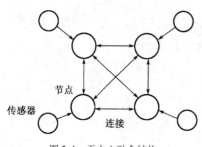

图5-4 无中心融合结构

图5-4所示的是无中心融合结构。在无中心融合结构中，没有融合中心单元。每一个传感器都通过节点与其他传感器相连接。节点负责对输入的传感器数据和其他节点的融合结果数据进行融合，得到该节点的融合结果并输出到其他节点。因此，任意一个节点都可以输出融合结果。无中心融合结构系统的可扩展性好，某一个传感器或节点的错误或失效不会对整个系统带来较大影响，但系统的算法复杂，通信成本较高。

第4节 智能决策支持技术

教学录像

一、概述

城市交通综合信息平台的较高层次的需求是决策的需求。面对复杂的交通环境,各种方案的选择很难单靠人力进行判断,因此需要建立交通决策支持系统,辅助交通管理者进行决策。

智能决策支持系统(Intelligence Decision Support System,IDSS)起源于20世纪80年代初期,由美国学者波恩切克(Bonczek)等人率先提出,是人工智能(Artificial Intelligence,AI)和决策支持系统DSS相结合的产物,应用专家系统(Expert System,ES)技术,通过建立领域专家知识库和问题求解子系统,使得IDSS在某些领域接近甚至超越人类专家水平。ES技术采用静态知识库和人机对话系统,因而在实际中的应用往往只是针对特定研究领域内的决策问题,当需要面向多方面的决策问题时,系统会缺乏对问题的适应性,从而降低了决策的准确性。当专家系统技术和决策支持系统结合到一起形成智能决策支持系统时,可以充分发挥专家系统和决策支持系统的特点,更好地支持管理决策服务。近些年来,大部分关于决策支持系统的研究都是基于人工智能技术的应用开展的,随着研究的进一步深入,ES技术已经渗透到IDSS的体系结构、问题求解等各个方面,IDSS的研究也逐渐由过去的决策部件功能的扩充发展到部件的综合集成,由过去的定量模型发展到基于知识的智能决策方法,使智能决策支持系统研究的理论与方法逐渐成熟。

IDSS应该具有以下一些特点:

(1)良好的人机接口,如有自然语言理解能力,对模型运行结果作出一定解释,能够简单、明了地解释问题求解结果,并能对结果进行分析。

(2)知识表示与处理,可以有效解释有关模型构造、模型操纵等方面的知识,以及问题求解相关的领域知识。

(3)智能的模型管理功能:除支持结构化构模外,还应提供模型自动选择、生成等功能。将模型作为一种知识结构进行管理,简化各子系统间的接口。

(4)系统具有学习能力,以修正和扩充已有知识,使问题求解能力不断提高。

二、IDSS的结构

起初,IDSS只包含DSS和静态知识库两个部分,随后为了加强静态知识库的处理能力,又发展出了由模型库系统、人机交互系统、数据库系统以及知识库系统为主的IDSS,其中知识库系统包括知识库、知识库管理系统和推理机三部分组成,如图5-5所示。

IDSS中各部分功能分工明确,所以研究一般采用层次化的结构模型,将IDSS的求解过程分

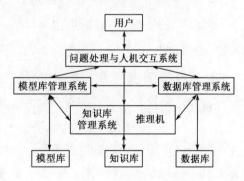

图5-5 IDSS基本结构图

成应用层、任务层、功能层和物理层4个层次。而以知识库系统为核心主导功能,由知识库系统协调管理整个 IDSS 系统,其他各个系统从知识库中获取知识来实现其各自的功能和相互之间的联系,体现了知识在决策过程中的作用,突出了知识库系统是 IDSS 中智能部件的地位。

三、智能决策支持系统分类

进入20世纪90年代,Internet 技术的发展给决策支持系统的研究提出了新的方向。尤其是分布式计算和网络计算的迅速发展,促使 IDSS 的智能方法研究产生很多新的概念、观点和结构。按照智能决策方法,可以把 IDSS 大致分为3类:

(1)基于人工智能(Artificial Intelligence,AI)的 IDSS,主要有如下几种:

①基于专家系统的 IDSS。专家系统是目前决策应用中比较成熟的一个领域,由知识库、数据库及推理机组成。与用数值方法求解问题模型不同的是,专家系统使用非数量化的逻辑语句来表达知识,用自动推理的方式进行问题求解。

②基于机器学习的 IDSS。机器学习是通过计算机模拟人类的学习来获得人类解决问题的知识。机器学习中自动获取知识的能力,一定程度上能解决专家系统中知识获取"瓶颈"的问题。

③基于 Agent 的 IDSS。Agent 是目前 AI 领域的研究热点,主要有智能型 Agent 研究、MultiAgent 系统研究和 Agent-oriented 的程序设计研究3个方面。

(2)基于数据仓库的 IDSS

数据仓库(data warehouses)通过多数据源信息的概括、聚集和集成,建立面向主题、集成、时变、持久的数据集合,从而为决策提供可用信息。与数据仓库同时发展起来的联机分析处理(On-line Analytical Processing,OLAP)技术通过对数据仓库的即时、多维的查询和综合分析,挖掘隐藏在数据中的知识和发展趋势。OLAP 进行的多维数据分析技术有切片和切块、旋转、钻取等。

(3)基于范例推理的 IDSS

基于范例推理是从过去的经验中发现解决当前问题线索的方法。过去事件的集合构成一个范例库(case base),即问题处理的模型。当前待处理的问题成为目标范例,基于范例的推理(Case-Based Reasoning,CBR)在处理问题时,先在范例库中搜索与目标范例具有相同属性的源范例,再通过范例的匹配情况进行调整。基于范例的推理方法简化了知识获取的过程,通过复用范例的求解过程的,提高了问题求解的效率,对有些难以通过计算推导来求解的问题,有很大的优势。

四、智能决策支持系统相关技术

智能决策支持系统是由模型库、数据仓库、OLAP 技术、数据挖掘(data mining)以及交互接口组成。其中,数据仓库能够实现对决策主题的存储和综合;OLAP 实现多维数据分析;数据挖掘用以挖掘数据库和数据仓库中的知识;模型库实现多个广义模型的组合辅助决策;专家系统利用知识推理实现定性分析。它们相互补充、相互依赖、发挥各自的辅助决策优势,实现更有效的辅助决策。集成系统结构如图5-6所示。

由图 5-6 可以看出,基于数据仓库的决策支持系统的体系结构包括 3 个主体:第 1 个主体是模型库系统和数据库系统的结合,它是决策支持的基础,为决策问题提供定量分析(模型计算)的辅助决策信息;第 2 个主体是数据仓库和 OLAP 的结合,OLAP 从数据仓库中提取综合数据和信息,这些数据和信息反映了大量数据的内在本质;第 3 个主体是专家系统和数据挖掘的结合,数据挖掘从数据库和数据仓库中挖掘知识,并将其放入专家系统的知识库中,由进行知识推理的专家系统达到定性辅助决策。这 3 个主体既相互补充,又相互结合,集成在一起形

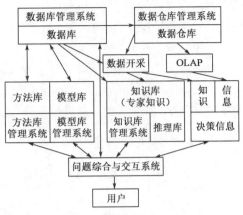

图 5-6 智能决策支持系统结构

成更高一级的决策支持系统。集成后的系统对决策问题既可以进行定量分析,又可以进行定性分析,既可以处理来自不同系统、不同数据格式的大量数据,又可以进行复杂的数值计算,能够更好地完成辅助决策任务,它的出现将会使决策支持系统达到一个新的阶段。

自 DSS 演变为 IDSS 以来,专家系统技术、数据库技术和计算机网络技术的发展为 IDSS 的发展提供了强大的技术支持,如数据仓库、联机分析、数据挖掘等代表性技术已经广泛地用于 IDSS 中。同时也应该看到,知识作为决策的基础总是有限的,以符号逻辑表示的知识更是有限,采用机器推理方法不能解决所有的决策支持问题。另外在决策支持的过程中产生了大量的知识,如何生产和利用决策过程中的知识成为目前人工智能和决策支持系统研究的重要内容。目前,基于范例的推理及其他机器学习、人工智能领域的技术方法不同程度地应用于 IDSS 中。

第 5 节 云计算与云服务技术

一、云计算的基本定义特征

随着 ITS 应用的不断发展,所部署的服务器数量变得越来越多庞大,除了服务器存储空间紧张外,电力的能耗也成为企业重要的财务支出;同时,服务器的平均利用率却处于较低的水平,资源浪费变成不可避免的结果。另外,以企业服务器为主的 IT 基础架构模式对业务需求的反应总是不够灵活,不能快速有效地调配系统资源适应业务需求变化。云计算技术以自动化 IT 资源调度和快速部署为目标,具有优异的扩展能力,将为解决上述问题提供重要技术手段。

云计算(Cloud Computing)是一种基于互联网的计算模式,美国国家标准将云计算的定义为:云计算是一种按使用量付费的模式,这种模式提供可用的、便捷的、按需的网络访问可配置的计算资源共享池(包括网络、服务器、存储、应用程序、服务),用户只需投入很少的管理工作,或与服务供应商进行很少的交互。云计算由并行计算技术[如:分布式计算(Distributed Computing)、并行处理(Parallel Computing)、网格计算(Grid Computing)]和互联网应用

[如:网络存储(Network Storage Technologies)、虚拟化(Virtualization)]等技术综合发展来的。在目前的生产环境中,国内的"阿里云"与云谷公司的 Xen System,以及国外的 Intel 和 IBM 公司都相继开发了云应用产品,云计算的影响力正日渐扩大。

云计算的基本原理是使计算分布在大量独立的分布式计算机上,而非本地计算机或远程服务器中,根据需求访问计算机和存储系统,是一种到目前为止最高级的服务方式。它意味着计算能力也可以作为一种商品进行流通,且最大的不同在于,它是通过互联网进行传输的。

二、云计算平台特点

如图 5-7 所示,云平台屏蔽了软、硬件实现细节,只提供连接服务的标准接口,使得所有连接 Internet 的用户都可以方便地接入云平台使用计算资源。根据各个公司或者组织的服务的侧重点的不同,目前已实现的云计算平台大致可以分为 3 类:基于虚拟化技术提供底层基础资源服务;统合云计算平台内部资源,提供功能特化的上层服务资源;统合平台内部基础资源,提供基于网络服务的计算平台。

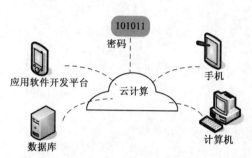

图 5-7 云计算示意图

不管以何种服务为主,云计算平台都应该有以下 3 个特点:

(1)用户不需掌握云计算的技术。使用云平台的用户,或使用由云平台发布的第三方应用的开发者(例如服务提供商,或者云平台用户本身),都不必理解云计算的详细技术,只需要按照个人或者团体的需要租赁云计算的资源。

(2)云平台资源配置动态化。云平台非常灵活,可以根据消费者的需求动态划分或释放不同的物理和虚拟资源,当增加一个需求时,可通过增加可用的资源进行匹配,如果用户不再使用这部分资源时,可释放这些资源。这既降低了云的成本,又保证了用户的需求得到满足。

(3)云平台的建设基于大规模的数据中心或者网格,因此云平台可以提供高性能的计算服务。并且对于云平台用户,云的资源几乎是无限的。

三、云计算中的角色分析

Berkeley 大学通过调研阐述了在云计算环境中用户可以被分为 3 类。这些用户层次及其分工关系如图 5-8 所示。

(1)底层用户。底层就是云提供者,它提供云的基础设施以及基本服务,这个角色一般都由大公司担任,因为云计算的高性能服务需要大量的设备、保障措施以及人力来实现,小公司或者团体无法胜任。Amazon 属于目前较为成功的云提供商之一,基于 WEB 服务 EC2 (Elastic Compute Cloud,亚马逊弹性计算云)是一个让用户可以租用云电脑运行所需应用的系统。EC2 通过提供 Web 服务的方式让用户可以弹性地运行自己的 Amazon 机器镜像文件,用户可以在这个虚拟机上运行任何自己想要的软件或应用程序。另外,它同时也提供云平台数据库服务、存储服务等可以为一些最终用户直接使用的服务类别。

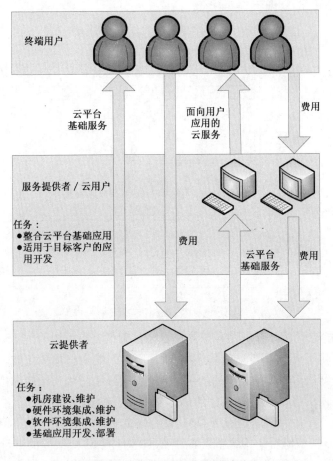

图 5-8　云计算的用户层次及其供求关系

（2）中间层用户。文包含两种角色用户，即服务提供者或者云的直接使用者，即去用户。他们可能是云的终端用户，也可能是基于云平台进行二次开发进而发布自己公司云计算应用以此谋取商业利益的软件供应商。中间层角色租用云平台的基础设施资源，通过效用计算对云的基础服务进行定制、升级，最终向终端用户获取收益。类似于端到端的电子商务交易平台，未来的云平台上也会出现众多的服务提供商提供大量的按需计费的服务。服务提供商的优势在于可以针对不同用户需求，开发、整合不同的服务，这使得服务提供商的服务非常适用于终端用户。由于利用了云平台的底层软、硬件支持，云平台服务提供商的成本将大大低于传统 IT 服务提供商。

（3）最上层用户。最上层用户就是终端用户。终端用户使用云平台服务提供者或者直接使用云平台提供者提供的基础服务来，并且支付所需的费用。

四、云计算总体技术架构

云计算技术基本框架可分为 4 层：基础设施层、虚拟化层、服务资源层以及服务提供层，如图 5-9 所示。

(1)第1层,基础设施层。在这一层,地理上分布的物理机器通过网格、集群技术组成大规模的具有 SLA 保证的数据中心。

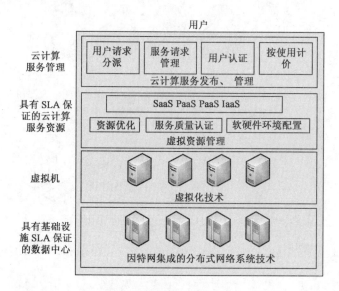

图 5-9　云计算总体技术架构

(2)第2层,虚拟化层。即利用虚拟化技术在基础设施数据中心之上建立的逻辑独立的虚拟机层,该层提供了云技术架构动态分配、回收资源的能力。虚拟化技术需要解决问题包括:如何高效地进行物理资源和逻辑虚拟机之间的映射;如何对大量的虚拟资源进行有效的管理;如何针对不同的应用映射相适应的虚拟资源等。虚拟化技术对上层用户屏蔽了底层软硬件的细节,统一了平台的基础设施接口,使静态的物理资源得以动态调用。

(3)第3层,服务资源层。虚拟机资源距离提供具有 SLA 保证的云计算服务尚有一定距离,基于服务功能调用特定的资源,还必须对虚拟机资源进行统一的管理,包括环境配置、资源的优化调整等。该层实现基于虚拟机资源的资源管理,提供具有 SLA 保证的云计算服务资源。

(4)第4层,服务提供层。除了向用户发布所需的服务资源外,云计算平台还需实现平台管理功能,包括用户认证、请求管理、请求分派等功能,其中最重要的是平台的计费管理。按照使用付费是云计算平台业务服务管理的核心内容。目前,在使用量计算技术中,内存、磁盘空间等资源的分派和使用量统计相对较为成熟,但系统 I/O 以及 CPU 等资源使用量计量仍有待进一步研究。另外,资源等级划分,用户访问习惯等对计费都互相有一点的影响,例如,实际应用中,白天和晚上的用户请求规律就相对不同,因此合理的计费手段既要保证资源的平均利用率,又要保证用户请求得到满足。

五、云计算未来展望

云计算的时代已经逐步到来,面对有限的计算资源和耗时费力的维护工作,云计算无疑具有更佳的吸引力。目前,云计算的基础设施技术还需要几年的时间来成熟,根据 Berkeley 大学的相关研究,云计算技术距离完全实现其功能存在的 10 大障碍:

①服务的可靠性的保证;②数据锁定,平台之间数据的转移;③数据安全性和可审计性;④数据传输瓶颈;⑤性能不可预测性;⑥高效、细粒度的弹性存储;⑦大型分布式系统易于存在漏洞;⑧高效可靠的计量方法;⑨服务供应商以及平台其他用户的声誉关联共享;⑩新的计算资源、服务商业模型带来的软件许可证问题。

在未来的发展中,云计算需尽量减少其内部中断的风险,并降低内部网络和计算硬件的复杂性。目前,几家主要研究云技术的公司对于云计算的研究与开发每年投资达数十亿美元,如微软在2011年将其96亿美元的研发预算的90%用于云计算的开发研究;2015年3月IBM CEO Ginni Rometty表示IBM未来将会在云服务、数据分析、移动及安全等"战略必需"的技术研发上投入40亿美元,并预测这些投入将会在2018年换来每年400亿美元左右的收入;此外投资银行Centaur Partners在2015年年底的研究预测,SaaS收入将从2011年的135亿美元增长到2016年的328亿美元。可见,主流科技公司十分重视云计算理论与技术的研究。云计算在研究领域和IT市场上的雏形正在逐步形成,在未来的几年里云计算还将继续发展,其应用范围也将进一步扩展,针对云平台计算服务的研究和开发必将成为热点。

第6节　大数据时代的交通信息平台

一、大数据的定义

大数据(big data),指数据的规模巨大到无法通过目前主流软件工具,在合理时间内完成获取、处理和分析过程,成为支持决策所需的有用信息。由维克托·迈尔—舍恩伯格及肯尼斯·库克耶编写的《大数据时代》一书中指出,大数据是指不用随机分析法(抽样调查)这样的捷径,而采用分析所有数据的方法获得信息。

大数据的特点可以总结为4V:Volume(大量)、Velocity(高速)、Variety(多样)、Value(价值)。4个"V"表达了大数据的4个方面的特点:

(1)数据体量巨大。从TB级别,跃升到PB级别;

(2)数据类型多。网络日志、视频、图片、办公文档、GPS信息等。

(3)价值密度低,商业价值高。例如在海量的网络日志文件中,有用的信息可能只有一句话;在24小时的视频监控数据中,有用的数据可能只有两秒钟。

(4)处理速度快。基本上所有处理都要在秒级的时间范围内,这和传统的数据挖掘技术有着根本的区别。

在大数据时代,物联网、云计算、移动互联网、车联网、手机、平板电脑、PC以及遍布地球各个角落的各种各样的传感器,无一不是数据来源。大数据技术的意义不在于掌握庞大的数据信息,而在于对这些有意义的数据进行专业化处理,提高数据的分析处理能力,通过对数据的采集、筛选、融合、挖掘,实现数据的增值。

二、大数据时代交通信息平台的特点

在大数据时代,交通信息的采集不再只是依赖于布设于道路上的固定检测器,更多的数据来自于用户的智能手机、车载智能终端等移动设备。各种信息采集方式,使能够得到的交

通信息急剧膨胀,这时需要采用大数据技术,对这些数据进行清洗、存储、融合、分析和挖掘,并以直观的形式显示给用户。

因此,在大数据时代,交通信息平台将提供更多的支持智能移动设备的服务,包括交通流预测、实时交通诱导等服务。同时,交通信息的采集更加多元化,包括来自于线圈、摄像头等固定检测器的道路监控信息,来自于浮动车等移动检测器的GPS信息、来自于用户手机的实时交通信息、来自于交通管理部门的事故与违法信息等。采集到的数据将以支持大数据的数据库进行存储,例如Hbase数据库。对海量数据的分析,传统的数据融合、分析和挖掘方法也不再适用,需要采用智能计算技术和大数据的挖掘技术对多源的交通信息进行融合、分析和挖掘。

三、大数据技术在交通领域的应用

INRIX是美国实时交通数据的提供商,其提供的INRIX系统是世界上最大的一个全球交通智能平台。在美国INRIX交通系统通过收集超过800000辆汽车或移动智能设备的GPS网络信息并进行精确统计分析。目前INRIX为北美和欧洲20多个国家提供精确实时及历史交通信息。英特尔利用Apache Hadoop开发了基于大数据的智能交通系统,海量图像和视频数据不但实现了可靠和高性能的存储,而且还能被大量的使用者快速地访问和使用。IBM研究中心与加利福尼亚州运输部以及加利福尼亚大学伯克利分校的加州创新运输中心(CCIT)针对交通的大数据管理这一主题进行合作,旨在预测上班族的交通条件。

辅助视频

➡ 第7节 应用案例

广州ITS综合交通信息平台

一、广州ITS综合交通信息平台简介

随着社会经济的快速发展,广州地区的客货运输总量持续增长,使交通系统的供需矛盾变得突出,有限的城市资源决定了已经无法用不断增加供给的方式来低水平地解决交通系统面临的问题。用信息化手段改造传统交通,已经成为提高交通系统运行效率和运行效益的必由之路。广州市交通系统及信息化建设过程中面临的挑战迫切要求进一步加快信息化建设步伐。要从运输行业、交通管理的信息化进一步扩展到交通规划、建设行业的信息化,要从解决重点和急需问题向整个行业的信息化管理迈进,进而改进整个交通行业的信息化水平,提高整个交通系统的服务能力和运行效率,促进交通系统资源的整合、管理流程的衔接,最终促使交通行业从重建设、重使用向重规划、重管理和重服务转变。因此,广州ITS综合信息平台研究具有重要的现实意义和战略意义。

广州ITS综合交通信息平台是整合公路、铁路、航空、水运及海运等多种交通方式的信息,建成的国内第一个集海、陆、空一体的综合交通枢纽和监控中心,信息服务覆盖广州市以至整个华南地区。广州ITS综合交通信息平台是在广州市交通委员会的指导下,由广州交通信息化建设投资营运有限公司建设。

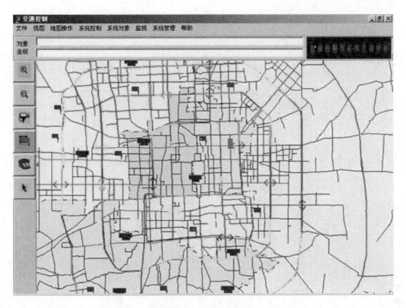

图 5-10 广州综合交通信息共享平台软件界面图

广州智能交通综合信息平台针对城市交通信息化过程中产生的各种新问题进行深入探索，对综合交通数据接入、数据融合、信息发布、管理决策等进行研究和实践，如图 5-10 所示。平台整合广州地区公路、铁路、航空、海运等多种交通方式 20 多个部门的交通信息数据，实现了交通数据共享、整合和高效管理。

以该平台提供的综合交通信息为基础，公司与移动、电信、联通、广播电台、电视台等服务商深入合作，开展包括手机应用软件、短信、12580 热线、广播电视导等方式在内的信息服务，为广大市民和企事业单位提供路况查询、路况定制、动态导航、路径规划等交通信息。

广州市智能交通系统，在管理和应用上，分别面向公众和企业应用层、部门日常管理层和高层决策支持层的三层结构智能交通系统体系框架结构。公众和企业充分享受智能交通系统提供的信息服务提高出行效率、提高生产效率，降低成本。交通管理部门利用 ITS 进行日常性交通管理，提高管理效率、创造良好的交通环境。高层的交通管理部门和决策部门利用 ITS 做出正确宏观交通决策，如广州市交通委员会及广州市政府与交通管理相关的其他部门进行决策。层次之间互相联系，低层次是高层次的基础，高层次的管理又服务于低层次，使整个广州市智能交通系统充分发挥作用。广州市智能交通系统发展总体框架如图 5-11 所示。

二、广州市 ITS 综合交通信息平台建设成果

近几年来广州市加快了交通信息化的改造工作，建设了一批智能交通系统项目，取得了很好的经济和社会效率，也促进了广州市 ITS 综合交通信息平台的建设发展。

1. 城市交通运输管理方面

在城市交通运输管理方面，广州市开展有 ITS 公用信息平台、运政稽查远程监控系统、客运联网售票系统、停车收费系统和停车诱导系统等项目的建设。

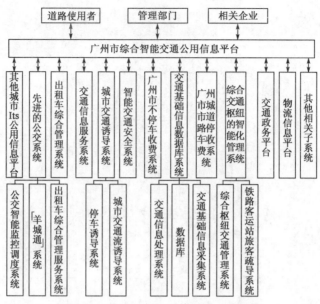

图 5-11 广州市智能交通系统发展总体框架

广州市 ITS 公用信息平台是国家"十五"ITS 示范应用项目,目前已经完成了一期工程的建设,并通过了科技部的验收。该平台目前已经能够整合部分 ITS 子系统,能够给子系统提供数据,初步实现道路实时路况监控、旅行时间预测、行车诱导、停车诱导等服务功能。

广州市运政稽查远程监控系统包括道路运政监控系统、出租车智能防伪查验系统、移动稽查系统三个部分。道路运政监控系统是重点建设对象,已经完成了一期建设,系统以设置在公路主枢纽指挥中心的监控主控中心为核心,在天河、省站、罗冲围等主要客运站以及二汽、全市公共交通热点地区建立分控中心,对监控地段的交通秩序和违章情况实时监控。

广州市客运联网售票系统实现了 15 个站场,40 多个代理点的长途客运联网售票;支持网上售票、电话售票等多种售票形式,覆盖广州及整个珠三角周边城市,极大地提高了售票效率,并实现了公路客运的计算机统一管理,使客运站的管理现代化、简单化,大大提高了运营的效率。

2. 公共交通方面

在公共交通方面,广州市开展了公交监控调度系统、出租车综合管理系统、"羊城通"等项目的建设,取得了显著的成果。广州市公交监控调度系统已经在广州市 30 条线路上投入试点,试点情况表明,该系统能够有效地提高公交营运的管理水平。

广州市出租车综合管理系统已经投入使用,该系统已经成为广州市出租车管理部门和运营企业管理出租车的有效工具,可提供电召、语音、短信、防盗报警等多种功能,有效地服务于驾驶人和广大市民。

"羊城通",广州市公交电子收费系统,集成了"通公交、通电信、通商务"三方面功能,具体覆盖了城市公共汽(电)车、地铁、轮渡、出租车、停车场以及商场、电影院等。羊城通系统成为全国最为成功的城市"一卡通"系统之一。

3. 物流信息化方面

在物流信息化方面,广州市开展了货运站场信息化和广州电子口岸项目的建设。

以白云货运站为试点,已完成物流配送中心业务系统、网络办公、视频监控系统等多项信息化建设,其中物流配送中心业务系统是核心内容,已经实现进货入库、拣货出库、库存管理、车辆管理、物流计费等功能。

广州市电子口岸是广州地区唯一的口岸物流信息处理平台,可以实现各通关环节包括外经贸、海关、检验检疫、银行、港口、机场等的有效衔接。目前,该系统已经初步建立,可实现电子报关、船舶进口岸申请、海事查验、边检查验以及船期预报等功能。

4. 交通电子政务方面

在交通电子政务方面,广州市建立了交通信息网站、交通信息客户服务中心、公交信息网站和运政管理信息系统。

广州交通信息网建设是广州市交通委员会围绕交通行业"先导性、窗口性、服务性、社会性、系统性"的特点建设的,可为领导决策、市民出行、企业拓展、社会需求提供全面、及时、实用的交通信息,从而提高广州交通服务水平,推进广州信息化大交通建设。

广州市交通信息客户服务中心——96900呼叫中心,是广州市交通委员会为广大市民服务的窗口,也是全国第一个具有公益性质的交通信息客户服务平台。具备交通业务查询、投诉登记与查询、报失登记与查询、报检登记、出租车电召、问路服务、救援拯救、公交查询等功能。

广州市交通运政管理信息系统是广州市交通运输管理局、客运交通管理处最核心的业务系统。通过对交通运政业务管理信息进行搜集、加工、输出、共享,实现了各区县运政管理数据的集中处理。目前,广州市交通运输管理局已经全面使用了该系统,并已在各个区(县)交管总站推广使用。

课后习题

1. 什么是交通综合信息平台?其特点是什么?
2. 交通综合信息平台包含哪些子系统?各自的特点是什么?
3. 简述交通综合信息平台的基本功能。
4. 什么是分布式并行计算?其优点是什么?
5. 什么是多源信息融合技术?
6. 什么是智能决策支持技术?其分类有哪些?
7. 什么叫云计算?常用的云计算平台有哪些?特点是什么?

参 考 文 献

[1] 裴玉龙,蒋贤才.城市道路交通系统多信息平台的融合技术分析[J].哈尔滨工业大学学报,2006,38(5):729-731.

[2] 李瑞敏,郑宗杰,陆化普,等.基于多智能体系统的综合交通信息平台研究[J].中南公路

工程,2005(2):28-30.
[3] 李锐东.交通信息平台研究[D].西安:长安大学,2008.
[4] 李瑞敏,陆化普,史其信.综合交通信息平台发展状况与趋势研究[J].公路交通科技,2005,22(4).
[5] 刘卫宁,孙棣华,宋伟,等.智能交通虚拟公用信息平台研究[J].中国公路学报,2004,17(4):79-84.
[6] 马嘉川,李翔.面向公众的道路交通综合信息服务平台研究[J].信息技术与信息化,2010(5):66-69.
[7] 徐田文.分布式计算技术研究与实现[D].北京:中国地质大学,2006.
[8] 张锦辉,张文秀,杨晓.基于Agent的网络计算研究[J].兰州交通大学学报,2004,23(3):53-56.
[9] 李代平,罗寿文,张信一,等.网格并行任务划分策略研究[J].计算机应用研究,2005,22(10):80-82.
[10] 赵黎明,刘贺平,张冰.多源信息融合技术及其工业应用[J].自动化仪表,2010,31(9):1-5.
[11] 吕政权.多源信息融合技术研究及应用[D].保定:华北电力大学,2011.
[12] 任明仑,杨善林,朱卫东.智能决策支持系统:研究现状与挑战[J].系统工程学报,2002,17(5).
[13] 毛海军,唐焕文.智能决策支持系统(IDSS)研究进展[J].小型微型计算机系统,2002,24(5):430-436.
[14] 苏占东,杨炳儒,游福成.基于信息挖掘的智能决策支持系统的结构设计[J].计算机应用研究,2005(3):27-29.
[15] 李红良.智能决策支持系统的发展现状及应用展望[J].重庆工学院学报,2009,23(10):140-143.
[16] 王佳隽,吕智慧,吴杰,等.云计算技术发展分析及其应用探讨[J].计算机工程与设计,2010,31(20):4404-4407.
[17] 倪琴,许丽.云计算技术在智能交通系统中的应用研究[J].交通与运输,2012,7.
[18] 王海峰,曾维,孙立.广州亚运智能交通综合信息平台系统研究[C].第四届中国智能交通年会论文集,2008.

第6章 智能交通指挥系统

第1节 概述

智能交通指挥系统是以物联网技术为基础构建的一个由智能交通指挥中心、交通信号控制系统、交通信息采集诱导系统、交通诱导系统、交通视频监控系统和综合管理控制平台等组成的,具有高速准确的交通信息采集、存储、处理、决策和指挥调度能力的交通综合管理系统。利用现代科技技术通过加强对交通运输的管理,协调人、车、路之间的和谐运输,从而达到缓解交通压力、提高交通运输效率、减少交通事故的目的。

一、智能交通指挥系统层次的划分

系统根据成熟的三层构架模式可以分为数据服务层、应用层和用户终端,如图6-1所示。其中终端用户通过中间层应用服务获得各项应用,而中间层应用服务通过数据服务器存取数据。

(1)数据服务层:集中了系统的主要数据,完成数据库管理。

(2)应用层:系统的中间环节,承担对数据库进行操作,处理从用户终端接收的请求,主要针对系统的业务逻辑进行处理以及提供各类应用服务。

(3)用户终端层:人机交互的接口,位于系统的最前端,用于用户访问系统的终端环节。

智能交通指挥系统的三层结构能够利用动态伸缩更好地平衡各层面上服务器的负载,从而减少网络上的信息流量,提高系统的吞吐量;同时可以通过扩展相应层面上的服务器数量来扩展系统的处理能力和规模;还可以采用中间应用层服务器,提高数据库中的数据安全。

二、智能交通指挥系统的结构

智能交通指挥系统是在各个基础交通应用系统之上的一个集成系统,其功能主要依托于基础应用系统,涵盖交通信息采集、分析处理和发布,对系统设备控制以及辅助决策等。各种交通数据和信息的采集、融合、发布及存储,在很大程度上决定了智能交通系统的综合管理,因此建立智能交通管理系统的关键就在于建立智能交通指挥系统。系统集成与基础应用系统结构如图6-2所示。

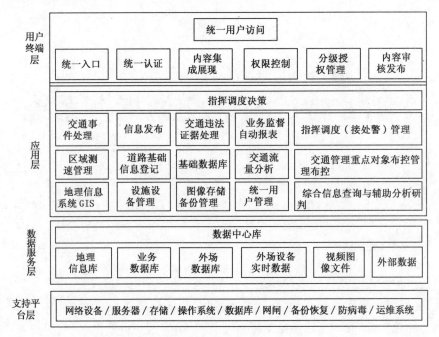

图6-1 系统层次结构图

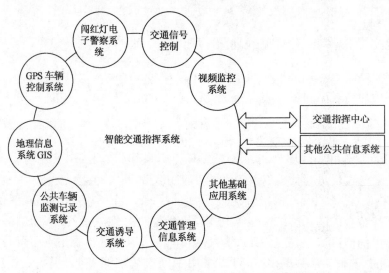

图6-2 系统关联结构图

➡第2节 交通信号控制系统

交通信号控制系统是现代城市交通指挥系统的中心组成部分,主要是通过对路网中各个路口中的信号灯进行智能控制,从而有效地调节车流量,减少交通堵塞,缓解交通压力,因此其管理和控制技

辅助视频

辅助视频

辅助视频

术直接关系到城市交通的质量。虽然城市道路交叉信号控制可以改善交通流的秩序,保障交通安全,但是如不能对系统提供优化的控制,将会给交通流带来停滞和拥堵等负面效果,严重阻碍城市交通的发展。

目前,主流的信号控制系统有 SCOOT、ACTRA、ITACA 系统等,这些控制系统已经在世界各地包括中国的各大城市得到了广泛的应用。作为智能交通指挥系统,他应该具备对主流信号控制系统的兼容性,主要控制功能的信号控制功能,使得可以在宏观上对城市的交通信号进行操作,而且也为日后综合指挥调度(如:事故处理、特勤等)提供相应的接口。

一、系统结构功能

按照交通信号控制方式,交通信号控制系统可以分为单点信号控制、干道协调控制、区域协调控制以及特殊控制。

1. 单点信号控制

单点信号控制是指每个交叉口的交通控制信号都是单独的,只按照该交叉口的交通情况独立运行,与其他交叉口无关。单点信号控制方式适用于相邻交叉口间距较远,或者因各相位交通需求有较大变化,其交叉口的周期长和绿信比的独立控制比线控更有效的情况。单点控制又分为定周期控制和自适应控制,定周期控制适用于对于一段时间内流量稳定的交叉口,而自适应控制适用于对于交通需求变动显著的交叉口。

2. 干道协调控制

干道协调控制,也叫"绿波"信号控制,即通过一定的方式把干道上各连续交叉口的交通信号联结起来,同时提供一种协调配时方案,是交叉口的信号灯联合运行,使得控制线上的大部分车辆能够以一定的行驶速度连续通过这若干路口,从而达到缓解交通拥挤的目的。该控制方法适用于交通需求稳定、各交叉口关联紧密的主干道或快速路。

3. 区域协调控制

区域协调控制以某个区域中所有信号控制交叉口作为协调控制的对象,统一协调信号周期、相位差及绿信比,提高道路网络的通行能力。区域协调控制是最高级的交通信号控制方式。控制区内各受控交通信号都受交通控制中心的集中控制。对范围较小的区域,可以整区集中控制;对范围较大的区域,可以分区分级控制。

4. 特殊控制

特殊控制是指应用于一些特殊用途的交通信号控制方式,如公交信号优先控制和应急控制。公交信号优先控制是指通过设置优先信号,让公交车辆优先通过交叉口的控制方式。其功能包括:公交车辆检测、优先信号请求、交通状态评估、信号状态评估、交通信号优选(即公交信号优先算法,包括性能指标模型和优先策略优选模型)、优先信号服务、信号状态调整以及对整个优先信号系统的运行状态进行实时的监控。应急控制是指在紧急状态下的特殊信号控制。紧急状态包括交通事故、生产事件、大型活动、道路养护作业等。交通应急管理子系统根据不同的紧急状态,生成不同的应急控制预案,通过相关接口,将控制预案信息传输到交通信号控制子系统,从而实现应急控制。

二、中心优化控制功能

信号控制系统能实现区域自适应优化控制、线协调自适应优化控制、单点优化等功能。

1. 区域自适应优化控制

区域控制是指通过对城市中所有联网路口先进行分类,从而划分为若干个子区域,并对每个子区域制定相应的子区域计划,使得子区域计划与子区域中每台路口机内所存储的本地计划密切相关。然后在一个信号控制子区内,对信号控制路口的信号周期、绿信比以及路口间的相位差等信息进行优化,以减小延误、提高路网通行效率,从而达到缓解交通压力的目的。

2. 线协调自适应优化控制

线协调自适应优化算法可以实时生成双向线协调信号配时及相位差方案,并依据交通流和干线车流平均速度的情况,对交通流的情况进行实时监控,对其进行合理的控制。

3. 单点优化控制

信号配时方案使用的是依据实时自适应优化结果的配时方案,该配时方案也可以由管理人员通过友好的人机界面指定或者修改。管理人员也可设置某一方向或某一车道的单独放行或禁行的功能。

第3节 视频监控系统

辅助视频

视频监控系统可以说是交通部门眼睛的延伸,是整个智能交通指挥系统中最立竿见影、最实用的一个子系统。通过交通视频监控系统,可以及时发现道路的交通拥堵事件,及时出警疏导交通,同时遏制各类交通违法行为,缓和交通阻塞,改善交通状况。因此,视频监控系统成为最常用的交通信息监控和采集手段,在国内外交通管理领域已被广泛的应用。它能直观地反映道路交通的信息和交通的实时状况,便于交通指挥人员对交通实时动态的掌握,从而实现对主要交通路口和重要区域的监控。很显然,视频监控系统所采集的视频图像具有很强的直观性、实时性和可逆性,使得它能够在交通事故处置、交通疏导、交通违法取证、及时响应交通突发事件等方面发挥重要的作用。视频监控系统是交通指挥系统中不可缺少的一部分。

随着社会的不断发展和对社会安全的需求,监控设备已经被广泛地应用于各种公共场合的安保系统中,然而为了确保公共交通安全和减缓交通压力,监控平台也越来越多地被运用到公安系统中。视频监控子系统也正在不断扩大着其任务,不仅被广泛应用于道路监控和路口监控,而且越来越多的区域也正在接入到这个系统中,如停车场监控,治安监控等。从视频发展的角度来讲,视频技术从模拟视频到现在的高清视频得到了长足的发展,而且从原始的地址码控制到现在的 IP 控制,已经实现了从模拟到数字的转换,使得网络视频更加方便部署和使用。

一、系统功能结构设计

交通视频监控系统系统由前端设备、传输交换系统和中心系统组成,最终为用户提供标清、高清视频应用的视频监控系统。

监控业务系统的上层管理系统是监控集成管理平台,该平台负责对内部业务系统的管理和应用数据的管理,并实现与其他相关业务系统的集成应用。视频监控系统的功能结构如图 6-3 所示。

整个系统分为前端监控系统与监控中心两个级别。前端监控系统完成前端信号采集和接入,监控中心实现所有视频信号的汇聚、下载、分发、上传、存储及组合等应用。监控中心可监控管辖范围内的所有监控图像。

二、视频监控系统的功能

视频监控系统的摄像机通过同轴视频电缆将视频图像传输到控制主机,控制主机再将视频信号分配到各监视器及录像设备,也可以将需要传输的语音信号同步录入到录像机内,同时还可以通过控制主机发出指令对前端摄像设备进行控制。例如:对云台的各个方向的动作进行控制及对镜头进行调焦和变倍等操作,并通过控制主机实现在多路摄像机及云台之间的切换。利用特殊的录像处理模式,可对图像进行录入、回放、处理等操作,使录像效果达到最佳。

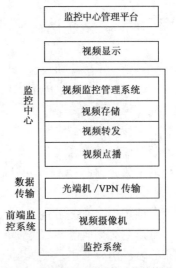

图 6-3 交通视频监控系统功能结构图

视频监控平台可统一接入不同格式视频信号,包括:模拟视频信号、标/高清数字视频信号等,能将实时视频数据解码输出并显示在交通指挥中心的大屏拼接系统上。

1. 标清监控子系统

从 20 世纪 80 年代末期开始,国内的视频监控系统开始了大规模的建设,视频监控系统已经在全国各城市交通管理、社会治安管理以及其他相关领域中广泛使用。从最开始的单点监视到现在全城、全省的联网监控,监控系统已经从规模到功能都发生了巨大的变化,新技术的不断引入使得监控系统成为智能交通指挥系统中必不可少的组成部分。

传统的交通电视监控系统属于标清监控系统,主要由前端系统、传输系统、中心控制系统、图像显示系统、图像存储系统组成。前端监控系统采用模拟摄像机,结合大倍数的电动变焦镜头,实现大范围的视频监控。固定监控点采用摄像机结合手动变焦镜头,实现对固定区域的监控。传输系统主要采用点对点模拟光端机传输设备,实现标清视频信号和控制信号的传输。图像显示系统以大屏幕显示为主,通过大屏控制器实现大屏图像的显示和切换。

2. 高清监控子系统

在视频监控系统中,图像质量的优劣,直接影响整个系统的能力和运行效率。高清摄像机的出现大大提高了图像的分辨率,令图像的细节更加清晰。高清监控系统的应用,使得交通管理方式获得了质的飞跃,视频信息成了交通信息管理方式的主角之一。高清监控系统意味着在同等的环境基础上,能获得比标清监控更清晰的图像和更大的视界。高清监控系统能确保突发事件确认的准确性,提高指挥中心管理人员的工作效率和处置突发交通事件的能力。

高清监控技术综合了通信、网络、广电的核心技术,以光纤通信为基础,以 IP 网络为应用,在一个统一的管理平台上,能够实现高清视频、标清视频等多种格式视频信息的混合应用和管理。其功能主要包括:对高清图像信号的采集、传输、切换、控制、显示、存储和回放等功能。

第4节 交通诱导系统

交通诱导系统是通过一定信息传播媒介给交通参与者提供道路的实时运行信息，交通参与者通过该系统提供的信息选择最佳行车路线，以减少行车延误和损失，从而提高行车效率。交通诱导系统是一种主动式的交通控制方式，其最大特点是通过传递情报消息，引导和控制交通参与者的交通行为，以提高交通运行效率，确保交通的安全、畅通和有序。

交通诱导和信息发布是为公众出行的提供的各种参考信息的一个平台，作为交通指挥系统的一部分，有着系统不可比拟的资源优势，能够及时有效地提供各种事件及出行的参考信息。而且在处置突发事件时如果可以及时地将事发地点通知到各个信息发布单位，就可以极大地减少交通拥堵和减少公众的出行时间。

目前主流交通诱导信息发布方式主要有可变情报板发布、交通广播电视发布、互联网站发布等多种诱导形式。根据发布诱导信息的内容，可以分为出行诱导系统和停车诱导系统。

一、出行诱导系统

根据交通诱导信息的作用对象范围，出行诱导发布系统可以分为个体车辆诱导系统和群体车辆诱导系统。

个体车辆诱导系统的诱导对象是单个车辆，它根据实时的交通信息，为出行者提供从出发点到目的地的最优路径。系统要求实时地将交通信息在车辆和信息中心之间传输，所以这种系统对车载设备、信息传输技术以及信息中心服务能力要求比较高，造价相对昂贵。

群体车辆诱导系统的诱导对象是车流群，主要由车流检测器、信息中心和外场信息显示设备（交通信息板、交通诱导屏等）等构成，发布传播交通诱导信息。群体车辆诱导系统现阶段主要是依赖树立在道路上的可变情报板来实现，在有事故或者突发事件发生时可以通过自动或者人工的方式改变可变情报板的信息内容为出行者提供参考信息。这种系统的造价相对比较便宜，一般采用的是群体车辆诱导系统，其特点是投资少、见效快，对群体车辆有较好的诱导作用。

可变情报板一般采用功耗小、视角大的 LED 交通诱导标志，具有可全天候运行、信息量大、实时性好等优点，是目前最常用的显示工具。图 6-4 为复合式 LED 交通诱导标志，该设备能够实时显示图形和文字，既能发布前方地图路况，又能发布"前方交通管制"等文字信息，为出行者提供行车实时状况，以方便出行。

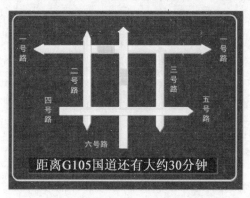

图 6-4 复合式 LED 交通诱导标志

除可变情报板外，群体车辆诱导信息还可以通过综合交通信息查询终端、电子站牌以及交通广播等发布。

1. 综合交通信息查询终端

综合交通信息查询终端是采用触摸屏方式接受用户的交互式操作提供与 Web 网站类似综

合交通信息服务。综合交通信息查询终端主要安装在客流集散点，如机场、火车客运站、汽车客运站、商场以及复杂换乘枢纽等地，主要用户对象是旅游出行人员和通过公共交通系统（如公路、铁路和航空）出行人员。

2. 电子站牌

电子站牌是公交监控调度系统的重要组成部分，主要用来向候车乘客发布公交车到达时间预告。车站附近的实时路况已经发布在电子站牌上，作为可变情报板的延伸，候车乘客可以据此对自己的旅行时间做出相对准确的判断，并根据情况调整自己的行程。一些对市内交通影响重大的事件也通过电子站牌发布，以扩大信息的知会范围，减少这些事件对交通和旅客的影响。

3. 交通广播

交通广播是一般车辆驾驶人在出行过程中获得交通信息的主要手段，在发布交通信息方面有着独特的优势。电台工作人员通过分中心的信息终端播报综合交通服务信息，如实时路况等，使收听该频段的驾驶人能够获得及时的动态交通信息资讯。

二、停车诱导系统

停车诱导系统是通过向行车驾驶人员提供停车场的位置、使用状况、路线等有效信息，方便驾驶人找到停车场并准确停入停车位，以达到有效利用停车场及相邻道路的目的。停车诱导系统不仅能够提高停车场的使用率，而且能够减少由于寻找停车场而产生的交通量，进而提高整个交通系统的运行效率。

停车诱导系统是由停车数据采集、数据处理、数据传输以及信息发布等4部分组成。

（1）数据采集：根据各停车场管理系统或停车信息采集系统建设情况，通过软件或系统方式采集各地下停车场、路面停车场和路边停车区域的实时车位信息。

（2）数据处理：对各停车场的车位信息进行统计以及融合处理。

（3）数据传输：保证数据采集系统、数据处理系统以及信息发布系统之间的数据通信。

（4）信息发布系统：将停车场当前空余车位信息以及停车场停车流量变化图等信息以适当的方式向外界发布，引导车辆顺利停入目标空车位。停车诱导信息一般通过可变情报板的方式发布，也可以通过互联网、手机、智能车载终端等方式发布。停车诱导显示屏上包含有停车场名称、方位指示标志、停车场标志以及该停车场的空车位数等信息。图6-5 为一级停车诱导显示屏，图6-6 为二级诱导显示屏。

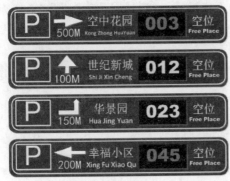

图6-5 一级停车诱导显示屏

图6-6 一级停车诱导显示屏

第5节　闯红灯电子警察系统

城市中车辆闯红灯是一个普遍的违法现象,是造成城市交通秩序混乱、交通堵塞及引发重大交通事故的重要原因之一。通过真实记录违章车辆并实施处罚可以有效地控制这些隐患的发生,大大提高城市交通科学化管理的水平。

电子警察系统作为一种采用现代高科技的非现场执法手段,已成为交通管理工作中必不可少的设备。闯红灯电子警察系统可以广泛应用在无人值守的路口、限时道路、主辅路进出口、公交专用道等位置。电子警察系统既能有效地防止闯红灯等交通违章行为,减少由此引起的事故,又能对违章的驾驶人起到很大的威慑作用,促进交通秩序向良性循环,同时能将减轻一线交警的劳动强度,在一定程度上缓解警力不足的问题。

闯红灯违法抓拍提供三张完整的违法过程图片,包括车辆分别压到和离开停车线的图片。通过违法图片可以得到违法车道、车型、车身颜色、车牌号码、车牌颜色、红绿灯状态等信息,为违法车辆处理,提供处罚依据。在每条车道上,前后安装两个环形线圈(或虚拟线圈),系统可以通过判断车辆经过虚拟线圈的次序来判断车辆行驶的方向。电子警察系统能对所有经过的车辆进行捕获并自动记录车辆图像信息,同时采集相应路口包括车流量、占有率等交通信息数据。

第6节　GPS车辆控制系统

如今,由于GPS系统在警用车辆的调度、指挥及出勤等工作中表现出了比较显著的优势,因此GPS系统被越来越多地运用到各个重要的交通指挥部门中,而且该系统的广泛使用使警力部署和综合指挥调度得到更好的应用,在实际应用中对平衡资源和作战指挥时可以发挥十分关键的作用。GPS车辆控制应具有的基本功能包括:GPS车辆管理、GPS车辆组管理、GPS车辆报警、SPS车辆定位、GPS车辆组定位、轨迹回放、GPS车辆通信等。

但实际上,GPS车辆控制系统很大程度上受设备及厂商的限制,设备不同,其工作方式也不同。目前,被大多数GPS设备所采用的被动工作模式,一般情况下为沉默的工作方式,只有的那个总台产生命令的时候才会主动上传位置,或者在发生紧急情况的时候才会改为主动工作模式。如此一来,GPS车辆无法实时记录车辆的运动状况,那么其轨迹回放和GPS车辆的历史运动查询就会受到限制。另外,一些较早的设备或低端设备无法支持GPS通信,从而就无法产生控制。

GPS车辆不会局限于警用车辆,未来公交车辆,出租车辆,物流车辆都有可能接入该平台,为交通系统的个部门建立一个更加完善的系统,更加方便系统的管理,所以GPS车辆组的建立在GPS车辆管理方面就显得十分重要。

第7节　应用案例

连续流交通智能管控平台

辅助视频

广州市南沙区连续流交通智能管控平台是以优化和完善南沙区智能交通管控和道路服务水平为目的的智能交通指挥系统。该平台整合了交通信号控制系统、交通监控视频系统、警用地理信息系统、电子警察系统、交通流检测系统等资源,构建了以实现连续流交通为主题的智能管控平台,实现了南沙区交通监、管、控一体化,提高了整体交通管理水平。

一、平台描述

连续流交通智能管控平台分析处理来自交通流检测系统、交通监控视频系统、电子警察系统、GPS定位系统等系统的数据,建立一套完整、安全、高效的智能交通管理体系,支持交警工作人员对路网干道进行绿波协调控制,对各种交通突发事件做出快速响应,对交通设施资源进行统一管理。同时,该系统为交通规划的宏观分析、管理和交通决策等提供基础数据支持。

连续流交通智能管控平台基于.NET架构,支持浏览器/客户端方式,数据交互力强,选用分布式应用程序的平台,采用先进的智能运输系统数据字典要求等相关标准,可以方便地以插件方式接入其他系统,形成更高级更智能的综合应用。

二、平台逻辑架构

连续流交通智能管控平台综合应用信息技术、集成技术、通信技术等,整合电子警察系统、交通监控视频系统、警用地理信息系统、交通信号控制系统、交通流检测系统,打造集多源交通流信息采集与融合、连续流绿波协调控制、特勤绿波协调控制、路网交通状态监控及预测、交通事件联动监控、交通基础设施管理系统、警用车辆调度与应急管理、交通数据管理、交通信息服务、基础信息管理10大功能为一体的集成管控平台。

连续流交通智能管控平台按逻辑功能,可以分为"交通协调控制系统"、"交通数据中心"和"路网交通监测与应急管理"3大部分。"交通管理与控制"负责连续流绿波协调控制、特勤绿波协调控制等功能。"交通数据中心"负责多源交通流信息采集与融合、交通数据管理、基础信息管理、交通信息服务、交通基础设施管理,是智能管控平台的数据资源管理部分。"警用地理信息系统"是整个系统的共用信息平台,它使交通信息在空间上能够直观明了地显示出来,并能为这些信息的深层次挖掘和后续信息服务及辅助决策提供空间属性上的支持。平台功能架构如图6-7所示。

三、平台与外部系统的关系

连续流交通智能管控平台与交通流信息采集系统、TETRA无线数字集群通信系统、GPS定位系统、大屏显示系统、视频监控系统、电子警察系统等进行信息交换和通信。平台与外部系统关系如图6-8所示。

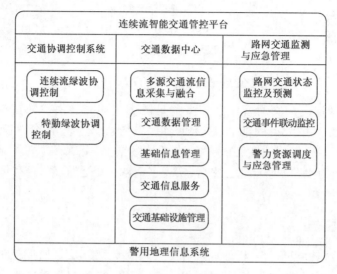

图 6-7 平台功能架构图

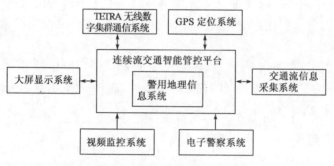

图 6-8 平台与外部系统关系图

1. TETRA 无线数字集群通信系统

连续流交通智能管控平台通过对接来登陆 TETRA 系统信息处理中心,预定义与警员随身携带的 TETRA 终端取得联系,获取 GPS 信息然后产生关联关系,并在通过 PGIS 实时显示警员的地理位置,同时可以查看警员的呼号、守候组号、速度、方向、警号、姓名、手机号、状态、所属单位、最后一次上报位置时间等信息。

2. GPS 定位系统

连续流交通智能管控平台需要与警用车辆上安装的 GPS 定位器进行通信,将 GPS 数据转换为 XML 数据,并通过 GPRS/3G 网络传输数据。服务器端架设 WebService 服务,通过传输协议接收并解析 XML 数据,并将数据写入数据库中。Web 服务器将 GPS 数据从数据库中取出,利用警用地理信息系统的 API 提供的方法,在地图上描点、连线形成轨迹,并将这些信息对外发布,供外部访问。

3. 视频监控系统

该系统可以准确地采集交通流数据,如车流量、车速、车流密度、道路占有率、车辆分类等,数据通过单车信息和统计数据两种方式实时显示,其中统计数据的最小统计时间间隔为 1min。

四、平台功能实现

图 6-9 为平台历史路况查询分析界面。系统可以对南沙区过去任意时刻或时段的交通交通流状况进行查询和分析,查询和分析结果以地图、图表等直观形式显示。图 6-10 为实时路况统计报表。

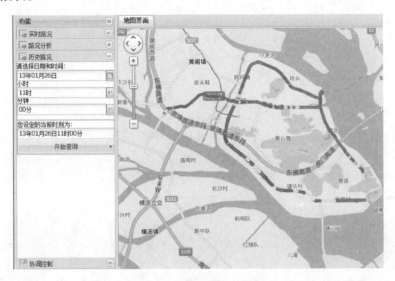

图 6-9　历史路况查询分析界面

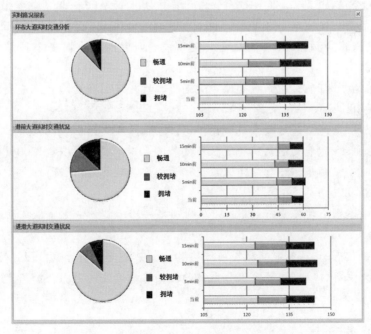

图 6-10　实时路况统计报表

目前很多城市都建设了交通信号控制系统、电子警察系统、交通视频监控系统、警用地理信息系统等交通管理指挥系统,但是这些系统如果没有互联互通,它们的作用就会受限,缺乏信息交互和协同,无法发挥合力。连续流交通智能管控平台解决了这一问题,它整合了已有资源,搭建了智能交通管理平台,建设了交通信息动态感知系统,对交通信息的管理、控制和发布进行了优化,同时系统通过对交通数据进行统计分析和挖掘,提供了决策支持的功能。连续流交通智能管控平台是功能更为强大的新一代的智能交通指挥系统。

课后习题

1. 智能交通指挥系统的定义是什么?
2. 智能交通指挥系统划分为哪几个层次?分别有什么作用?
3. 智能交通指挥系统主要由哪些系统构成?
4. 什么叫单点信号控制?它主要适用于哪些场合?
5. 交通诱导系统分为哪几类?其中包含哪些模块?

参考文献

[1] 徐建闽.交通管理与控制[M].北京:人民交通出版社,2006.

[2] 徐萌,徐建闽,林思.交通运输应急指挥平台研究[A].陈洁.2008年第三届中国国际交通安全论坛论文集[C].北京:中国人民公安大学出版社,2008:695-702.

[3] 杨东凯,吴今培,张其善.智能交通系统及其信息化模型[J].北京航空航天大学学报,2006(3):270-273.

[4] 赵亚男,达庆东,杨群,等.智能交通安全系统的研究[J].中国安全科学学报,2001,11(3):27-33.

[5] 张云丽,黎新华.智能交通系统是城市交通可持续发展的关键[J].湖南交通科技,2000,26(1):45-48.

[6] 黄卫,陈里德.智能交通运输系统概论[M].北京:人民交通出版社,2001.

[7] 鲍晓东,张仙妮.智能交通系统的现状及发展[J].道路交通与安全,2006(8).

[8] 王笑京,齐彤岩,蔡华,等.智能交通系统体系框架原理与应用[M].北京:中国铁道出版社,2003:88-92.

[9] 中华人民共和国公共安全行业标准.GA/T 445—2010 公安交通指挥系统建设技术规范[S].北京:中国标准出版社,2010.

[10] 史其信,陆化普.中国智能交通发展战略构想[J].道路交通管理,1998(11).

[11] 关宏志,刘兰辉,廖明军.停车诱导系统的规划设计方法初探[J].公路交通科技,2003,20(1).

第7章 出行者信息服务系统

第1节 概述

出行者信息服务系统(Advanced Traveler Information System,ATIS)是智能交通系统最关键的组成之一,它基于完善的信息传输通道,是当代交通智能化建设及管控的必要条件和前进方向。该系统利用部署于道路、车辆、车站、停车场和天气信息中心等地点的传感设施和信息传递仪器,可以采集到实时交通数据,之后将这些信息数据进行系统处理,向出行者提供实时交通信息、公共交通数据、换乘站数据、天气信息、停车场数据和有关出行其他交通数据,而用户则可以按照上述实时交通数据来选择交通方式、最优路线,从而实现计划交通路径、避开道路堵塞、节省出行时间。

一、系统定义及组成

出行者信息服务系统的定义为:充分利用前沿信息技术、信息传输技术,收集、分析、传递交通信息,从起点到终点的出行过程中,向出行者提供高质量的交通服务信息,将出行过程改善得更加舒适、便利、省时。其工作原理如图7-1 所示。

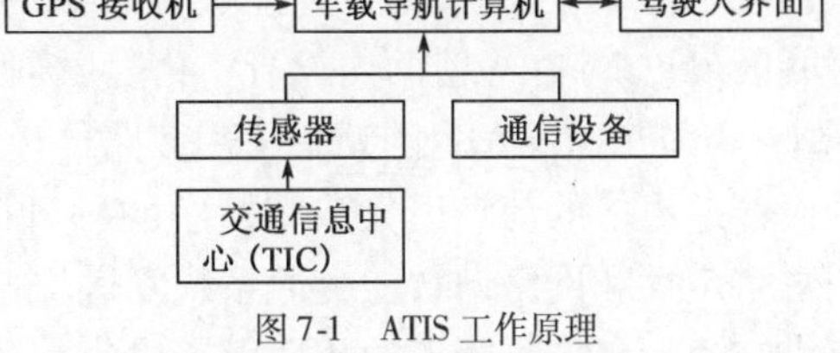

图 7-1 ATIS 工作原理

其基本组成可以分为以下 3 部分:

1. 车辆导航辅助系统

该系统的主要组成部分是:GPS 接收机、汽车状态传感器、计算机和无线数据传输设备。其作用分别为:通过 GPS 接收机发出交通数据,为出行者提示汽车位置、行驶速度及其方位信息;通过计算机采集汽车的状态信息,之后显示在电子地图上,信息中心为电子地图提供道路状况信息,通过计算机还可以检测车辆运行参数;通过无线通信设备可以向信息中心提供获取到的路网状态信息、车辆信息。

2. 交通信息中心 TIC

交通信息中心的主要功能是采集数据和处理数据,这些数据包括路段出行时间,道路交通状况，以及最合理的出行路线等。其基本的数据处理功能包括如下几方面：对于不同方式出行的旅行者，向他们提供如公共交通信息、停车场信息、实时道路信息等信息数据；不同出行人员具有不同的出行数据，构造与不同出行信息相应的交通数据库，以满足每一需求；为使交通运输信息数据库更加及时有效，每隔一定时间，根据实时交通状况对其进行更新；构造路网通行时间数据库，并获取车辆行驶状态，把新的路段通行时间提供给交通信息中心，从而可以定时更新异常情况；通过对道路当前和历史交通状况的比较，对交通拥挤的持续时间及交通流的变化的分析，可以对各路段通行能力的变化规律及交通需求的转变进行预测，向出行者发送汽车最优通行时间，并通过为不同道路上的车辆提供最优路线以进行交通诱导，并及时更新发送的数据；对交通事故进行调查，综合分析事故发生的原因及路段出现的特殊状况，并向出行者提供这些信息，从而对可能出现的事故进行预防。

3. 通信设备

通信设备对新一代导航系统的发展起了关键性的作用，利用通信设备向车辆有效地传递交通信息，根据这些交通信息，从自身出行目的和出行喜好出发，车辆就能采取最佳的出发时间、出行路线、出行方式，也可以通过交通信息适时地改变出行路线或方式，从而避开拥挤路段。

1）交通信息广播频道

交通信息广播频道（简称 RDS – TMC）是由 11 个欧洲国家共同设计、许多欧洲国家使用的通信系统。交通信息广播频道接收器接收到有关交通数据后，对交通事件状况、发生时刻和发生位置等进行数据传输。最新的 RDS 可以提供给驾驶人精确的最新行车信息，并且不会对正常的无线电广播产生干扰。因为该电码是根据欧洲标准统一编制的，各国都可以使用其所传输的交通信息，同时，游客也能够接收到当地的交通信息。在任何时间，该系统有 200 ~ 300 个相关信息，免费提供所有信息，为公众服务。

2）数字广播

随着信息技术的发展，无线电广播已进入数字化时代，即 FM 的模信号转换成了数字信号，这样，不管在什么地方包括在山区或高楼中，也能正常接收到信号，即使有干扰，这些字节信息也可以被正确识别，它能被分解成的不同频率有 1536 种之多，就像通过一个一个的时间间隔，如果在短时间内没有了信号，接收设备依旧可以恢复原始信号。数字广播（Digital Audio Broadcast，DAB）的频率采用多路传递，也就是说它可以在一个时刻提供 6 ~ 8 个服务，从而传递更多的信息。数字广播中的一种服务叫作 TPEG（传输协议专家组），其作用是利用数字广播和网络向智能交通系统发送交通数据，其精确程度可控制在 2m 的以内，这些可依靠交通信息广播频道的数据库完成。交通信息不管在质量方面还是数量方面都已经得到了极大提升，出行者接收更加简单，此外，导航系统和它的用户都将获得免费的火车晚点、汽油税和高速公路通行费，以及目的地信息等。

3）数字化广播电视系统

数字化广播电视系统（Digital Television，DTV）是一种采用数字技术先将图像、声音等信号进行转换，然后进行各种功能的处理，经存储、传和记录等操作，提供给用户的电视系统。车载电视即数字电视信号的移动接收。车载电视的移动数字信号采用先进的地面数字电视广播方式，通过无线数字信号发射与地面接收方法进行电视节目数字信号的传播。移动中的各种类型的交通工具(如汽车、地铁、火车等)均可接收到各类数字电视信息。

4) 全球移动电信系统

全球移动电信系统(Universal Mobile Telecommunications System, UMTS),是全新的第三代移动通信系统,其传输信息和全球漫游速率达到 1920kb/s。UMTS 可以实现移动视频电话会议、全球漫游等功能,是一种低消费但高效率的移动通信系统。

二、ATIS 的基本功能

ATIS 的服务对象是交通出行者,工作过程是通过采集道路交通信息,根据出行者的类型确定其对交通信息的需求内容,利用通信设备和显示方式为用户提供实时确切的动态以及静态交通数据。其目的是在出发前出行者就根据这些信息选择最佳路径以及最佳出发时间,并可以根据停车场数据、交通管理数据等静态交通数据规划出行方式以及换乘方法等,还可在中途改变路线,其终极目标是出行者规划出行方式更合理,避开交通拥挤路段被更有效,最优路径选择更便捷,出行效率和质量得到进一步提高。

ATIS 的基本功能包括通信功能、信息采集功能、信息处理功能以及信息服务功能,如图 7-2 所示。

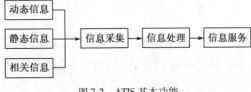

图 7-2 ATIS 基本功能

1. 通信功能

ATIS 的一个重要构成部分是通信设备,而 ATIS 的基本功能是通信功能。这是因为只有在通信设备的基础上才能进行交通信息的传递、交流和反馈。此系统的信息传输是通过各类有线或者无线的通信方式完成的,有线的通信方式包括光纤通信、局域网通信等,无线的通信方式包括射频通信、微波通信、红外线通信、蜂窝移动通信等。

2. 信息采集功能

ATIS 采集交通信息的有效方式有固定型采集技术、移动型采集技术、动态交通信息采集技术等,所采集的交通信息包括动态信息、静态信息及相关基础设施信息等。

3. 信息处理功能

信息处理所使用的技术包括信息的编码、数据的转换和其他有关信息传输的技术。

4. 信息服务功能

ATIS 利用交通信息采集功能、信息处理功能,最终目的是向出行者提供有效的信息服务。一个完善的交通信息系统所提供信息服务如下:

1) 出行前的交通信息

出行前的交通信息可以帮助出行者在出发前结合自身的出行目的对自己的出行行为进行规划,包括对出发时间、出行路径、出行方式及相关换乘方式等的合理选择。

2) 与目的地相关的信息

与目的地相关的信息有利于用户对出发时间和出行方式进行合理规划,这些信息主要是沿路和目的地两者的交通设备信息,如路途中的加油站、汽修厂、办公时间、餐饮和娱乐、应急中心、停车条件、气候条件等基本信息服务与相应的设施信息。

3）公共交通信息

公共交通信息有助于出行者合理选择出行路线,公共交通作为人们出行的一个重要方式已经成为缓解城市交通拥挤的一个有效手段。公共交通信息包括:为公共交通出行者提供出行路线相关信息,包括停靠站点、公交拥挤状况、收费价格,以及与目的地相关的换乘信息。

4）实时交通信息

实时交通信息是出行者在出行途中获得的,根据这些实时信息可以及时调整之前选择的路径,以对由于路网不确定因素带来的交通拥挤和延误进行有效避免。实时交通信息包括:包括道路信息、事故信息、交通流信息、最短出行时间估计等。

5）路线导航信息

交通信息中心对采集到的数据进行分析处理以及交通分配后,为出行者提供最优出行路线,从而改善交通路况。

三、出行者信息服务的内容及功能

1. 信息服务的内容

ATIS 采用的建设方式是单元式模块化,将各个城市所建立各自的城市信息模块组织连接成区域性系统。各城市根据自身的特点可以设提供城市特色交通引导等信息的城市专栏,城市信息模块的主要内容如下:

(1) 交通路况信息:通过互联网、无线通信网、广播电视、信息显示终端、交通路况信息向出行者实时地发布图像、语音、文字形式的信息,根据这些信息,出行者可以选择最佳出行路线;同时,交通路况信息涵盖的使用者非常广泛,如互联网、移动电话用户、广播听众等。

(2) 城市地图信息:其作用是为不了解交通路线的用户以及外来人员提供电子地图、公交路线地图等,这些地图上对用户需要了解的公交车、地铁路线清楚标明,人们利用这些信息能够很容易地观察交通路线,从而规划最优出行方式和出行线路。

(3) 公交线路信息:其主要是向选择公交车、轨道交通等工具的出行者提供公共交通的站点路线以及票价查询。

(4) 交通管理信息:其针对出行者,服务交通管理部门进行交通管控。

(5) 交通道路信息:其作用是向出行者提供城市路网封闭数据。

(6) 交通气候信息:提供当地的气象预报和天气恶劣情况下的交通应急信息。

(7) 停车场信息:其功能是向用户提供停车场车位数量、空置车位数、停车费用和行车引导数据。

(8) 交通旅游信息:向旅游提供出行指导、旅游包车等信息。

(9) 航空火车海港与长途车信息:提供民航航班、海港船班、火车与长途车的车票价格、出发时间表等数据,同时能够提供货运业务和在线预订等功能。

(10) 与出行有关的服务设施信息:提供用户需要的加油站位置、购物市场、娱乐与宾馆酒店、汽车修理、应急救援等数据。

2. 信息内容的媒介发布

ATIS 的目标是在人们出发前以及路途中为他们提供实时交通信息。为达到此目标,在出行者和交通信息中心之间进行通信是非常必要的,交通信息中心可以向用户提供实时交通信息。信息内容的媒介发布系统可分为以下几种:

(1)网络页面、电子邮件,也就是为访问网页的用户提供交通信息。

(2)地区性广播系统,比如每个区域的交通电台、有线电视频道、交通信息传呼、交通信息广播。

(3)双向的无线通信系统,如基于蜂窝技术的 GSM。

(4)局部路侧信息传递系统,例如可变交通情报板。

(5)路侧电话、专线电话,通过电话为用户提供交通数据咨询、路径诱导和应急救援服务。

第2节 最优路径算法

一、概述

最优路径问题是交通网络设计、分析中的一个重要问题,同时也是交通资源分配、交通路线设计等问题的基础。最优路径,从路网模型来看,最优路径通常指的是网络中指定两点之间阻碍强度最小的路径。而阻碍强度可以包括空间距离、时间、费用等,相应地,最优路径问题分析就可以是最短路程路径分析、最短时间路径分析等问题。

最优路径问题在智能交通系统之中的应用十分广泛和重要,最简单的例子就是车载导航系统。使用者通过在导航仪上输入出发地和目的地,根据自生需求选择不同的线路,例如时间最短、路程最短或者费用最短,从而得到相应的指导路线。

最优路径问题在交通工程、系统工程、计算机工程和运筹学等不同领域的发展和研究都十分普遍,由于各领域的问题研究的复杂性,最优路径算法也表现出多样性。最优路径可分为以下几类:

(1)根据源节点和目标节点的数量,可以分为单源最优路径问题和全源最优路径问题。

(2)根据弧的权值是常值还是变量,可分为静态最优路径问题和时变最优路径问题。

(3)根据弧权值是否由时间确定,可以分为确定型最优路径问题和随机最优路径问题。

(4)根据算法的不同,可划分成串行最佳路线算法和并行最佳路线算法。

(5)根据道路网络规模的大小,可以分为小规模网络最优路径问题和大规模网络最优路径问题。

实际上,最普遍运用的是单源最优路径问题。单源最优路径问题内容如下:确定一个有权重的有向图 $G=(v,e)$,其中 v 是顶点集合,e 是边的集合,每一边上的权值都是非负实数。此外,确定 v 中的一个点为源,之后计算从源点到其他全部顶点的最短路径长度,这里的长度是指路上各边权之和。

单源最优路径问题种类很多,包括多种算法,其中的 Dijkstra 算法和 Floyd 算法可使用在网络中每个顶点之间计算最短路径，可适应网络的拓扑变化，鲁棒性高，所以其主要用在寻找两个节点之间的最短路径。

二、Dijkstra算法介绍

Dijkstra算法，也被称作最短路径算法或正向搜索算法，是荷兰科学家艾兹赫尔·戴克斯特拉于1959年提出来的。Dijkstra算法最初解决的是找出从一个始点v_1到终点v_n的最短路径，最后所得到的实际上是从v_1到各定点的最短路径，是一种集中式的静态算法。采取标识法，根据路径长度依次增加的次序，搜索最短路径，先从源点出发确定最短的路径，之后对路径长度进行迭代获得从源点到其他每个目标点的最短路径。

此算法的内容可概括为以起始点为中心，一步步向外搜索最短路径。操作思路是首先给定源点，之后将有向图中的所有顶点划分为两部分顶点集合A和非顶点集合B，开始时集合中只有源点，之后不断从B中向A中添加顶点，添加条件是已确定此顶点到源点的最短路径长度，最后所以从源点可以直接到达的顶点全部属于A。具体步骤是：第一步将源点到各顶点的直接距离作初值，记下源点到其他顶点点的最短长度；第二步是搜索集合B的顶点里满足添加条件的点，并将其加到集合A中，集合B删除此顶点；第三步是基于A中最新顶点v计算源点到B中各个顶点u的长度，若源点到v的长度加上v到u的长度低于之前的源点到u的长度，则说明最新的最短路径距离短于前面的距离，此时更新这个最短路径及其长度；之后重复第二步与第三步，一直到集合B中的点都不能从源点直接到达为止。

三、Floyd算法介绍

Floyd算法也被称作弗洛伊德算法或者插点法，是一种用来寻求图中任意两点间最短路径的算法。该算法由斯坦福大学计算机科学系教授罗伯特·弗洛伊德命名。它的关键内容是：首先从任意2个顶点v_i到v_j的距离的带有权重的相邻矩阵起始，每次插入一个点v_k，之后把v_i到v_j之间的已确定最短路径和插入顶点v_k后可能产生的v_i到v_j路径距离进行对比，其中v_k作为除起点和终点之外的其他顶点，即中间顶点，选择较小值以得到新的距离矩阵。这样循环迭代，循序得出n个矩阵$D^{(1)},D^{(2)},\cdots,D^{(n)}$。当全部顶点都看作任意两顶点$v_i$到$v_j$的中间顶点时，获得的最终有权重的邻接矩阵$D^{(n)}$表示任何的一对顶点间的最短距离，作为有向图的距离矩阵。其一般表示为：

选定网络的权矩阵是$D=(d_{ij})_{n\times n}$，其中l_{ij}为v_i到v_j的长度。

$$d_{ij}=\begin{cases}l_{ij},(v_i,v_j)\in E\\ \infty,\text{其他}\end{cases}$$

基本步骤为：

(1) 输入权矩阵$D^{(0)}=D$。

(2) 计算$D^{(k)}=(d_{ij}^{(k)})_{n\times n},(k=1,2,3,\cdots,n)$，其中$d_{ij}^{(k)}=\min\{d_{ij}^{(k-1)},d_{ik}^{(k-1)}+d_{kj}^{(k-1)}\}$。

(3) $D^{(n)}=(d_{ij}^{(n)})_{n\times n}$中元素$d_{ij}^{(n)}$就是$v_i$到$v_j$的最短路长。

第3节 可变情报板

一、概述

面对目前日益严峻的交通问题,交通诱导是缓解交通压力,改善交通条件的重要手段和方式。对于出行者而言,他们迫切希望有一个能避免拥堵且安全、快速的道路交通诱导系统,对于交通管理者而言,合理的交通诱导,能使交通流在整个路网上平衡分配,提高交通运行效率。交通诱导体系构成部分有交通状态数据探测收集、交通信息整合处理、诱导信息发布等,其中可变情报板是交通诱导信息发布过程中满足出行者交通信息服务的主要器具和手段。

可变情报板(Variable Message Sign,VMS),又称作可变信息板,是一类动态信息标志,一般用于路口、大桥、隧道、高架、高速路等交通设施,交通监管中心计算机利用通信网络对其进行远程监控,传输同时进行各类图像和文字信息的显示。实时为驾驶人提供不同道路上的不同路段状况和其他交通数据,而且还可以宣传交通法规以及交通知识,从而降低道路重现性拥堵,改善道路非重现性事件带来的后果,提高交通安全,对车辆进行有效疏通,提升道路使用率。可变情报板也能使用于高速路或者一般路上,特别是高速出入路口控制的路段上。类似交通信息广播和车载导航,它也是交通信息发布的关键方式。实质上可变情报板进一步补充了交通信号系统自适应控制系统,是更高一级的管理控制系统。可变情报板如图7-3所示。

可变情报板的适用范围如下:
(1)高速公路安全行驶相关情报提示;
(2)天气预报,并提醒驾驶人注意事项;
(3)高速路路口显示临时通告;
(4)特殊活动时路口的交通管理。

图7-3 可变情报板

二、可变情报板的系统构成及分类

可变情报板 VMS 组成部分是:控制器、显示器和内置控制软件、防雷设备、配电箱、龙门架与信息远程传输仪器等,各组成具体说明如下。

(1)控制器:组成部分是 CPU、存储器、通信接口、日历时钟、扫描显示和检测电路等,可以进行通信、检测故障以及检测屏体显示等。
(2)显示器:由若干个显示模组箱体组成,显示屏体采用积木化结构组合。
(3)数据获取器:获取电源和防雷设备的电压、温度、亮度等信息并提供给控制器。
(4)配电箱:由交流电防雷装置、过流和过压保护断路设备、照明灯以及插座等构成。
(5)信息远程传输仪器:可以说 RS-485 转换器,也可以是调制解调器,也可以是光端机。

CMS 利用 MODEM 或光端机进行通信,需要铺设大量的光电缆。随着无线通信技术的迅速发展，可变情报板开始选择运用无线通信技术进行通信。无线通信涵盖的范畴越来越广，并且可无限扩容，接地位置没有限制，有优秀的可扩展性。目前，可变情报板运用的无线通信手段有CDMA无线网、GPRS无线网和GSM短信等。

如图7-4所示，根据显示信息的方式，可变情报板可划分成三种：文字、图形、图文混合。文字式的可变情报板是通过文字的形式来发布交通诱导信息，适用于信息量较低的场合，包括两种类型方案选择式和自动合成式；图形式的可变情报板是通过图形的方式来发布交通数据，通过图形对全部或一部分路网布局进行显示，通过色块及时地发布路段中的服务程度以及（或者是）出行时间（图7-5），适合信息量较多的情形，包含可变式和固定式两种；图文混合式是对图形和文字整合利用，如图7-6所示。

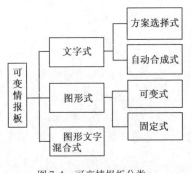

图7-4 可变情报板分类

图7-5 图形式可变情报板

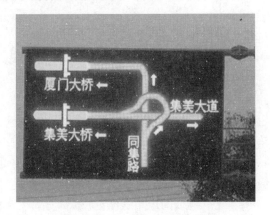

图7-6 图形文字混合式可变情报板

可变情报板各种显示形式优缺点如表7-1所示。

可变情报板各种显示形式优缺点比较　　　　表7-1

显示形式	优　点	缺　点	适用条件
文字式	可提供的信息种类多，接受人群广	受版面大小影响，信息量少	高速公路、城市快速路和主干道
图形式	可提供的信息量较大，可辨别性强	驾驶人反映时间较长	规模有一定程度的城市快速路系统
图文混合式	综合文字式和图形式的优点	综合文字式和图形式的缺点	城市快速路

除此之外，可变情报板还有其他的分类方式。根据信息影响的方式，划分成情报型可变信息板（显示道路堵塞度、车辆排队长度、延迟时间、出行时间等道路状况和预测数据）和推荐型可变信息板（显示重要的信息或应当采用的措施）；根据情报板作用时间长短，可分为固定式可变情报板和移动式可变情报板；根据情报板显亮的方式，可分为发光型可变情报板、反光型可变情报板和混合型可变情报板。

第4节　交通电台

一、概述

交通电台是驾驶人在外出驾驶过程中实时获取道路交通信息的重要手段之一，电台工作人员接收到交通部门有关的道路数据情况后，通过发射机发射的无线电波，由车载的接收终端实时接收信号，从而使驾驶人了解道路信息，避开交通拥堵路段和事故发生路段，提高交通运行效率。

二、基本原理

发送广播节目是在电台中进行的。其工作原理是：广播节目的声波，可利用电声设备将其转换成电信号，通过声频放大器放大信号，通过振荡器生成高频率的等幅振荡信号；高频等幅振荡信号由调制器的声频信号进行调制；调制结束的振荡信号被放大，之后输入发射天线，转换成无线电波的形式辐射出去。

无线电广播是通过收音机接收的。其工作原理是：收音设备通过接收天线得到辐射入空中的无线电；调谐电路对所设定频率的信号进行选择；高频信号由检波器还原成声频信号，即进行解调；解调结束后声频信号再进行放大从而得到充足的推动功率；最后利用电声转换还原出广播内容。

表7-2 列出了我国主要城市交通电台频段。

我国主要城市交通电台频段　　　　　　　　表7-2

城市	频　段	电　台
北京	FM103.9MHz	北京人民广播电台交通电台
上海	FM105.7MHz	上海电台交通频率
天津	FM106.8MHz	天津人民广播电台交通台
重庆	FM95.25MHz	重庆交通电台
广州	FM105.2MHz	羊城交通广播电台
深圳	FM106.2MHz	深圳人民广播电台交通台
武汉	FM89.6MHz	武汉交通广播电台
郑州	FM104.1MHz	河南电台交通广播

第5节　基于Web的交通信息服务

随着Web服务技术的日益成熟，越来越多的Web服务开始应用于各个领域，同时具有独特性能的Web服务也得到了交通领域的注意，在智能交通系统的开发过程中，Web服务技术得到了越来越多的重视，每一种Web服务实现了一定的服务功能，但单个的Web服务的功能有限，应用的需求很难得到满足。Web服务组合，能够根据Web服务的不同功能进行有机综合,组成更强大的服务功能,如何利用已有的Web服务组合成新的、满足不同的交通用户需求的增值服务成为智能交通信息服务中的研究重点。

一、智能交通信息服务系统

智能交通信息服务系统,是智能交通系统的重要组成部分,也是智能交通系统可以进一步发展的基础和关键技术。智能交通信息服务主要提供以下三类信息:

(1)静态信息。主要包括与交通管理相关的城市基础地理信息、道路交通网络基础信息、车辆保有量信息和交通政策法规信息等。

(2)动态信息。主要是网络交通流状态特征信息、交通紧急事故信息、环境状况信息和交通动态控制管理信息等。

(3)关联信息。主要是旅行、购物、娱乐、体育、列车信息、民用航空、公共交通和物流信息。

二、智能交通信息服务系统框架

智能交通信息服务系统是智能交通不可或缺的内容之一。信息服务系统可将智能交通系统所需要的各种信息,集成在一个公共的信息平台上,从而实现面向公众的交通网。它可以为交通管理者和广大交通参与者提供丰富及时的交通信息服务。

智能交通信息服务系统主要包括两方面内容,即交通信息处理支持平台和交通信息发布平台。系统结构如图7-7所示。

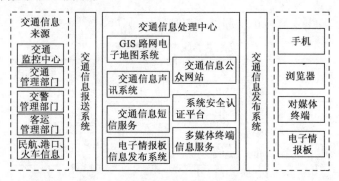

图7-7 智能交通信息服务系统结构图

1.智能交通信息处理支持平台

智能交通信息有静态信息、动态信息和相关联的信息,这些信息,既有如道路交通网络,车辆保有量,公交、民航、港口等汇集来的结构化数据信息,又有像电子地图、交通紧急事故和实时天气情况等非结构化的信息。对这些数据都需要采集、处理、融合、储存、分析、汇总,才能提供给用户。智能交通信息处理支持平台,以多层应用架构的方式,将各种异构数据集成到公共平台上,提供各种交通信息服务的功能。

2.智能交通信息发布

智能交通信息服务系统,把各类交通信息集成在一个统一的信息平台上,通过这样的平台发布各类交通信息和供用户访问实现交通信息的查询功能。智能交通信息发布方式分为两种:个体化查询(针对个体)和群体化发布(针对群体)。

面向个体的查询,可通过互联网和移动通信等查询乘车路线、交通状况、天气信息及所需要车辆的位置等。面向群体的发布,可通过电视或交通广播发布交通状况、天气状况、交通事故、道路运行条件和特殊情况等信息。信息发布采用的主要设备有自助查询终端、LED 电子显示屏、移动网络通信设备等。

三、Web 服务组合

Web 服务对复杂的软件应用方式进行简化,已成为面向服务体系架构(SOA)中最成功、最流行的形式。

随着 Web 服务技术的越来越成熟,这一技术也越来越多地应用于各个领域内,通过组合 Web 服务,可以将单独的 Web 服务整合成一体,使其具有新的更强大功能的增值服务能力。

1. Web 服务基本架构

Web 服务是一种在网络上具有一定功能的应用软件,其构架面向应用,该架构是由服务提供者、服务请求者和服务代理 3 部分组成。这 3 部分可以进行发布、查找和绑定 3 个基本操作以完成 Web 服务,其基本架构如图 7-8 所示。

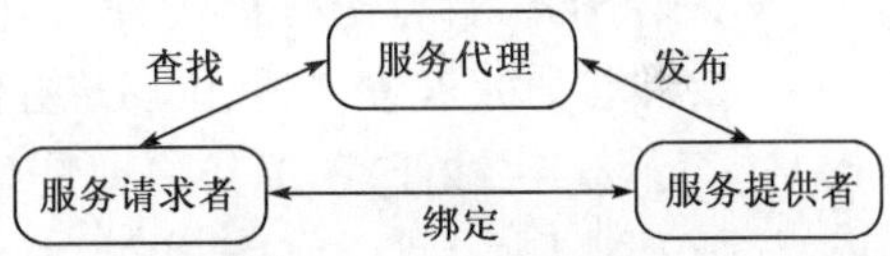

三部分之间的相互关系是:服务提供者可以将其能提供的服务,发布到服务代理的一个目录上;

图 7-8 Web 服务基本架构

服务请求者选择此服务时,通过查找工序,搜索服务代理提供的目录以得到所需要的服务;查到该服务后,按照需要来调用服务提供者发布的服务。

服务请求者在服务代理处获得需求的服务信息后,就可以与服务提供者相互绑定,即可利用服务提供者直接调用某项服务信息,而不需要经过服务代理处。

2. Web 服务组合

Web 服务组合的基本思想是通过对单个 Web 服务进行调用、创立并组合形成全新的、功能更加完善的服务,从而满足公众需要。

典型的 Web 服务组合的实现框架如图 7-9 所示。此框架包括两个对象(服务请求者与服务提供者)以及 5 种构成部分(组合管理器、翻译器、执行引擎、服务匹配器和服务注册中心服务器),通过共同工作来完成 Web 服务组合。

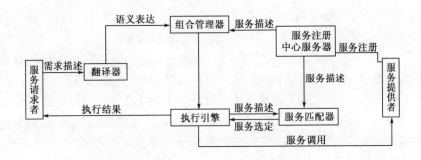

图 7-9 Web 服务组合实现框架

Web 服务组合的执行过程如下：

（1）首先服务提供者提供服务，进行服务组合的先决条件是服务注册，它通过图7-9中的服务注册中心（服务代理）服务器进行的。

（2）服务请求者是要使用服务的对象，首先要提交自然语言的需求描述，之后通过翻译器对其进行翻译，即将自然语言转换成计算机能够识别的语义信息，最后将信息传递给组合服务管理器。

（3）服务组合管理器通过分析服务请求者提交的描述来组合服务，最后向执行引擎传递最新生成的组合方案。

（4）执行引擎把第三步中管理器提供的方案传输给服务匹配器，匹配器通过对服务注册中心服务器中已存的服务描述数据进行查询，得到与需求相匹配的服务，最终选择出最合适的Web服务，并将最后选定的结果反馈给执行引擎。

（5）执行引擎根据服务匹配器提交的服务组合序列，对相应的Web服务进行调用得到最后的执行结果，最后将其传送给服务请求者。

Web 服务的组合方法有很多种，智能交通信息服务可以进行普通的发布信息，除此之外，还需要即时任务求解的Web服务组合。即时任务求解的Web服务组合的目标是解决用户即时提交的一次性任务，工作原理是对完成该项任务所需服务进行分析，之后对若干服务查找、选取、调用，最后进行自动组装，以得到最终的服务组合序列。

四、基于 Web 组合技术的智能交通信息服务系统

ITS 作为解决当今各国存在的交通堵塞、交通安全等问题的有效途径，大大提高了交通管理和服务水平。而智能交通信息服务系统是ITS的重要组成部分。

智能交通信息服务的方式分两种：智能交通信息发布方式和智能交通信息查询方式。

（1）智能交通信息发布方式。该方式是一种接受式信息服务方式，这种方式发布信息的途径主要有电视、调频交通广播、互联网、手机短信、车载终端、公共场所LED信息显示屏等。

（2）智能交通信息查询方式。该方式是一种请求式的信息服务方式，交通信息查询是使用者对交通信息进行获取的重要途径之一，用户可以在对自己的信息需要进行分析的基础上，利用Internet或移动通信等查询信息，以满足对交通信息的需求。

目前，我国一部分城市基本上实现了单向的信息发布，即接受式信息服务；对实现可对信息进行查询的请求式信息服务还有存在困难性。这些问题主要在于：

（1）大多数交通使用者要查询的信息并不是一般发布的信息，而是存在临时性的、不确定性的，特殊需要的请求，而他们缺少Web服务组合方面的知识。

（2）对于已经开发完善的应用系统，它们是分属不同部门，由各部门开发、管理，没有一个统一的系统平台，这导致其所能提供的服务功能也是单一的，且是分散的。

智能交通信息服务系统，除了考虑发布信息的多样性和广泛性外，还要有针对性，即针对不同的用户，信息发布的要求也是不同的，特别是交通使用者的随机需求，如何能自动地、高效地满足这种交通信息服务的需求？这就需要所开发的系统能够实时动态的把交通信息，提供给有特殊要求的使用者，以利于其出行，是当前智能交通信息服务迫切需要解决的问题。Web服务技术特性，使其成为解决这一问题的有效途径。

Web 服务组合的基本思想是根据一定的业务逻辑对单个服务进行组合构成全新的服务组合,利用实行这项组合服务来满足业务目标。智能交通信息服务系统,运用 Web 服务组合技术,可发布广泛的以及多样性的交通信息,并可以根据特殊用户的要求,通过访问系统,对所需要的交通信息进行查询。

第6节 基于静态数据的车载导航系统

随着城市不断发展,汽车总量越来越大,亟需运用智能交通系统 ITS 来解决城市交通的诸如道路拥堵、事故频发、资源浪费和环境污染等现实问题。车载导航系统是智能交通系统的关键构成部分之一,我国在与之有关的研究领域内获得了大量的技术成果,市场上的此类产品也越来越多。然而国内在相关方面的技术水平还无法很好地满足真正解决实际的交通问题,对其进行进一步的研究具有非常重要的现实意义。

静态交通数据指的是在相当长的时间段内保持相对稳定,主要有有关交通管理的城市基础地理信息(如路网布局、路口分布、交通点布局、换乘站布局等)、道路交通网络信息(如路网的技术等级、道路长度、路桥费用、立交桥连接等)、汽车保有量基础信息(如分区、日期、不同类型保有量等)、交通政策法规、交通限制信息、停车场基础数据、费用标准以及施工建设和养护数据等等。

一、车载导航系统研究发展概述

车载导航系统(图 7-10)是把先进的全球卫星定位技术(GPS)、地理信息技术(GIS)、现代移动通信技术、数据库技术、多媒体技术和嵌入式技术等整合为一体的高科技系统。随着全球卫星定位系统的发展,车载导航系统获得了越来越多的用户与进一步的推广。20 世纪 80 年代,车载导航设备开始得到重视和研究,90 年代初期真正进入市场,其发展过程大致可以分为以下三个阶段:

第一个阶段,车载导航系统使用 CD-ROM 存储数字地图,并利用全球卫星定位技术和地图匹配技术实现了车辆在电子地图中的自定位,并在电子地图上进行显示。

图 7-10 车载导航

第二个阶段,车载导航对第一阶段的导航系统进行了改进,增加了部分功能,如路径规划与导航、语音诱导及静态信息查询等。

第三个阶段,车载导航系统在信息技术高速发展的基础上,大量运用现代无线通信和多媒体技术,具备了实时动态导航的效果,还可以通过技术手段实现监控、救助、道路交通控制等功能,这样交通基础设施的功能就得到了充足应用。在日本,此阶段的车辆导航技术已处于世界最高水平,它利用车载导航系统(简称 VICS)已经实现了对几乎全部的城市道路进行实时信息发布,VICS 可以依据路网交通数据进行路线的实时调整。

随着计算机以及通信技术的飞速发展,第四代车载导航系统将更加智能化、个性化,可帮助人们从驾驶行为中解放出来,达到车辆智能识别和自动驾驶的目标,从真正意义上解决城市交通带来拥堵、污染等诸多问题。

虽然国内开始对相关领域进行研究的时间较晚,但应用第二代车载导航系统的相关技术的研究以及应用已经非常成熟,并对相关车辆导航产品进行推广和普及。同时,应用于第三代动态车载导航系统的核心技术已得到我国有关科研部门和大学院校的重视,成为热门研究的技术。

二、车载导航系统构成

GPS车载导航系统是安装在车辆内部的电子设备,其目的是为驾驶人提供导航服务。这类系统通常选用全球卫星定位技术和航位推算法(车速探测器+电子陀螺仪)组装起来达到定位目的,利用触摸式显示器或是遥控装置实施交互操作,实现了以下功能:实时定位、目标搜索、路径规划、图像和声音诱导等,帮助驾驶人更准确、更快速地到达目的地。此系统组成部分有:硬件平台、系统软件、应用软件和导航定位软件等。系统结构如图7-11所示。

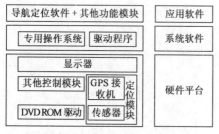

图7-11 GPS车载导航系统结构图

1. 硬件平台

硬件平台组成部分有车载主机、显示屏、定位系统等。GPS车载导航系统的核心是车内主机,其选用汽车业内标准的芯片研发而成,拥有很多优点,例如耗能少、可靠性高、恶劣环境抵抗强等。目前,科学技术发展迅速,在此基础上,车载主机的主频得到了提高,一般已经达到300MHz以上,而功耗只有几瓦,并且还能够在40℃内的环境里连续工作,汽车工业的要求完全得到了满足。

车载主机由很多电子控制单元(ECU)组成,各单元不仅能够单独工作,还可以与其他单元模块协同工作。所有模块中最关键的部件是定位模块,其组成单元是定位信号接收器、航位推算微处理器、车速探测器、陀螺传感器。在运行状态下,根据GPS接收机的接收频率,由当前位置、角度和速度计算下一点位置,之后将该位置和GPS接收机接收的位置进行对比,若误差大于一定值时,GPS接收机位置为正确位置,并修改位置信息达到定位目的。通过一种由GPS系统和DR系统组装起来的定位导航模块,能够对短期丢失信号的问题进行很好的处理,也能够更好地降低DR误差随时间的不断累积,并且不存在定位盲区,在隧道或地下停车场内仍然可以对位置坐标进行连续输出。当前多数民用GPS惯性仪器已能够在没有定位信号1000m范围内的条件下,达到3B的航向精度以及10m的长度精度。

2. 系统软件

系统软件由操作系统和设备驱动构成。为满足操作环境的特殊要求,操作系统通常采用嵌入式实时操作系统(RTOS),这种操作系统可以与硬件紧密结合,具备结构紧凑、体积小、实时性强以及伸缩性高的特点。此系统较为成功例子有国外的QNX、Palm OS、Windows CE和我国的Hopen OS。它们设计的出发点是嵌入式系统的要求,由一个尺寸小而结构紧凑的内核和一些可以按照要求进行缩减组装的模块构成,系统占用的空间可能不超过10MB。由于其设计采用的是工业标准,保证了产品性能的稳定性。驱动系统主要用于驱动导航系统中的其他硬件设备以及车载电子设备。

3. 应用软件

导航应用软件专门用于车辆导航的应用需求研发,运转于车载主机内。该软件主要有定位和显示功能、地图查看与信息检索、智能路径规划、智能语音导航和其他基本功能。如一些车辆上的车载导航系统能够完成:地图连续无限缩放,跨地区无缝漫游,保持前进方向的地图显示形式;向出行者提供多类输入与检索方法来查询目的地或者搜寻周围的各类兴趣点位置;根据距离、时间和高速路的优先级选择出不同路径诱导方案,如果错过需要转向的路口也可以及时地调整路线;提供目的地记录、地址记录、白天或者夜晚模式、安全锁定等多种人性化服务。

4. 导航电子地图

导航电子地图在车载导航系统中起着无法替代的功能,既是系统信息的基础还是系统的灵魂。按照特定的数据模型,它将地理位置信息、路网交通信息、兴趣点信息、自动诱导信息等众多数据有机地合成一体,并利用导航软件向驾驶人显示信息。导航电子地图的信息丰富水平和准确度决定了使用者对产品的满意度,为此,高级的导航地图产品都包括有非常多的兴趣点数据和交通诱导数据,这有助于驾驶人更加轻松地找到目的地,并在行进过程中提供直观、精确的提示。

三、动态车载导航系统

动态车载导航系统与目前市场上的车辆导航系统,最重要的优势在于它可以提供具有实时性和可靠性的动态交通诱导作用,具备用户与控制信息中心信息交互、城市交通预测与平衡等能力,能将城市交通设施的效能进行充分发挥。从实现导航功能的角度出发,动态车载导航系统也能划分成自主式与中心决定式两种系统。其空间实体上的子系统组成有3个:车载导航终端子系统、无线通信子系统、控制信息中心子系统。

1. 自主式动态车载导航系统

自主式动态车载导航系统还被称作车辆终端决定式动态导航系统。它按照实时交通信息,在车辆终端上进行路线规划与导航,结构框图如图7-12所示。

自主式动态车载导航系统3个子系统的结构组成及功能如下:

1)控制信息中心子系统

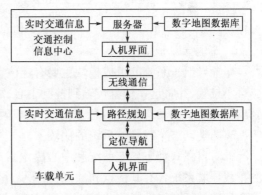

图7-12 自主式动态车载导航系统结构框图

控制信息中心子系统是所有车载子系统的控制和管理中心,由6个部分组成,分别是通信服务器、GIS服务器(数字地图数据库)、实时交通信息中心、应用服务器、中心接入服务器和指挥监控器。这些设施可以提供接收目标汽车的位置信息,融合交通信息,发布实时交通信息以及提供交通咨询信息。

2)车载导航子系统

车载导航子系统组成模块有地图数据库、定位模块、路线规划与引导模块、无线通信以及其他模块。电子地图数据库是系统实现自主导航的基础;定位模块利用一种或多种定位技术(如 GPS 定位和 DR 航位推算定位等技术)通过地图匹配实现自车定位;路线规划模块能够从出行者的各种需求(最短路线、最少时间、最节约等)出发,按照实时交通数据以及电子地图信息规划路线;路径引导模块是在已规划的路径基础上实现导航。由于交通状态是变化的,随着实时交通信息的不断更新,路径规划模块计算出的路线也会随之不断修正。

3) 无线通信子系统

无线通信子系统向车载导航子系统和控制信息中心提供数据传输的无线通道,通过该系统,控制信息中心与车载导航子系统间的信息交互得以实现。一般采用的方式是无线通信网络、路侧红外信标、无线电信标等,除此之外,还可以通过调频广播信号传输动态交通信息和其他服务信息。

2. 中心决定式动态车载导航系统

中心决定式动态车载导航系统是在实时交通信息的基础上,对基于系统整体的多车辆进行路径规划,向用户提供计算所得到每一个可能的起止点的最优或准最优路线。结构框图如图 7-13 所示。

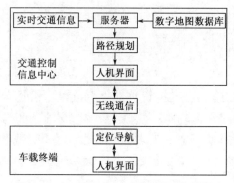

图 7-13 中心决定式动态车载导航系统结构图

中心决定式动态车载导航系统在结构上和自主式动态车载导航系统非常相似,功能实现的不同主要在于控制信息中心子系统和车辆导航子系统:

1) 控制信息中心子系统

控制信息中心子系统是全部的车载子系统管控中心,主要提供接收目标汽车的位置数据、融合判断交通信息数据并实时发布路况数据、预测每条路的行车时间、估计可能起止位置的最短路线、均衡交通调派、为单个和多个汽车提供引导和咨询信息。

2) 车辆导航子系统

车辆导航子系统的组成模块主要有定位、无线通信、路径引导等。其主要作用是首先定位自车位置,并将这些信息传输到控制中心,之后从控制中心接收实时路况数据以及可以达到出行者需要的动态路径信息,最后完成车辆导航,它没有路线规划作用。

3. 两类动态车载导航系统的比较

针对自主式动态导航系统和中心决定式动态导航系统的结构和功能,这两种不同类型的车载导航系统各有其优点和缺点:自主式车载导航系统的车载导航终端要求较高,数据计算和处理的任务能够得到分担,无线通信网络的数据传输量能够得到很大的减少,且能实现根据不同用户的不同需求来提供多种条件下的动态导航。不足在于该系统提供的动态导航规划路线没有对系统资源进行充足利用,导致整个路网不一定是最佳的,存在某种程度的盲目性;而中心式动态车载导航系统就可以充分发挥出智能交通的功效,运用路网信息资源,可以提供具有高效性和可靠性的实时动态交通导航,从而发挥出导航系统在规避堵塞路段、节省时间、提高出行质量和控制交通流等功能。其劣势在于该系统对控制信息中心计算机的要求较高,计算机必须具备强大的数据计算和处理能力,同时要求无线通信网络能够提供大容量数据的速度快,效率高,此外,其在前期所进行的基础设施建设投入大。综上所述,中心式动态车载导航系统是自主式动态车载导航的高等发展体系。

第7节　车联网时代动态交通信息服务

随着 ITS 技术的发展,车联网技术已经成为智能交通领域中重要的发展方向。但是由于受移动通信技术和路网基础设施的制约,车联网技术还没有形成较为完整成熟的体系框架。本节主要提出和设计一种基于现行移动通信网络和基础设施的车联网技术架构解决方案,并对关键技术进行分析和研究。

目前,路网信息化建设还很不完善,车路、车车之间的交互方案还存在不稳固性,交通控制中心无法完善地把握路网实时数据。路网数据采集主要标准是浮动车辆。浮动车辆一般采用公交汽车,但是由于公交汽车受到进站停车影响,从而对得到的数据精度也产生了影响,而且浮动公交汽车的数量较少。所以,对数据获取方式进行更为完善的设计有一定的必要性。

随着这几年移动互联网技术的不断发展,个人移动终端和手机的功能也越来越完善,它们都集成了丰富的硬件资源,如 GPS 模块,而且,在用户间得到了进一步的普及。根据调查数据显示,如今的智能手机的销量已经高达 1.1 亿部/季度。对这些 GPS 资源进行合理高效的利用对车联网技术发展起了重要作用。

一、基于移动互联网的车联网系统

1. 技术架构原理

辅助视频

本架构的主要原理是运用获取到的车载手机的 GPS 数据,监控路网状况,并通过这些数据分析和预测交通变化趋势,为手机用户提供重要的交通状况数据,如拥堵和畅通路段信息。由于现在装有 GPS 模块的手机很多,若本框架得到一定的推广,那么系统对路网监控和预测是非常有参考价值的。其技术架构如图 7-14 所示。

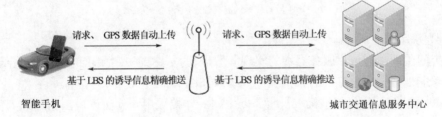

图 7-14　基于互联网的车联网技术架构

2. 工作流程

本系统的工作流程如图 7-15 所示。

在行驶车辆中的手机可以对位置数据进行获取,并向服务控制中心发送这些位置数据,服务控制中心将大量位置信息(即路网数据)提交给运算分析中心,以供其进行数据分析和预测,得到的交通状况写入到数据库中进行保存。消息发布中心根据用户需求从数据库中将对每个用户有用的交通信息提取出来,并将交通信息提供给手机用户。同时支持接入传统的路网采集系统数据进行分析。

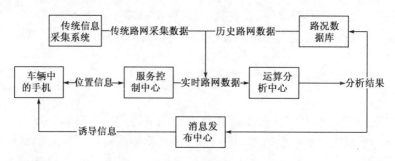

图7-15　工作流程图

经过系统的运作,手机端可以获取自己所需要的路网信息,从而可以根据这些信息优化自己的行驶路线。服务器端也可以对实时路况信息进行较为精确的掌握,并适当调控交通状况。

3. 城市交通检测与服务中心结构

1) 总体业务流程结构

城市交通检测与信息服务中心主要功能为:整合与接入传统智能交通系统资源、基于固定监测器路网交通状态感知、车载手机 GPS 数据处理系统(包括传统的 GPS)、多源交通信息融合、交通诱导信息发布等,如图 7-16 所示。

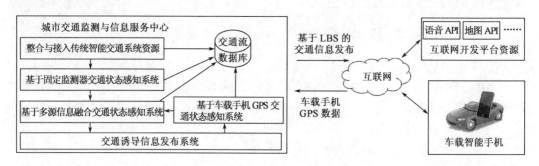

图7-16　城市交通监测与信息服务中心功能结构

2) 具体结构

系统的主要功能依靠服务器端的实现。所以,为了达到一定要求的实时性,合理的系统结构及功能划分是十分必要的。系统主要结构如图 7-17 所示。

(1) 手机端与服务器:手机端与服务器之间的连接采用 http 协议。因为考虑到手机与服务器间的通信的并发性,以及现在手机网络环境状况,所以一般都建议采用 http 协议。http 协议并发性支持好,资源开销小,且大部分手机都支持,可以有效地满足要求。

(2) 服务器端:其主要核心部件为服务器控制中心。服务器控制中心负责主要的系统逻辑。用户管理、数据流导向、信息发布控制等也都由它来管理。

(3) 运算分析中心:负责系统的主要运算,包括地图匹配、设备识别、交通状态分析及预测等功能。它主要由运算能力强劲的计算机组组成。

(4) 路网数据库:主要负责存储路网信息,它保存了实时及历史路况信息,这些数据可以作为交通分析及预测的依据。

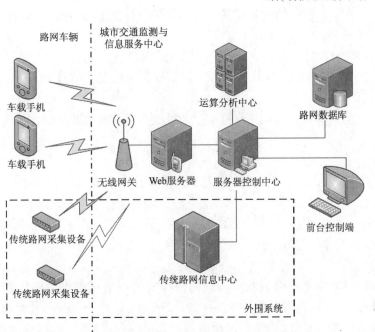

图 7-17 城市交通监测与信息服务中心结构

(5)前台控制端:可以在服务器端显示路网信息。通过它还可以进行一些人工手动控制。

(6)Web 服务器:主要作为手机客户端和服务器通信之间的接口使用。通过它可以完成一些基本的用户管理等。

(7)外围系统:支持接入传统路侧设备和传统信息采集中心。传统路侧信息采集设备获得的信息可以直接通过网关发送到控制中心进行处理。同时传统信息采集中心与控制中心相连接,可以进行数据共享和数据交互等。

(8)手机客户端:利用现有智能手机搭建。现在各种智能手机的硬件软件资源已经非常丰富,利用它们自带的编程接口就可以构建手机客户端。如苹果的 iOS 操作系统和谷歌的安卓平台。编写相应的用户 APP 程序,就可以实现客户端的搭建。手机端要将其所在的位置数据向城市交通检测与信息服务中心发送,并接收回馈回来的交通信息。

二、关键技术

车联网框架实施时大致会遇到 4 个关键点:数据预处理、地图匹配、GPS 主体识别、交通状态判别。这 4 点会直接影响整个系统运作的质量。

1. 数据预处理

为解决 GPS 中的数据缺失和数据漂移等问题,需要对采集的数据进行预处理,数据预处理为接下来的交通信息提取提供了基础。一般的数据预处理步骤分格式转换、漂移去除、轨迹平滑四步。

(1)格式转换主要包括对空间坐标系统和时间进行转换,如果将空间坐标的 GPS 数据转换到平面坐标中,对车辆的速度、加速度等属性的计算会更加方便。时间转换主要是将格林尼治标准时间转换为北京时间。

(2)漂移去除的主要依据是卫星收集数据时的状态。

(3)轨迹平滑是通过高斯滤波进行 GPS 数据的随机性误差的消除。

2. 地图匹配

地图匹配的假设前提是车辆正在道路上的行驶。通过导航系统确定的车辆位置精度不高时,车辆位置就会偏离道路。地图匹配的算法就是利用历史轨迹寻找一条最近的道路,将车辆位置匹配在道路上。

地图匹配有两个过程,分别是道路选择和道路匹配。道路选择主要是对道路进行分段、提取特征信息,并根据终端给出的车辆位置信息,采取合适的搜索规则和匹配算法,在地图数据库中找出一条最有可能的道路;道路匹配是指把汽车当前位置与地图道路匹配,同时将其显示在道路上,其作用是减小传感器的定位误差。

1)道路选择算法

道路选择的基本原理是根据汽车行驶的路线对地图数据库中的路径数据进行模式识别,将汽车行驶路线和该路线周边全部的候选道路的曲线进行匹配,在其中选出最为相似的道路的曲线作为匹配结果,以确定车辆在地图交通路网中的确切位置。目前较为常用的方法是:基于几何的方法、基于条件概率的方法、基于滤波的方法、Q 因子(Q-factor)方法等。

2)道路匹配算法

在选择正确的道路之后,就可以将车辆位置匹配到该道路上,用于消除或校正使用 GPS 定位获得的位置误差。道路匹配的算法主要有正交投影法和 MAP 估计算法。

影响地图匹配精度的因素一般有 4 个:路况复杂、底层数据存在误差、算法引入误差和车辆行驶存在特殊情况。

利用多权值概率论实时地图匹配算法进行匹配,加入合理的惯性因子和路径分析函数,可以达到较好的匹配效果。其效果如图 7-18 所示。从图中可以看出,虽然获得的 GPS 位置点可能偏差较大,但是仍可以得到效果优良的匹配路径。

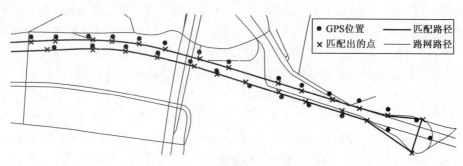

图 7-18 地图匹配算法匹配效果图

利用地图匹配算法,可以获得车辆在道路上的位置和车辆行驶的道路方向。为了确保地图匹配的可靠性,对高精度的电子地图具有很强的需求性,一般要求地图精度在 15m 以内;为了保证地图匹配的鲁棒性,则需要电子地图中的拓扑关系应该能正确反映真实道路。

3. GPS 主体识别

GPS 主体识别指的是对从手机设备中获取到 GPS 数据的有效性进行识别,这是因为服务器接收到 GPS 数据不一定是从行驶中的车辆中发出的,只有从行驶车辆中发送的 GPS 数据才是有效的。由于不停移动的行人也可能正在使用手机客户端软件,而这与堵车时的车辆发送的 GPS 数据比较相似,所以研究一种有效的数据甄别算法是非常重要的。

GPS 主体识别的研究可以归属为用户交通方式的判别。当前的各种方法一般有如下几个特点:

(1)经验方法较多,根据车辆类型不同,其判别具体依据不同。非机动车主要依据是速度,之后利用加速度进行核查;机动车的依据则需从行车速度与加速度和道路相符的程度出发做进一步确认。经验方法所进行的操作较为容易,然而比较依赖数据和地域,不具备可推广能力,同时精度提升潜力较小,无法适应数据量大的情况。

(2)辅助数据依赖性高。很多方法中都需要依赖特定的辅助数据,在国内这些辅助数据的数据质量较低,同时可得性较差。

例如可以通过模糊数学,对不同的交通方式分别建立隶属度函数,之后采用神经网络优化有关参数,在没有路网数据的条件下精度达到 91%,是一种对 GPS 数据十分有效的甄别方法。

4. 交通状态判别

交通状态判别是指利用已经存在的 GPS 数据,判别当前的路网状况状态,可以对各个路段大致流量情况及拥堵和流畅信息进行获取。交通状态判别作为整个系统框架的核心,直接关系到系统的有效性。

由于路网中不同路段、不同区域的交通地理信息不同,对整个路网采用统一的判别方法显然很不科学,因此应针对交通特性不同的路段,采用与之相应的判别方法。然而由于路网结构的复杂性,单凭人力很难构建出满足路网复杂度的判别方法集合。所以应考虑使用机器学习相关理论构建判别方法结合,经过研究决策树算法就可以较好地实现状态判别功能。常见的算法如 ID3 算法。

利用某路段流量数据,使用 ID3 算法得到判别树如图 7-19 所示。

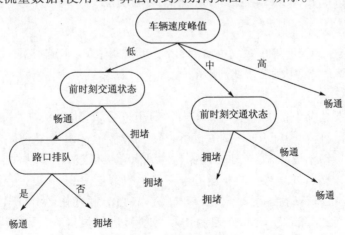

图 7-19 交通状态判别决策树

第8节 智能停车系统

一、智能停车系统研究发展概述

我国经济的高速发展带来了增加迅速的汽车总量。城市停车场是城市静态交通的重要组成部分,然而传统的停车系统并不完善,无法对停车资源进行有效利用,使得车辆无法及时找到停车泊位,导致停车效率低、车位资源利用率低等停车问题的出现。另外,车辆在无处可停放的情况下就只能在道路上进行无谓的绕行,这会给交通产生更大的压力,加剧交通堵塞情况。提高车位利用率和周转率,提升整体停车效率,对于整个城市交通的发展和市民生活质量的提高,都具有重要意义。

智能停车系统是 ITS 的重要组成部分之一,其主要作用是对城市拥堵状况和道路占用过多的情况进行有效的缓解,提高停车设施利用率,减少车辆尾气排放量和降低噪声,对交通环境进行优化。因此研究并开发智能停车系统是十分必要的。

1986年,德国科隆开始研究实施智能停车系统。1998年,对智能停车系统进一步开发,安装了全新的艺术性的展示技术标志牌,并设立多功能控制中心,政府交通管控中心对整个系统的运转进行管控。

1988年,日本引进了智能停车系统,其中有25个可以给12个停车设备提供服务的指示牌。1998年,以互联网为基础的停车信息系统投入运行,2000年,用户能够利用手机登入该系统。通过开发引入这个停车系统,将高峰停车时段的等候时间降低到62%。

我国的北京、上海、广州等地也都建设了智能停车系统,为提升停车设施利用率,缓解交通拥堵发挥了作用。上海市为了推动智能停车系统的建立,市政府免费为市中心的停车点装置公共停车信息终端获取系统。市中心的大部分停车信息已经放入到全市共享的信息网络系统中。同时,上海市已建成上海市公共停车服务网并开通了上海市公共停车服务热线。

关于停车诱导系统见第6章第4节的"停车诱导系统"。

二、基于 RFID 技术的智能停车系统构架与功能

1. 系统组成

基于 RFID 技术的智能停车系统主要由 3 个子系统组成的:车道子系统、站级子系统、应用服务子系统。其系统架构如图 7-20 所示。

1)车道子系统

车道子系统就是位于各个停车场的出入口的车道系统,这个系统主要包括以下终端设备:RFID 读写器、自动栏杆、LED 显示设备、声光报警设备和工控机等。其工作原理是:当车辆行驶到入口的车道时,通过地感线圈检测到有车辆经过,车道软件控制读写器使其进行读操作。读写器通过读取到的车辆电子标签上的信息,判定其是否合法,如果为合法车辆,则控制自动栏杆进行抬起操作,允许车辆进入;当车辆行驶至出口车道时,通过地线圈检测到有车辆经过,此时车道软件控制读写器使其进行读操作,读写器得到车辆信息后,查询站级子系统得到车辆的入口时间及费率,并计算通行费用,之后显示在 LED 显示

设备上,同时通过站级子系统向应用服务子系统申请扣费,扣费成功后抬起自动栏杆,放行车辆。

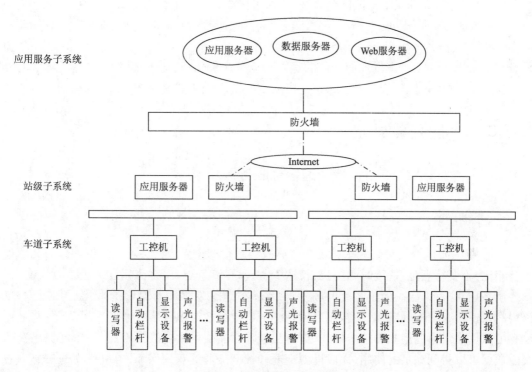

图7-20　智能停车系统架构图

2)站级子系统

站级子系统的作用是管理单个停车场的各个出入口车道系统,对每一个车道上的车辆出入情况及收费情况进行汇总,统一和应用服务子系统进行通信。

3)应用服务子系统

服务子系统的作用是对城市内所有单个停车场的站级子系统进行管理,统计并发布整个城市的车位资源情况,同时针对不同用户调整停车场费率以及切分费用,并提供增值服务,如车位预订等。

2. 系统的整体功能

系统的整体功能主要有不停车通行功能、自动缴费功能、分时停车功能和信息服务功能。

各功能的主要内容如下:

(1)不停车通行功能运用远距离读卡技术,在车辆进入和离开停车场时,系统可以远距离地检测车辆的信息,完成车辆鉴定权限和进行收费,使车辆在停车场出入口实现不停车通行,从而使车辆的通行效率得到提高,减小人工处理压力,提升用户感受。

(2)自动缴费功能则是将车卡和信用卡绑定,用户在缴纳停车费时可以自动通过系统在后台进行缴费,而不再需要用现金进行交易,并支持多种费率及优惠活动的处理。

(3)分时停车功能有助于一些企业、小区等停车场在空闲时将停车功能对外开放,城市的停车资源得到有效利用。

（4）信息服务功能可以提供停车场信息、车位信息查询，对于一些重要停车场，还可以提供车位预订服务，提升城市整体停车效率，使城市停车场资源能够更加有效的利用。

采用智能停车系统可以对交通信息进行采集、融合与发布，同时利用各种技术和设施，可以协调和管理交通，既可以提高城市停车管理水平和服务水平，提升公共停车空间的利用率和平衡性，降低盲目搜寻停车场地而增加的额外车流量，改善区域交通堵塞，减少交通事件的发生，还可以增加停车服务信息的发布方式、拓宽停车服务范围、提高服务方式的灵活性。

第9节　应用案例

世博交通信息服务保障系统

一、概述

2010年上海世博会是在北京奥运会之后我国举行的世界级盛会。上海世博会与北京奥运会相比，主要特点是：持续时间更长，长达184天；客流量更高，客流累计7千多万人次，日均客流高达40万人次。由于客流的潮汐性、聚集性等会对城市日常交通产生叠加压力，且预售门票使用存在不确定性，在客流准确预测与有效集散组织等多方面产生了难题，并且还没有可以用来借鉴的经验和技术模式，世博交通保障面临巨大挑战。因此，为了确保已有的交通数据可以得到充足的使用，完成世博交通和社会交通的双重保障，上海市交通信息中心联合上海市公安局、上海市政工程管理处、上海城市交通与港口管理局、浦东新区公安局交警支队等相关业务部门，针对世博交通保障的需求，构建了为交通信息整合、处理、应用发布的上海世博会交通信息服务保障系统，实现了世博会出行热门地区和重点道路的实时交通状态监测、世博会客流的预测与公交运行能力的匹配管理以及多模式的动态交通数据发布等目标，从而既保证世博游客集散快捷，又保证市民日常出行不受明显影响，充分体现了"城市，让生活更美好"的主题。

二、世博交通信息服务保障系统构建

早在世博会开始之前，上海就已经实现了动态与静态交通信息采集，并将其使用在日常的交通管理控制与出行者的信息诱导。上海市交通综合信息平台对世博园区外全市各交通行业的相关交通信息进行了整合与处理，这些交通信息主要有4个专题的各类动静态信息，分别是道路交通、公共交通、对外交通和世博交通，形成具备多层次布局特点的交通数据融合和共享系统。结合日常交通管理业务过程，该平台是配合城市每个交通行业管理单位的部门间进行交通数据交互共享的枢纽，运用技术方式解除了以往的信息孤立情况，推动了交通路网的管理协调。综合交通信息平台如图7-21所示。

世博交通信息服务保障系统框架可归纳为3个层次和3个平台，分别是基础交通数据获取层、信息汇聚交互分析处理层、服务数据发布应用层以及上海市综合交通信息平台、世博交通信息平台、世博交通服务平台，如图7-22所示。

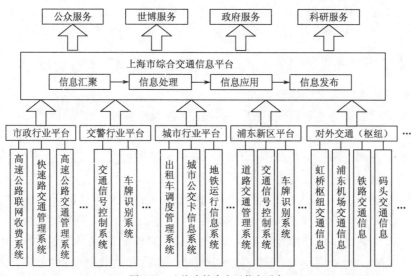

图 7-21 上海市综合交通信息平台

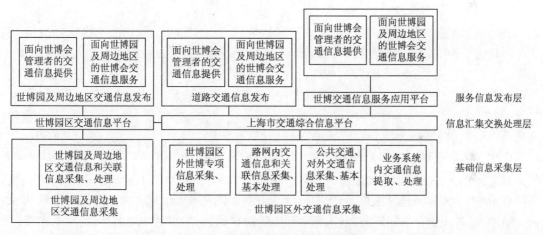

图 7-22 世博交通信息服务保障系统框架

在世博会举办期间,上海市交通综合信息平台与世博园区交通信息平台两者之间可以实时进行联系,从而园内外交通信息的交换和共享得到了实现。世博交通信息应用服务平台支撑世博交通信息网、世博交通信息服务专线、广播电视台、手机和车辆移动终端、触摸仪查询终端等多类交通数据发布平台,针对世博游客提供世博公交线、公交车班次、公交站和换乘方式服务,飞机、火车与长途客车的排序表、路线等交通信息查询,及动态及时的世博客流量数据与路网交通状况数据。世博交通信息平台综合世博园内巴士、轮渡与轨道线、交通站、实时的客流、运行状态、容量配置和其他信息。

园区内与园区外的各类交通信息的可以进行实时交换与共享,保证了3个平台不但可以独立运行同时又是相互依存的,世博交通引导管理的集成和协作已经提升很多,而且,通过对上海市交通综合信息平台体系的建设,维持了与交通警察、市委、港口等部门交通数据平台的相互联系,还与8个世博交通管理部门如安全保障指挥中心、交通运营指挥中心、世博交通协调保障组调度指挥中心、市城乡建设交通部门等进行网络联系,利用远程终端等手段及时地为世博指挥管理处提供世博交通数据和交通图像,从而形成了一个具有完整性、高效性、多层次性、分布性、高集成性的世博交通信息服务与保障体系构架。

三、世博交通信息服务保障系统应用

1. 世博热点区域实时交通状态监控

对世博交通重点道路和热门地区的交通状态能否进行实时、全面的监测,并根据不同情况采取相应的管控措施,是影响交通指挥管理效率的重要因素之一。世博智能交通系统可以实时监控使用不同检测设备的位于世博周围的热点区域的交通状态,这可以向交通指挥管理处采用交通组织措施和交通分配计划提供科学根据和技术支撑。

在世博会举办的184天期间,根据对早高峰、晚高峰的交通数据进行分析处理,以生成世博周边道路上车辆行驶的平均车速,并将这些速度信息与之前的历史信息环进行对比,以监测控制在此时间内的平均车速变化状况,环比差在±15%之间就作为正常,这样有助于交通指挥管理中心对世博周围路段车辆行驶状况进行实时、准确的判断,对世博开始之前、之后的路段堵塞变化进行量化对照,及时对交通组织管理方案进行警告和实施。

2. 世博客流采集、分析与预警

及时动态把握和提供客流数据为交通管理中心展开合理的交通分配、游客选择最优出行时间与路径的整体技术方案提供数据支撑,是世博交通信息服务系统最核心的环节之一。上海的世博智能交通,在客流获取、处理、预测中,克服了世博的客流数据获取分散、信息整合难度大与客流随机波动大等不利因素,及时、准确地完成每天的客流量会聚、分析和发布工作。

1) 世博在途客流采集

世博客流量采集的目标是收集全部的有关世博客流量的基础信息,为总体技术方案提供数据支撑。获得的数据根据地区空间划分为进入市域的客流源信息采集、世博在途客流源信息采集、入园客流信息采集、园内客流信息采集4种。进入市域客流源数据有手机信号统计数据、从机场到市域的客流、从火车站到市域的客流、从港口到市域的客流、从长途客站到市域的客流、从陆路道口到市域的客流。世博在途客流源数据有轨道交通进出站信息、普通公交信息、世博公交信息、世博直达线信息、世博出租车信息以及预订客车信息。入园客流数据有园区入口上的验票数据。园内客流数据由进入园区内的客流数据。园内客流的分布特点与到离走向,为公交运管部门优化运能调度起了关键作用。

2) 世博在途客流提取

世博客流提取主要以天为单位将不同客源的进入市域客流源的数据采用标准化集成,同时根据客源的方位合并、归整,得到每天来自不同方向进入市域的客流量。对比不同天进入市域客流的变化,对近期世博客流变化区域进行研判,并通过分析提取各类交通方式前往世博园区周边的数据。这些数据包括:轨道交通进出站数据、常规公交数据、世博公交B线数据、世博直达线数据、世博出租车数据以及预约出租大客车数据。

3) 在途客流信息预测预警

世博客流预测技术从政府决策管理部、交通管控部和出行者对客流预测数据的需要出发,通过整体分析世博票价信息与票价政策、气象以及其他信息对客流量所带来的变化,与

进入市域客流和在途客流的信息获取处理结果整合，设计了影响成分较多的情况下多标准客流预测技术计划，关键技术有区别方式的客流短时预测、交通方式来源不明的客流短时预测、多尺度客流预测等。精确的客流预测手还向达到世博大客流预警提供了技术支持。

依托上海市交通综合信息平台研究出世博客流采集、分析和发布体系，完成了世博会过程中每天的客流数据汇聚、分析和发布任务。将技术方案投入使用后获取的技术精度是：轨道方式15min客流单步预测日均精度大于90%；截至中午12点在途客流日均精度90%以上，全天入园客流预测精度达到96%以上。

3. 交通信息发布服务

在全面宣传集约型交通出行概念的基础下，可以达到世博游客掌握自己所需的合适的信息如出行方式、路径及世博园区实时客流等目的，根据世博交通信息服务应用平台，智能交通系统实现了包括道路交通状态、封道养护、重大交通事件和事故等实时路况信息，市内公交及换乘查询信息在内的日常交通信息的多种方式发布。游客可以利用这些信息对出行方式和路径进行更加快捷、准确地规划，并可以及时调整参观行为，确保出行的便捷性和高效性。

1）多种交通信息服务

利用世博交通信息服务应用平台可以发布世博交通公告信息、世博实时动态客流信息、世博公共交通信息、世博停车换乘信息和世博主要交通管理等世博交通信息。发布的核心信息是：世博会周边的实时路况数据、世博公交出行路线、世博车辆停车位置以及其他信息。

（1）世博周边道路交通状态信息：在电子地图中集成了城市道路的动态交通状态信息、重大交通事件信息、重要道路施工信息、高架匝道控制信息、封道管制信息等。

（2）世博公共交通出行信息：系统发布的上海市公共交通信息与地铁线路信息。出行者只需要输入出行的起点与想到达的世博园区入口，就能自动生成公交出行的最佳方案。

（3）世博自驾出行停车信息：系统发布的世博周边P+R模式停车场信息，包括停车场的位置、进出方式、停车费用，公交换乘信息等。

2）多种信息发布方式

世博智能交通系统实现了7种载体（图7-23）的世博交通信息发布，包括：上海世博路网、广播电视台、交通服务信息咨询热线、移动终端如手机和车辆导航、触摸屏查询终端、可变情报板、路网指南等。

（1）世博路网信息发布：实现了路网实时数据公布、公交查询与路线规划、出行实用交通数据查询和个性化的服务等。

（2）广播电视信息发布：利用服务数据提

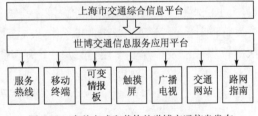

图7-23 多种方式和载体的世博交通信息发布

供接口分别向上海交通广播以及东方电视台发布世博入园客流信息、在园客流信息，结合它的业务应用与声音、视频节目进行播放，达到为公众提供有关交通数据服务的目标。

（3）世博交通服务信息咨询热线：利用Web形式，完成对世博声讯服务专线和上海城建专线的电话声讯工作的数据内容和操作的支撑。

（4）手机与车辆导航等移动终端：上海世博智能交通系统通过服务数据提供接口，利用

CMMB技术、DAB技术等多种通信技术向世博出租车调度中心提供交通信息,与出租车的车辆终端协作,达到了交通服务数据能够在车辆终端上发布和使用的目标。

(5)触摸屏查询终端发布:对上海市旅游委在各大星级酒店40多台触摸查询信息终端和几大高速公路服务区布设了交通信息触摸查询信息终端,为世博自驾车辆提供世博交通服务数据。

据统计,世博交通网站(图7-24)的点击数达到348万次,平均每天的点击数高于1.89万,安装于40多家酒店的触摸屏查询终端点击量共达19万次。世博交通服务热线接受咨询总数为7.8万。安装于4千辆世博专用出租车的导航终端、交通广播电台和上海综合新闻台,以及可变情报板等也在游客获得世博交通服务数据方面起了关键作用,出行效率提高15%以上。

图7-24 上海世博交通网

通过建设上海世博会交通信息服务保障系统,并对其进行应用,世博期间的交通管理水平得到了提高,出行者的出行质量得到了改善,出行时间与成本也降低了,客流的高效集散也得到了保障。在交通信息服务保障系统的基础上,开展了跨部门协同交通管理,从而获得了良好的社会经济效益。在世博会结束之后,交通信息系统仍然继续在日常交通管理与公众出行服务中发挥重要作用,推动了上海智能交通系统长期可持续发展。

课后习题

1. 什么叫出行者信息服务系统?其结构和功能有哪些?
2. 简要介绍Dijkstra算法和Floyd算法。
3. 什么是可变情报板?可以分为哪几类?
4. 简要介绍车载导航系统。
5. 车联网框架实施的关键技术是什么?

参 考 文 献

[1] 刘元.武汉市公众出行交通信息服务系统研究[D].武汉:武汉理工大学,2008.
[2] 曲大义,张晓靖,杨建,蔡国良.面向出行者的综合信息服务系统设计[J].交通标准化,2010(218).
[3] 黄绍雨.公路出行者信息系统功能设计[D].南京:东南大学,2005.
[4] 袁理.ATIS出行者信息系统相关问题研究[D].成都:西南交通大学,2007.
[5] 商德中.ATIS项目评价体系研究[D].长春:吉林大学,2006.
[6] 樊月珍,江发潮,毛恩荣.车辆行驶最优路径优化算法设计[J].计算机工程与设计,2007,28(23).
[7] 李元臣,刘维群.基于Dijkstra算法的网络最短路径分析[J].微计算机应用,2004,25(3).
[8] 沙宗尧,边馥苓.单源最短路径算法的图示教学设计与实践[J].测绘通报,2010(4).
[9] 甘应爱,田丰,李维铮,等.运筹学[M].北京:清华大学出版社,2005:262-266.
[10] 沙宗尧,边馥苓.单源最短路径算法的图示教学设计与实践[J].测绘通报,2010(4).
[11] 王朝瑞.图论[M].2版.北京:高等教育出版社,1997:213-217.
[12] 甘宏.Floyd算法分析与演示系统设计[J].科技广场,2008(5).
[13] 曾方俊.Floyd算法求解最短路径的简明方法[J].价值工程,2012(19).
[14] 郝自军,何尚录.最短路问题的Floyd算法的若干讨论[J].重庆工学学报,2005,22(5).
[15] 王荣,江东,韩惠.基于Floyd方法的最短路径算法优化算法[J].甘肃科学学报,2012,24(4).
[16] 曹睿.基于Floyd算法的最短路径问题应用研究[J].内江科技,2012(8).
[17] 邓春燕.两种最短路径算法的比较[J].电脑知识与技术,2008(12).
[18] 王文逾.高速公路可变情报板的设计与功能[J].科技情报开发与经济,2005,15(16).
[19] 周家祥.可变情报板关键问题研究[J].华东公路,2011(3).
[20] 花伟,林柏梁.基于可变情报板发布车流诱导信息的研究[J].交通运输系统工程与信息,2006(4).
[21] 李先进,花伟.可变情报板对交通安全的影响分析[J].中国安全科学学报,2005,15(8).
[22] 刘军,张义.基于行车安全的高速公路雾区可变情报板设置研究[J].交通标准化,2011(1).
[23] 朱松坚.交通可变信息标志设计研究[D].北京:北京工业大学,2007.
[24] 孟德良.无线电技术在智能交通系统中的应用[J].中国无线电,2010(7).
[25] 郭秀娟.电台交通频道发展现状及未来趋势[J].中国传媒科技,2012(22).
[26] 张天赫.无线广播技术未来的发展趋势[J].硅谷,2010(23).
[27] 邢智毅,李辉.基于Web服务组合技术的智能交通信息服务系统[J].电脑与信息技

术,2013,21(1).

[28] 丁蔚,倪波.基于Web的信息服务[J].情报科学,2000,18(7).

[29] 颜恩祝,吴浩云,贺笑颜.基于WEB组件的防汛综合信息服务平台[J].中国防汛抗旱,2008,(3).

[30] 周懿.基于网络技术的交通信息服务系统设计与实现[D].上海:复旦大学,2011.

[31] 李超,贾元华.基于GIS的交通信息Web对外发布系统应用研究[J].交通运输系统工程与信息,2004(3).

[32] 陈天德,刘治聪,孙高文.基于移动互联网的公众交通信息服务系统[J].中国交通信息化,2013(5).

[33] 曹晓航.GPS车载导航系统技术趋势浅析[J].现代测绘,2006,29(1).

[34] 黄智.车载导航系统组合定位技术研究[D].长沙:湖南大学,2006.

[35] 陈保平.车载导航系统及其通用技术平台[D].长沙:中南大学,2003.

[36] 吴建洪.车载导航系统的研究与实现[D].长沙:湖南大学,2007.

[37] 公丕波.智能车载导航系统研究[D].郑州:解放军信息工程大学,2005.

[38] 孙奥,朱贵斌,江铁.车载导航系统的研究现状及未来发展[J].微型机与应用,2012,31(2).

[39] 何承,陈红洁,顾承华,等.上海世博会交通信息服务保障系统构建与应用.第六届中国智能交通年会暨第七届国际节能与新能源汽车创新发展论坛优秀论文集(上册)[C].北京:科学技术文献出版社,2011.

[40] 潘晓东,詹嘉,杨轸.智能停车诱导系统的设计应用研究[J].华东交通大学学报,2007,2(1):60-63.

[41] 任晓莉.基于物联网的公交智能停车系统设计[J].计算机与数字工程,2013,2(2):318-320.

[42] 黄永清.基于车联网技术的智能停车信息服务系统[J].信息与电脑,2011,12(12):95-97.

[43] 宋之毅.RFID在智能停车系统中的应用[J].信息与电脑,2007,2(2):167.

[44] 黄永清.基于车联网技术的智能停车信息服务系统[J].信息与电脑,2011,12(12):95-97.

[45] 王若翰.打车软件碰壁[N].新民周刊,2013.6.29.

[46] 蓝齐.打车软件近身肉搏:阿里腾讯的O2O隐形火拼[N].IT时代周刊,2014.1.15.

[47] 任钊.打车难催生打车软件[N].青岛日报,2013.8.19.

[48] 王丽丽,花耀兰,肖水金."打车软件"怎么管[N].检察日报,2013.7.24.

[49] 叶峰涛.打车软件穷则思变[N].新商务周刊,2013.7.18.

第 8 章　智能公共交通系统

第 1 节　概述

智能公共交通系统 IPTS（Intelligent Public Transportation System），综合运用 GPS 定位技术、移动通信技术、计算机信息技术等，建立起公共交通运营系统，以及分布在各公交站场的智能终端系统，实现科学的公交车辆营运调配，公交车辆运营时的可视化监控，以及全面的、及时的公众查询信息服务。

智能公交系统对辖内的公共交通车辆实行统一管理，包括车辆位置信息、运行线路追踪、车辆进站预测、电子公告牌信息管理、燃油管理等功能，以及提供科学的公交线路的服务能力评估和新的公交线路增设等决策支持。实现营运公司人员和车辆的集中管理，人力和运力资源在更大的平台上得到优化和配置，有助于公共交通运营公司降低成本，提高应变能力和服务水平。

智能公共交通系统以达到吸引公交出行、缓解城市交通拥堵、有效解决城市交通问题、提高社会综合效益为目的，加强了人、车、路三者之间的联系。对于交通系统中的出行者而言，智能公共交通系统通过对动态交通信息（人流量、车流量、车辆位置、紧急事件位置、紧急事件影响等）和静态交通信息（道路线形、道路管制措施、交通安全法规等）的采集和处理，通过多种媒介（电子站牌、交通电台等）为出行者提供实时的交通信息（最佳乘车路线、换乘信息、资费信息等），从而达到避免高峰出行、出行最优路线选择、节约出行成本与时间的目的。对于交通系统中公共交通车辆而言，智能公共交通系统主要对其运营数据进行采集及分析、实时监控与调度、科学安排与管理等，保障公共交通服务水平。

发达国家对于智能公共交通系统的研究与建设十分重视，美国、加拿大、法国等国家纷纷对其投入了较大人力、物力并取得了较显著的研究成果。美国运输部的联邦公共交通管理局（FTA），在 1998 年对先进的公共交通系统 APTS（Advanced Public Transportation System）发展进行分析，指出 APTS 应包括车队管理、电子收费、出行者信息和交通需求管理（TDM）几方面的研究，具体囊括了通信系统、GPS、GIS、自动乘客计数、交通信号优先等多种子系统的研究。日本开发的城市公共交通综合运输控制系统（CTCS），通过精确掌握车辆的运行状况和累积乘客数据,在控制室和车辆之间建立信息接驳,向出行者提供平稳的公交运营服务。欧洲许多国家大力发展公交优先措施,通过设立优先车道及优先信号、发展优先调度系统、布设公交智能监控,吸引出行者选择公共交通作为出行方式。

我国在公交优先战略的影响下,近年来智能公共交通系统发展迅猛。目前我国已成功在北京、上海、广州等地区安装了电子站牌、GPS等设备,并利用GPRS、ADSL等方式进行通信,实现了对车辆的跟踪定位、实时调度,也实现了信息之间的互传,使电子站牌能准确、快速的显示车辆到站信息。智能公共交通系统的应用节约了劳力、物力,也使公共交通控制过程有据可依,提高了公共交通系统的服务水平。

第2节 电子卡技术

一、电子卡的含义

电子卡的概念源于20世纪70年代,由法国布尔(BULL)公司在1976年制造出首款电子卡产品,并将该技术应用到交通、金融、医疗、身份证明等多个行业,它将微电子技术和计算机技术结合在一起,提高了人们生活和工作的现代化程度。自其问世以来,国际标准化组织(ISO)和国际电工委员会(IEC)制定了一系列的国际规范来保障电子卡的研究、发展。

电子卡具备数据的写入及存储功能,且其存储的数据可供外部读取,或者作为内部信息进行处理。根据与外界传输数据的形式,可以将电子卡分为以下两种:

(1)接触式电子卡:芯片通过其上的8个触点与读卡机接触,触点的接触直接影响其数据的可靠性。

(2)非接触式电子卡:出现较晚,不向外引出触点,数据通过无线电波的耦合进行,不与读卡机进行物理接触,空间无线电磁场的干扰直接影响其数据的可靠性。

为了使用电子卡,还需要与之配合的应用系统。系统的基本构件有电子卡、读写器和个人计算机,较大的系统还包括主计算机和通信网络,如图8-1所示。

图8-1 电子卡应用系统基本构成

其中,与电子卡配合工作的读写器(接口设备,Interface Device)大致分两种,一种是由微处理器、显示器、键盘和I/O接口所组成的独立的设备,它可以通过电子卡上的8个触点向电子卡提供电源并进行数据交换;另一种是一个简单的接口电路,电子卡可以通过该电路与通用计算机相连。一般来说,电子卡上能储存的信息量有限,因此大部分的信息被储存在接口设备或计算机当中。例如在使用信用卡买单时,当消费金额在允许透支范围以内,就可以先消费再结算;当消费金额在允许透支范围以外时,需要经过通信线路和计算机(主机)联系,使得银行确认授权于商店才能进行消费。因此,通信线路和计算机通信的安全性及其响应时间是电子卡快速、可靠使用的关键。

二、电子卡的特点

电子卡具有以下几方面特点：

(1)耐用性和抗破坏性：电子卡利用硅片存储信息,硅片体积小,外有 PCB 板和基片的保护,内有环氧层的保护,具有抗机械、化学破坏的作用。同时,先进的硅片制作工艺使电子卡具有抵抗磁性、静电以及各种射线的作用。目前电子卡读写次数一般已达 1 万次,甚至高达 10 万次以上,信息的存储期也能够保证数据的保持时间至少在 10 年以上,甚至能达到 100 年之久。

(2)数据的储存容量大：电子卡内含 RAM、EPROM、EEPROM、输入/输出、微处理器、通行接口、加密逻辑等,是一个综合的微处理机系统,储存容量现在可以做到几千个字节。

(3)灵活性：电子卡上可分割的存储区可以有不同的访问级别,且其能存储大量的数据,便于信息的处理及一卡多用。

(4)机读性好：电子卡是电路卡,其机读性远远高于光卡和磁卡,不需要往复的机械运动就能完成人—机—卡的多次会话,在应用过程中更易互相操作和验证。

(5)安全性高：电子卡可以从卡基表面、硬件、软件三方面来保证卡安全。目前常用的电子卡卡基表面安全技术有荧光安全图像印刷技术、微线条技术、激光雕刻签名、可触摸向量字符、图像技术等；芯片安全是电子卡安全的基础,一般通过探测器、熔断丝、金属化结构、随机数产生、存储器逻辑保护和协处理器来提供芯片加密运算等措施；电子卡的软件安全也能通过储存区数据分区和加密验证保障通信安全两方面进行保护。

三、智能公共交通系统中电子卡的应用

电子卡在智能公共交通系统中最典型的应用就是公共交通收费系统(城市交通卡),其经历了从接触式到非接触式的发展历程。考虑到人员流动速度、处理速度、车辆震动以及技术可行性,公共交通收费系统中普遍使用的是非接触式电子卡。目前,公共交通收费系统电子卡已用于公共汽车、地铁、出租车、轮渡、轻轨等车费的电子自动支付。

公共交通收费电子卡系统一般包括：电子卡、车载验票机、余额验票机、充值系统、发卡系统、数据采集系统和数据处理系统。该系统除了有人们熟悉的乘车卡以外,还有许多其他功能卡,所有卡都由上级卡授权生成,如图 8-2 所示。

车载验票机是系统的最重要组成部分,主要用于储值卡扣款。车载验票机与乘车卡的读写距离一般为 0~10cm,读写时间不超过 0.1s；余额验票机不对乘车卡进行扣费处理,只读取数据并显示卡内余额及消费记录,以方便乘客查询。发卡系统用于乘车卡的初始化和首次充值,乘车卡初始化后在空白卡内写入发行编号、读写器密码、存取权限等,以便卡发售后对卡的跟踪；充值系统用于各个电子卡的充值点,将指定面额及卡余额写入卡中,必须由持有操作员卡且知道操作密码的操作员进行,各个充值点的数据信息将会实时传递回数据处理中心；数据采集系统由数据采集机(POS 机)以及数据采集卡组成,操作人员将 POS 机与车载机相连,用于采集车载机上存储的数据；数据处理系统用于对整个系统进行数据处理,主要用于汇总各类数据,接收 POS 机数据,初始化 POS 机,产生付费黑名单等。

由于公共交通系统中参与人数众多,作为支付手段的电子卡的集成应用一直是世界范

围的热门议题，目前研制出的手机等多种付费手段，已成功应用于个别省市的公共交通收费系统中。

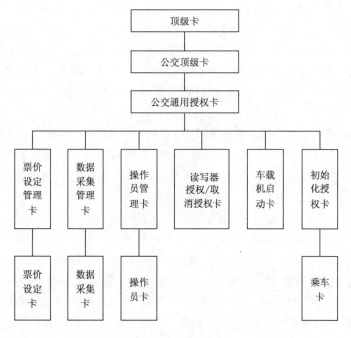

图 8-2 卡的生成

第3节 智能化排班方法

一、研究现状

公交车辆排班是公交调度系统的核心功能，最优的智能排班计划有助于提高公交公司的运营管理水平。

在国外，对公交车辆智能化排班问题的研究主要经历了三个阶段，如表 8-1 所示。

公交车辆智能化排班问题研究历程　　　　　　　　　　表 8-1

阶段 研究内容	阶 段 一	阶 段 二	阶 段 三
考虑因素	每小时乘客最大负荷	每小时车辆的最大负荷	每辆车最大负荷及公交线路不同方向负荷
优化结果	均匀发车间隔	不均匀发车间隔每小时最大负荷点平均负荷	不均匀发车间隔最大负荷点平均负荷

我国于 20 世纪 90 年代引入 ITS 概念，北京、上海、广州、深圳等地已率先采用了公交车辆智能化排班技术，研究起步虽晚，但发展处于蓬勃上升状态。传统公交排班方法一般用到了数学解析法、模拟仿真法、运筹学中的割平面法、动态规划、分枝定界法等，也有用到概率

方法和经验模型等方法,但这些方法计算复杂且难以得到精确解。传统公交智能排班以满足乘客出行需求为目标,较少考虑公交企业利益,使得各个公交车辆间隔不均匀,易导致乘客的候车时间长和前车拥挤后车空荡的不平衡状况发生,严重影响公交车辆服务水平。

制定公交车辆排班时刻表是城市公交调度的核心内容,也是日常指挥公交车辆正常运行及调度驾乘人员的重要依据。合理地安排公交车辆排班可降低公交企业运营成本、减少乘客候车时间、提高公交服务质量。

二、智能化排班方法设计

受到多种排班规则及多项调度指标的影响,公交车辆排班问题极其复杂。本质上来说,公交车辆排班问题是一个多目标优化问题,因此必须把这一实际问题抽象为数学模型问题,再利用数学理论和方法进行深入研究和分析。

求解多目标优化问题方法很多且没有绝对的优劣之分,其中遗传算法是有效解决这一优化问题的有效方法之一。

遗传算法(Genetic Algorithm,GA)是借鉴达尔文遗传选择和自然淘汰的生物进化过程的计算模型,其本质是一种求解问题的高效并行全局搜索方法,基本原理如图8-3所示。

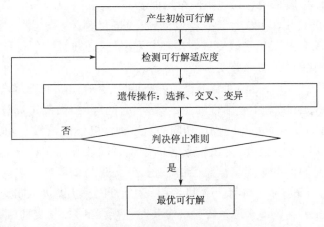

图8-3 遗传算法基本原理

遗传算法模拟生命体演化过程,把现实问题的解空间映射为遗传空间,即把每一个可能的解编码为一个向量,称为一个染色体(chromosome)或个体,它表示为二进制或十进制数字串。向量的每个元素称为基因(genes)。所有染色体组成群体(population)或集团,按照设定的目标函数对每个染色体进行评价,根据评价结果给出一个适应度值。算法开始时先随机地产生一些染色体(候选解),计算其适应度。然后根据适应度值对染色体进行选择、交换、变异等遗传操作,剔除适应度低(性能不佳)的染色体,留下适应度高(性能优良)的染色体,从而得到新的群体。由于新群体的成员是上一代群体的优秀者,因而明显优于上一代。遗传算法就是通过这样反复迭代,直至满足目标函数预定的优化指标为止。其算法的基本步骤如下:

(1)初始化:生成问题可行解的初始群体$P(0)$,进化代数计数器置零,设置最大进化代数T。

(2)个体评价:置 $P(0)$ 于求解问题中,计算各个体的适应度。

(3)终止判断:根据终止条件进行终止判断,若满足终止条件则转至步骤(8),否则流程继续。

(4)选择运算:对 $P(t)$ 进行选择,大量复制优势个体,少复制或者淘汰劣势个体。

(5)交叉运算:对以上群体进行交叉运算。

(6)变异运算:对以上群体进行变异运算。

(7)经过选择、交叉、变异运算后,判断群体 $P(t)$ 是否变成下一代群体 $P(t+1)$,是则转至步骤(2),否则转至步骤(4)。

(8)得到适应度最高的个体,即问题的最优解,停止计算。

GA 算法作为有效求解公交车辆排班问题有效方法之一,具有巨大的应用潜力。

第4节 智能化调度方法

一、研究现状

智能化公交调度一般来说包括以下两个层面:

(1)原始调度,即公交车辆按计划安排发车,属静态调度。

(2)由于道路、交通状况出现改变或者出现突发事件,必须对发车间隔、发车方式等原始调度进行临时修改、更新,属动态调度。

目前,我国大部分城市公交调度基本上为静态调度,并在道路状况或者突发事件时进行调度调整。一般模式是:根据交通调查的基本数据、时间等因素,制定高峰、平峰、低峰时期的调度方案,各个时间段内的发车间隔是相同的。这种调度模式依赖于调度人员的经验,无法实时考虑客流的实时变化情况,易出现乘客的候车时间长和前车拥挤后车空荡的不平衡状况。发生此类情况的根本原因是信息交流不畅,公交车与调度部门之间没有深入的信息交流,公交车流驶出车站之后基本不与调度部门发生信息交流,调度人员无法确切地知道车辆的道路运行状况。况且城市交通系统是一个实时性很强的系统,交通流不断波动变化,静态调度并不能适应这种变化的需求,所以针对智能公交系统进行实时的智能化动态调度是非常必要的,其智能化动态调度的基本策略如图8-4所示。

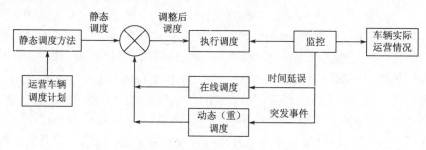

图 8-4 智能化动态调度的基本策略图

公交智能化动态调度系统是智能公共交通系统最核心的子系统,它运用先进的现代化技术手段,在对公交车辆实时调度理论、方法的深入研究的基础上,利用通信、计算机网络、智能卡技术、自动计数系统、GPS 技术、GIS 技术等实时地获取车辆位置、客流状况、道路交通信息，实现对公交车辆实时的调度与监控，并且通过电子站牌等手段向乘客准确地提供车辆到站信息，提高公交系统的智能化程度及服务水平。目前我国很多城市已经意识到智能化公交调度系统的重要性，开始开发、引进此类系统（表 8-2）。

我国主要城市应用智能化公交调度系统情况　　　　表 8-2

序号	城市	开通时间	采 用 技 术	车与中心通信方式	中心与站台通信方式
1	北京	2002 年 10 月	GPS、调频无线广播	不详	无线广播
		2005 年 2 月	DSRC、CPRS	GPRS	GPRS
2	广州	2003 年 8 月	GPS、GPRS、GIS 等	GPRS	GPRS
3	深圳	2006 年	GPS、GPRS、GIS 等	GPRS	GPRS
4	杭州	2004 年 1 月	宽带 ADSL、GPS	GPRS	GPRS
5	上海	1998 年 9 月	GPS、CDPD	CDPD	ADSL
6	青岛	2003 年	GPS、GPRS、GIS	GPRS	GPRS
7	南京	2004 年 1 月	GPS、GPRS、GIS	GPRS	ADSL
8	重庆	2004 年 10 月	GPS、GPRS、GIS	GPRS	GPRS

二、系统构成

智能化公交调度系统需要实现的功能主要包括：

（1）动态监视道路上运营的公交车辆，及时对问题车辆进行抢修。

（2）实现总调度中心、分调度中心、车载移动站、电子站牌等设备之间的通信，区域调度中心能利用中心平台对运营车辆进行实时调度优化。

（3）实现对电子卡信息、车辆定位信息的跟踪与共享。

（4）利用电子站牌预报车辆的位置及到达时刻，提高智能公共交通系统的服务水平。

其主要的组成部分有：总调度中心、分调度中心、车载移动站、电子站牌。如果智能公共交通调度系统较小，可以只设置一个调度中心，减少运营成本。

1. 总调度中心

总调度中心一般由 GIS 系统、紧急事件处理系统、信息服务系统、显示系统、调度协调系统 5 大部分组成，各个系统各司其职，以保障总调度中心的正常运行。GIS 系统负责接收车辆的 GPS 定位数据，在地图上精确定位车辆的位置信息；当车辆或者道路出现紧急事件时，调度协调系统可以向分调度中心下发调度指令以合理安排车辆的运行；紧急事件处理系统接收到紧急事件信息后，会及时与紧急救援中心与交通监控中心联系，完成对紧急事件的处理；信息服务系统可以向用户提供交通信息查询功能，以方便用户查询乘车、票价、中转等基本信息；显示系统可实时显示车辆的运行状况，缓解乘客候车焦虑心理。其系统构成如图 8-5 所示。

2. 分调度中心

分调度中心一般由车辆定位系统、车辆调度系统、GIS 系统三部分组成。分调度中心通过 DDN 专线与总调度中心相连，车辆定位系统监控辖区内车辆的位置信息，并将其反馈到车辆调度系统与电子站牌;车辆调度系统通过与车辆的通信来向运营车辆发出调度指令;分调度中心的 GIS 系统与总调度中心的 GIS 系统功能相同,区别在于分调度中心的 GIS 系统所管辖的范围较小。

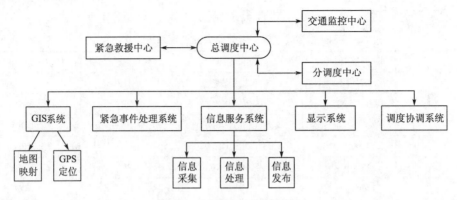

图 8-5 总调度中心系统构成图

3. 车载移动站

车载移动站安装在移动的公交车上,能对数据进行采集、处理与共享,采用 CAN 总线将电子卡 POS 机、电子报站器、通信控制器(GSM)、黑匣子等一系列智能仪表相连,如图 8-6 所示。

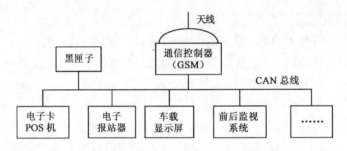

图 8-6 CAN 总线结构的车载移动站

4. 电子站牌

电子站牌负责发布车辆的位置及到达时刻,其组成结构如图 8-7 所示,其中单片机用来接收信息,处理之后传至电子站牌显示出来。除了显示车辆到站信息外,电子站牌还可以显示天气预报、广告、便民提示等其他信息。

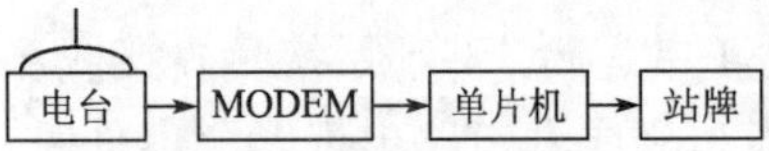

图 8-7 电子站牌组成结构图

三、智能调度方法

1. 传统调度方法

智能调度是相对于传统调度来说的,智能调度能实时地根据客流信息和交通状态,以无人工参与的方式自动给出发车间隔和调度形式。

传统调度可以有两类方法,一类将车辆按工作时间的长短,分为正班车、加班车、夜班车;另外一类按照车辆运行与停站方法,分为全程车、区间车、快车、定班车和跨线车等。

在车辆平常调度工作中,不论是传统调度方法还是智能化调度方式,均应该以全程车、正班车为基本调度形式,并依据路线客流的分布特点辅以其他调度形式。常规车辆调度形式,如加班车、区间车、快车,主要是依靠路段、方向、时间、客流集散量等不均匀系数来确定。

2. 实时放车调度方法

目前,智能调度理论方面的研究热点是实时放车调度(Real-time Deadheading)方法,是指车辆从空车状态由始发站出发,途经若干个公交站点之后,开始按站点次序依次停车的调度形式,主要用于解决乘客拥挤问题。实时放车调度减少了其停靠站点的旅客候车时间和发车时间间隔,但同时也增大了车辆越过车站的乘客候车时间和发车间隔,也损失了越过路段的客流量,因此,需要权衡利弊才能决定是否运用实时放车调度形式。

决定是否运用实时放车调度形式一般需要构建实时放车调度数学模型的目标函数,使得所有乘客(包括停靠站和被越过站的乘客)总等车费用最小。实时放车调度问题是一个组合优化问题,可运用模拟退火算法、遗传算法、蚁群算法等一系列优化算法求解。

3. 紧急情况实时调度方法

当公交车辆遇到交通事故等紧急情况时,会在某站出现客流猛增的情况,导致车辆出现晚点状况。传统调度中此类问题无法实时地反馈到指挥中心,导致后面车辆仍然按照原排班时间发车,这样易出现本趟车由于各个站的客流积累而延误越来越大,后车由于客流少且与前车间隔短而出现车空荡的不平衡状况发生(图8-8)。

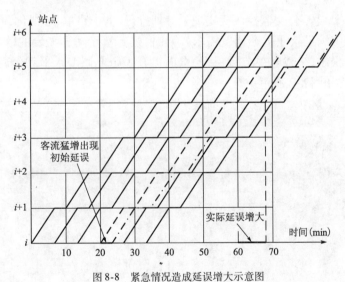

图8-8 紧急情况造成延误增大示意图

面对这种紧急情况,一般可以采用以下几种紧急情况实时调度方法。

方法1:紧急车辆前几班车加大站点停靠时间;
方法2:紧急车辆前几班车减速运行;
方法3:紧急车辆加速行驶;
方法4:紧急车辆减少站点停靠时间;
方法5:实时放车调度。

第5节　应用案例

广州智能公交系统

教学录像

一、系统简介

广州智能公交系统是利用卫星定位系统、视频监控技术、客流分析技术,结合GPRS/3G和GIS,通过计算机数据处理技术整合而成的集监控调度、行业监管、客流分析、BRT集成管控、公交专用道管理、线网规划、效益分析、信息服务为一体的智能系统。

广州智能公交系统是在广州市交通委员会的指导下,由广州交通信息化建设投资营运有限公司建设的。截至2012年,广州全市所有公交企业11000多辆公交车接入该系统,并建成10个调度中心,是目前国内规模最大、使用最成熟、应用效果最突出的智能公交项目。系统的建设应用提高了政府和行业主管部门行业监管效率和科学决策水平;彻底改变公交企业的运营管理和调度模式,提高了公交企业生产效率;有效提高公众出行公交信息服务水平和公交分担率。

二、系统特色

系统具有以下特色:

(1)公交监控调度。公交监控调度实现了计划排班、电子路单、可视化调度监控、调度效果分析等应用,能够满足企业生产调度需求。同时,建有基于网管平台的监控系统、报修系统,以及语音自动报站、车载电视节目播报,全面提升了企业调度水平和经营管理效率。其公交线路监控界面如图8-9所示。

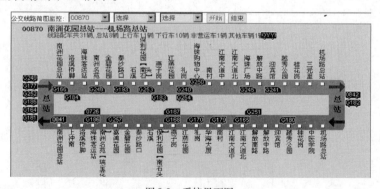

图8-9　系统界面图

(2)公交行业监管。公交行业监管实现了发班间隔、首末班、运力投放、非正常班次等服务质量监管,超速、急加/减速等安全生产监管以及车流分布、站台车辆数等道路通道秩序监管,能全面满足行业管理部门的监管需求。

(3)公交客流分析。利用公交"一卡通"刷卡数据和视频客流检测数据,实时掌握公交客流规律,是企业和行业管理的辅助决策工具,为实现行业精细化管理提供数据支持。

(4)BRT集成化调度。通过对BRT运营调度管理系统、票务系统、乘客信息显示系统、视频监控系统、语音集群调度系统等的有效集成和协调工作,共同保证 BRT 运营的科学、高效、安全、节能运行。

(5) 公交专用道管理。建设道路视频、站台视频、车载视频等监控系统,全面覆盖公交专用道重点路段,结合对非法占用专用道的处罚措施来保障公交路权优先。

(6) 公交线网规划。系统可以通过线网变更、站点变更等维护操作和新增线网路径自动生成来提高线网管理效率,同时还可通过区域线网指标评价并根据评价结果优化线路。

(7) 成本效益分析。分析公交车日运营里程、企业经营数据(如运营收入、人工成本、燃料及动力支出等),准确、客观地计算企业成本效益,为公交财政补贴发放提供科学依据。

(8) 公交信息服务。利用终端采集的公交位置信息、客流信息、视频信息,经整合处理和挖掘分析,通过手机应用软件、电子站牌、网站等方式面向公众提供公交实时到站、车内客流拥挤等信息,以方便市民科学规划出行。

课后习题

1. 智能交通系统的意义是什么?
2. 接触式电子卡和非接触式电子卡的区别是什么?
3. 智能化排班算法中遗传算法的优缺点有哪些?
4. 智能化公交调度系统的系统构成及主要功能有哪些?
5. 哪些是合理的公共交通系统评价指标?

参考文献

[1] 王爱英. 智能卡技术:IC 卡[M]. 2 版. 北京:清华大学出版社,2000.
[2] 李志强. 智能公交动态优化调度方法研究[D]. 洛阳:河南科技大学,2009.
[3] 严冬冬. 智能卡技术及应用[M]. 西安:西安电子科技大学出版社,1998.
[4] 陆永宁. IC 卡应用系统[M]. 南京:东南大学出版社,2000.
[5] 梁剑波. 基于遗传算法的公交智能排班方法研究[D]. 兰州:兰州理工大学,2010.
[6] 左安华,包景强,徐国凯. 基于启发式遗传算法的公交车智能排班研究[J]. 大连民族学院学报,2004,6(5):24-26.
[7] 胡振文,刘良军,毕丽红. 智能交通导论[M]. 长沙:中南大学出版社,2003.

第9章 智能高速公路系统

辅助视频

第1节 概述

相对于普通公路而言,高速公路是指专供汽车高速行驶的公路。一般来说,我国的高速公路具有以下特征:

(1)交通限制。高速公路对行驶车辆及车速进行限制,专供汽车使用且限制其最高速度及最低速度,不存在普通公路上的交通流混行问题。

(2)分隔行驶。车道间设置中央分隔带,杜绝了对向车辆相撞;至少有两个或两个以上车道,使慢车、快车分道行驶,同时设立行车道和超车道,减少同向车辆车速差异的干扰。

(3)控制出入。高速公路采取全封闭形式,车辆只能从指定的匝道进出;收费站控制车辆的出入,禁止非机动车等不合规定的车辆进入。

(4)分类收费。分车型进行收费,客车按照客座、货车按照载重进行分类收费,费率标准依据各省的省情和道路所处的地理环境而定。

高速公路是国家经济发展的命脉。我国自第一条高速公路——沪嘉(上海浦桃工业区—嘉定区)高速公路1988年建成以来,高速公路建设迅猛发展。到2004年底我国高速公路总里程达3.4万km,居世界第二位;截至2015年底我国高速公路总里程已达12.35万km,超过美国,居世界第一。图9-1所示为我国高速公路建设进度。

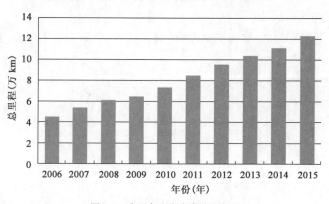

图9-1 我国高速公路建设进度图

然而，我国高速公路在其迅猛发展的同时，也带来了一系列的交通问题，受到严峻挑战。高速公路的智能化已成为高速公路的发展重点。

智能高速公路系统由各个分散的子系统组成，并对其子系统进行系统的融合、信息的交互，形成一个互融互通的整体。主要的子系统有：智能收费系统、出行者信息服务系统、匝道控制系统、区间速度管理系统、事件管理系统、排队管理系统、交通流紧急疏导系统、收费站智能排班系统等。智能收费系统及出行者信息服务系统在第10章和第7章有详细介绍，本章将从匝道控制、区间速度管理、事件管理、排队管理、交通流紧急疏导、收费站智能排班等角度出发，阐述智能高速公路系统的基础技术。

第2节 匝道控制

一、匝道控制概述

在高速公路上，如果匝道进入的交通量与主线交通量相加而成的合流交通量大于下游路段上的通行能力，那么主线上"瓶颈"处会产生交通拥堵。因此，为了保证高速公路的高效性，必须对高速公路进行交通需求控制。

匝道控制是交通需求控制中最为常用的一种控制方式，它是通过计算高速公路匝道上游的交通需求量以及匝道下游通行能力的差额来控制由匝道进入高速公路的最佳交通量，平衡上、下游交通量。这样就使得原本发生在高速公路上的交通拥堵被转移到了入口匝道处，从而保证高速公路的高速运行。可见，匝道控制会降低或牺牲其他道路上的运行效益，因此，实施高速公路匝道控制必须满足以下几个方面的条件：

（1）在进行匝道控制的通道区域内必须有可以替代的路线/时段或者其他的运输方式，其容量必须足够大，以满足从高速公路转移出来的交通量，同时又不会对其原本的交通运行产生较大的影响。如果没有可以替换的路线/时段或者其他的运输方式而进行匝道控制，则其他道路上依然会发生交通拥堵，拥堵进一步扩散可能会影响到高速公路匝道附近区域，从而抵消对高速公路进行匝道控制所带来的交通效益。

（2）在高速公路匝道处必须有足够的空间供停车等候的车辆使用，保证实施匝道控制时匝道内排队等候的车辆不会延伸到匝道引道或者与之平面相交的交叉口，影响非高速公路上的车辆通行。

（3）控制模式必须合适。如果高速公路上游交通量等于路段的通行能力而选择长时间关闭进口匝道，必然会受到公众的强烈反对。

（4）匝道必须保证汇合充分、视距良好，以防止拥挤及事故发生。

高速公路匝道控制包括关闭控制（永久关闭、高峰关闭、偶发性临时关闭）和调节控制（定时调节、感应调节、全局最优控制调节等）两种，关闭控制不允许匝道车辆进入来平衡高速公路上下游之间的交通量，一般不被公众所接受，通常弊大于利。下面主要介绍调节控制。

二、定时调节

定时调节系统由信号灯、通过检测器、需求检测器、排队检测器、控制器等部分组成，如

图 9-2 所示。定时调节根据历史调查情况把一天分为若干个控制时段,每个时段有固定的入口调节率,其运行方式也是固定不变的。显然,这种定时调节控制方式无法适应交通流的实时变化,但因其控制方式简单易行,控制系统的稳定性高,在很长一段时间内得到了广泛的应用。

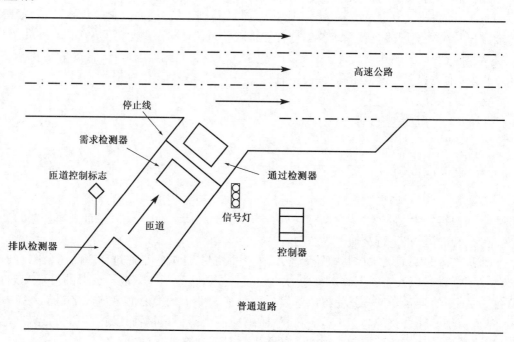

图 9-2　匝道控制定时调节系统

1. 信号灯

信号灯有两色(红、绿)及三色(红、黄、绿)两种,红色表示禁止车辆由匝道进入高速公路,绿色表示允许车辆进入,绿灯之后的黄灯是为了使来不及在停车线停下来的车辆顺利通过。

2. 匝道控制标志

匝道控制标志位于匝道起点附近,用于提醒驾驶人前方匝道是否处于匝道控制状态,如果驾驶人不愿等候则可选择由其他地点进入高速公路或者由普通道路绕行。对于"单车调节"的匝道口,还应放置"一次绿灯放行一辆车"的标志。

3. 控制器

定时调节需要先把设定的不同时段的调节率存入控制器之中,控制器再以设定的方案控制信号灯的变化,达到匝道控制的目的。控制器结构较为简单,一般由微处理器或者集成电路构成。

4. 检测器

定时调节可以不使用检测器,但是为了保障调节效果,可以根据需求埋入检测器。对于"单车调节"来说,可在停车线之前埋入通过检测器,一旦检测到车辆通过,则立即结束信号灯的绿灯。也可以在近普通道路的位置埋入排队检测器,一旦排队检测器检测到车辆存在,控制器需要提高调节率来减少车辆排队长度。

定时调节系统的信号以恒定周期运行,周期由特性时段的调节率计算而来,调节率 $r(\text{veh/h})$ 计算公式为

$$r = q_c - q_d \tag{9-1}$$

式中:q_c——匝道下游的通行能力(pcu/h);
　　　q_d——匝道上游的交通需求量(pcu/h)。

匝道定时调节系统周期为:

$$C = \frac{3600n}{r} \tag{9-2}$$

式中:n——每个周期允许从匝道进入的车辆数($n = 1,2,3,\cdots$),由匝道定时调节的形式所确定(pcu);
　　　r——匝道调节率(pcu/h)。

此外,匝道调节率 r 需被下列条件所约束:

$$r_{\min} \leqslant r \leqslant r_{\max} \tag{9-3}$$

$$d - \frac{p_{\max} - p_0}{T} \leqslant r \leqslant d + \frac{p_0}{T}$$

式中:$r_{\min}$——匝道调节率的下限值,取 180~240pcu/h 为宜(pcu/h);
　　　$r_{\max}$——匝道调节率的上限值,不同调节形式的上限值不一致(pcu/h);
　　　d——匝道车辆的到达率(pcu/h);
　　　$p_{\max}$——匝道所允许的最大车辆排队数(pcu/h);
　　　p_0——匝道控制时段初始时车辆排队数(pcu/h);
　　　T——控制时段的长度(h)。

匝道定时调节的形式分为单车调节和车队调节两种。单车调节规定在每个周期的绿灯时间内只允许一辆车进入,当通过检测器检测到车辆通过时,则立即将当前的绿灯相位切换为红灯,其调节率上限值为 900pcu/h;当匝道调节率大于 900pcu/h 时,每周期内必须允许两辆或两辆以上车辆进入交叉口,此种形式成为车队调节,其调节率上限值为 1100pcu/h。相比之下,车队调节更容易造成驾驶人慌乱、增大追尾事故的发生、中断高速公路上的交通流,因此一般采用单车调节来对匝道进行定时调节控制。

三、感应调节

定时调节无法适应毫无规律突然变化的交通流,难以消除交通流的无规律变化和偶然事件所引发的交通拥堵。为了克服这一缺陷,可以采用匝道感应调节控制方式,以实际检测到的交通流为依据来确定匝道调节率,从而适应交通流的随机变化。常用的匝道感应调节方法有:需求—容量差额控制、占有率控制、积分反馈控制。

1. 需求—容量差额控制

与定时调节类似,需求—容量差额控制需要实时比较匝道上游交通量以及下游通行能力,以选择合适的匝道调节率,其计算公式如下:

$$r(k) = c_a - q_d(k - 1) \tag{9-4}$$

$$c(k) = \frac{3600n}{r(k)} \tag{9-5}$$

式中：$r(k)$——时段 $T(k) \leq t \leq T(k+1)$ 内的匝道调节率(pcu/h)；

c_a——匝道下游通行能力(pcu/h)；

$q_d(k-1)$——时段 $T(k-1) \leq t \leq T(k)$ 内匝道上游交通量(pcu/h)；

$c(k)$——调节系统周期时长(s)；

n——每个周期允许从匝道进入的车辆数($n=1,2,3,\cdots$)(puc)。

匝道调节率约束条件为：

$$r_{\min} \leq r \leq r_{\max} \quad (9\text{-}6)$$

$$d(k-1) - \frac{L_{\max} - l(k-1)}{T} \leq r(k) \leq d(k-1) + \frac{l(k-1)}{T} \quad (9\text{-}7)$$

式中：$r_{\max}$、$r_{\min}$——匝道调节率上、下限，取值与定时调节相同(pcu/h)；

$d(k-1)$——时段 $T(k-1) \leq t \leq T(k)$ 内匝道的车辆达到率(pcu/h)；

$l(k-1)$——时段 $T(k-1) \leq t \leq T(k)$ 内匝道的车辆排队长度(pcu/h)；

$L_{\max}$——匝道允许的最大排队长度(pcu/h)；

T——控制周期长度，一般取1(min)。

从纯理论上来说，如果匝道上游交通量大于匝道下游通行能力，那么应该关闭匝道不允许车辆进入。然而从实际运用上来说，一般会采取 3~4pcu/min 的最小匝道调解率，以避免匝道关闭所引发的违规现象发生。

2. 占有率控制

占有率控制的算法很多，主要有经验公式或者查表两种方法。经验公式一般采用美国安全研究所提供的公式计算。

$$r(k) = \begin{cases} r_{\max} & o(k-1) < \frac{2}{3}o_c \\ c_a \left(1 - \frac{o(k-1)}{o_c}\right)^2 & \frac{2}{3}o_c \leq o(k-1) \leq o_c \\ r_{\min} & o(k-1) > o_c \end{cases} \quad (9\text{-}8)$$

式中：$o(k-1)$——时段 $T(k-1) \leq t \leq T(k)$ 内匝道下游的占有率(%)；

o_c——匝道下游交通量为最大时所对应的占有率(%)。

查表的方式更为简单易行，一般通过采集历史数据来估计交通量最大时的占有率 o_c(最小调节率)和自由流条件开始停止时占有率 o_t(最大调节率)，再根据该路段的通行能力确定匝道的最大及最小流入量。之后在最大调节率和最小调节率之间确定数个其他调解率以对应相应的占有率，绘制成关系表存入匝道控制器之中。表9-1 为某6车道高速公路占有率与调节率的对应关系表(供参考)。

6车道高速公路占有率与匝道调节率的对应关系　　表9-1

占有率(%)	≤10	11~16	17~22	23~28	29~34	>34
调节率(pcu/h)	12	10	8	6	4	3

3. 积分反馈控制

积分反馈控制使用积分反馈调节器，使下游占有率保持在期望值 o_c 之上，调节模型为：

$$r(t) = \int_0^t \frac{1}{a}[o^d - o(t)]\mathrm{d}t \tag{9-9}$$

式中：o^d——下游占有率期望值，一般取 o_c(%)；
$o(t)$——匝道下游的当前占有率(%)；
a——积分时间常数。

四、全局最优控制调节

前面介绍的定时调节和感应调节均属于单个匝道口的控制调节，简单实用，但不能保证整条公路的全局调节性能最优。全局最优控制调节把整条公路的多个匝道结合在一起考虑，确定出一组调节率使得全局性能目标达到最优。从道路使用者的角度出发，可使用全体高速公路车辆总行程时间最小的性能指标；从管理部门角度出发，可使用总服务流量最大的性能指标或总延误最小的性能指标。

对于全局最优控制调节问题，一般抽象为非线性最优控制问题，很多学者针对不同的全局最优性能指标，提出将自适应迭代学习控制、神经网络控制、模糊逻辑控制等方法引入求解，通过验证取得了较好的控制效果。但一般全局控制的匝道数比较多，人工计算求解几乎是不可能实现，因此必须利用相应的计算机软件求解。

第3节　区间速度管理

一、概述

区间速度指的是车辆驶过某一区间，全行程内单位时间运行（包括停车时间）的距离。

高速公路区间速度的管理主要通过标志牌（图9-3）、区间测速等方法来实现，而且区间测速对打击违章超速行为的作用大。区间测速是通过布置在道路上的两个相邻监控点，当车辆通过监测起点和监测终端时，车牌识别技术通过抓拍采集车辆图像，然后后台系统自动对比车牌，再根据行驶里程和行驶时间，计算出平均车速，并进行超速与否判断。区间测速系统对区间范围内整个车辆行驶过程进行近似监控，监控范围大，记录信息充分，可有效地控制整个区间行车速度。

图9-3　限速标志牌

二、区间测速系统

区间测速系统（图9-4）基于先进的车牌抓拍与识别技术、无线网络通信技术等来实现高速公路区间的管理与监控，是一种新型的超速违章取证系统。区间测速系统自动记录车辆在不同监控点的信息（车牌、车速、时间等），计算该车辆在区间内的平均速度并与限定值对比，判定该车是否超速。区间测速系统可以拓展为多区间测速。采集汽车在路段的两个及多个区间截面之间行驶的平均车速,克服了单点测速的易躲避性,能更客观地检测出超速车辆,为道路执法部门提供更加有力的违章执法依据。

图9-4 区间测速

1. 布点策略

为了满足交通安全和区间速度的管理要求,选点时应充分考虑路面几何结构,交通流特征和交通事故的情况,以下为具体的选点策略:

(1)优先选择驾驶人违法超速、违章变线及违法占用拯救车道的频发地点及路段。

(2)考虑道路几何构造及交通特性,使得监摄效率最大化,有效地对区间速度进行管理。

(3)与已建成系统有效连接集成,防止重复投资。

2. 布点原则

为了有效地对高速公路区间速度进行管理,最大限度地保障高速公路的交通安全,安装地点选择原则如下:

1)优先选定交通事故频发地段和重大交通违法抓拍地段

(1)大车多,通行速度高的区间。

(2)各个时间段交通量变化大的区间。

(3)进出高速公路的合流与分流地段。

(4)交通事故发生率高和交通事故危害度大的地点。

2)考虑实用性、通用性及经济性

(1)分析现有的系统及未来的扩展计划,可以最大化提高监测效率的地点。

(2)需要扩展的地点。

3)其他

(1)有潜在的交通事故发生的地点。

(2)不妨碍主要交通诱导设施正常工作的地点。

(3)现场安装条件(电源及通信)便利的地点。

3. 主要功能

(1)检测机动车通过区间的平均速度及通过区间的两个端点的即时速度。

(2)为执法提供违法车辆的违法现场记录信息(含车牌、地点、时间、车速等)。

(3)违法违章信息网络传输至监控中心,实现远程数据传输。

（4）监控中心通过网络发送控制指令,实现远程控制。

（5）对违章车辆进行统计、分析、管理,生成各种报表。

4．工作原理

如图 9-5 所示,在相距一定距离的封闭路段的两端点上,系统中分别装有一套检测抓拍设备,当车辆通过检测点时,安装在该点的检测抓拍设备将自动记录其通过该点的时间、识别其车牌并进行图片抓拍。当车辆行驶离开封闭路段时,系统通过网络将数据传送到监控中心,监控中心根据捕获的信息自动计算车辆在封闭路段上的平均速度。如果平均速度超过限定值,系统将采用特定的加密技术在违章机动车的图片中嵌入相应的时间、地点和速度,并及时将该车辆的违章信息发送到监控中心的服务器端保存,作为执法的凭证。

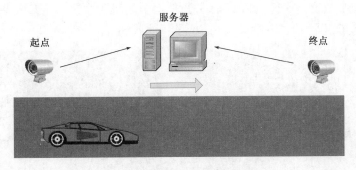

图 9-5 区间测速示意图

5．工作流程

系统的工作流程如图 9-6 所示。当车辆经过区间测速的入口时,安装在该点的监测设备将捕获其以下信息:通过该点时的时间、车辆类型、车牌号码,并抓拍现场图片;系统自动将车型、车牌号码、时间等信息形成一条完整记录写入本机数据库中,并通过通信网络将记录发回监控中心服务器保存;若车辆平均速度超过限定速度,则将其图片发送到服务器中,否则图片暂存本机硬盘中。当车辆通过区间测速的出口时,安装在该点的监测设备的工作流程和车辆通过入口时的流程类似。

服务器负责处理前端测速系统传送回来的数据和图片。服务器每收到一条出口处传回的数据记录,都将其中的车牌号与入口数据表中的车牌号进行对比,对相同的车牌号,系统将根据通行时间和区间实际距离计算出该车辆通过区间的平均速度,若确定为超速,则检测服务器图片库中有没有该车辆的图片,如果没有,就发送指令到前端测速系统,让其将该车辆的图片上传至服务器中,确保超速车辆的图片都保存到服务器的图片库中。

服务器端的图片处理功能负责处理图片库中的图

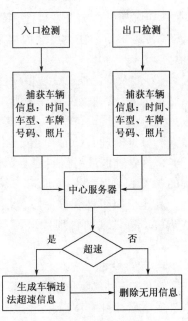

图 9-6 区间测速系统工作流程图

片,利用加密技术将超速的违法信息嵌入到图片数据中,作为处罚执法的依据。图片处理模块在处理完图片库中的图片后,将删除服务器和前端系统暂存的无用信息。

第4节 事件管理

一、概述

交通事件(图9-7)是指发生时间或地点都不能精确预测的、导致道路通行能力临时下降的情况,例如,交通事故、车辆故障、错误的驾乘行为、货物掉落等,广义的还包括极端天气、路面破损、山体滑坡等导致道路通行能力下降的环境和道路条件。交通事件对道路交通最直接的影响就是造成道路通行能力下降,并可能会引起偶发性拥堵和二次事件,对交通安全有很大的负面影响。

图9-7 交通事件

交通事件通常由某些特定因素或特殊环境所引发,具有以下特点:

(1)随机性。突发性事件,事件发生时间、地点、频次、损害程度等都不确定。

(2)需求超常性。当交通需求大于道路通行能力时,通常会改变交通状况,产生交通拥堵。

(3)波及广泛性。交通事件往往涉及众多对象,影响范围大。

美国的《交通事件管理手册》中对交通事件管理定义为"系统地、有计划地、协调地使用人力、法规、救援设备和技术手段来减小事件的影响和持续时间,以此来提高驾驶人、事件当事人和事件处理人员的人身安全"。

事件管理的最终目的是使受事件影响的交通恢复正常,目标是在短时间内完成事件管理的各项活动,最大限度地减小事件造成的影响和损失。

高速公路事件管理一般包括7个子过程:事件检测、事件鉴别、事件信息服务、事件响应、事件现场管理、事件条件下的交通管理、事件清除。事件管理过程如图9-8所示。

1)事件检测

事件检测是对可能发生的事件进行发现、鉴别,和对已经发生的事件进行检测的过程。事件发生后,事件当事人在救援人员到来之前常常处于十分危险的境地,道路交通也可能会暂时陷入混乱状态。能否及时对事件进行响应,很大程度上依赖于高效、可靠的事件检测技术。尽早检测到事件对于制定恰当的响应策略、及时控制和引导其他车辆避开事发地点是非常关键的,从而使事件的影响和损失降到最低。事件检测是事件管理的前提。

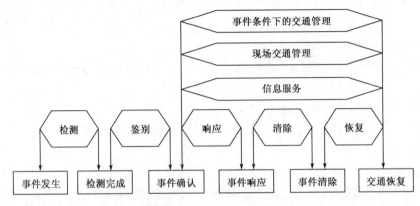

图 9-8　事件管理的过程

2) 事件鉴别

事件鉴别是指当一个事件已经发生,需要确定事件发生的准确位置,获得事件类型和严重程度等与事件相关细节的过程。它的目的是收集尽可能多的相关信息来确定响应事件所需的资源。事件确认后,事件的相关信息就可以尽快地传送给响应部门和相关人员,提供的信息越及时、越准确,对事件的处理就越有利。

3) 事件信息服务

事件信息服务是指利用各种信息发布方式将事件相关信息发送给受影响的驾驶人的过程。它在事件管理中发挥十分重要的作用包括:

(1) 减少事件现场和距离事件现场较近范围内的交通需求。

(2) 减少二次事件。

(3) 加强现场处理人员的安全。

(4) 减少驾驶人由于事件而引起的不稳定行为。

事件信息应尽快发布以利于驾驶人采取及时的反应,从而降低事件造成的影响和损失。驾乘人员需要尽可能多接受有关事件的信息,因而事件信息发布的持续时间一般较长,应该持续到交通流恢复常态时为止。常用的交通信息发布方式包括交通广播电台、可变信息板、车载导航设备、电视、互联网、移动电话等。

4) 事件响应

事件响应指确认交通事件后,协调各相关部门,调度合适的人员、备用资源前往事件现场,并进行通信联络和信息发布的过程。恰当的响应取决于对事件的性质、影响范围等信息的了解以及现有条件下所能提供的设备和资源。另外,各响应部门要对不同类型的事件做好充分准备,这样,对事件的响应才能协调、快速、有效地进行。

5) 事件现场管理

事件现场管理的主要功能是准确评价事件严重程度、确定活动的优先权、协调相关资源的使用、保证通信的清晰与畅通、安全高效地展开救援等。事件现场管理的首要目的是通过有效措施安全、快速、高效地清理事件现场,保证事件处理人员、事件当事人以及其他车辆驾驶人和乘客的安全。

高效的事件现场管理方案必须包括：确定一个合理的事件现场指挥点；确定一个权威的现场指挥人员；及时调动所有与事件处理相关的人员；对紧急车辆和设备进行分阶段调用。

6）事件条件下的交通管理

事件条件下的交通管理指对事件影响区域进行交通管理与控制的过程，如图9-9所示。交通管理的内容主要包括：

（1）建立事件现场交通控制点。

（2）管理道路空间（关闭或开放车道，基于安全隔断事件现场部分空间，合理停放紧急车辆与设备）。

（3）派遣合适的人员协助交通管理（如，交警、路政人员）。

（4）管理受事件影响区域的交通控制设备（如，匝道调节器、车道控制标志和交通信号标志）。

（5）必要时，进行路线引导，实施替换路线方案。

图9-9　事件条件下的交通管理

7）事件清除

事件清除是清理道路上的停驶或报废车辆、碎片等妨碍交通流正常运行的道路障碍，将道路通行能力恢复到正常水平的过程，如图9-10所示。能否快速、高效、安全地实施事件清除是事件管理中的关键环节。事件清除的目的包括：

（1）安全、迅速地恢复到事件发生前的道路通行能力。

（2）降低车辆延误。

（3）有效使用清除事件的资源。

（4）保证事件当事人和响应人员的安全。

（5）防止道路设施和个人财产遭受不必要的损害。

二、事件检测

为了预防和减少交通事故的发生，及时有效地救援和处理事故，有效地减少交通事故导致的延误及二次事故的发生,就必须准确、快速地对交通异常等交通事件进行检测。

图9-10 事件清除

事件检测方法主要包括以下几种:
(1)驾驶人或其他人员电话报警。
(2)交通视频监控。
(3)基于检测器数据的交通事件自动检测方法。
(4)交通警察巡逻。
(5)相关部门报告的事件信息等。

1. 交通事件自动检测方法

1)直接检测法

通过视频和图像处理的方法来完成对目标的识别、跟踪、交通流检测。由于需要安装更多的摄像头,此方法成本高,受气象条件的影响大。

2)间接检测法

对主线上设置的检测器采集到的交通流参数进行分析,判断是否有事件发生。依据事件对交通流的影响,来检测事件的存在,其优点是成本低、简单易操作;缺点是存在检测率低,误报率高等问题。

2. 高速公路交通事件检测算法与实现

高速公路管理部门通过车辆检测器或视频车辆检测器监视车流,当发现交通事件、交通阻塞等异常现象时,通过交通广播电台、可变情报板等告知上游车辆,使其绕行或减速,以避免或减少交通事故的发生。要判断交通异常状态,首先要建立交通异常的标准,即交通异常门限值。交通异常门限值是交通流参数的某一限值,交通流参数不超过这个限值则认为交通正常,否则认为交通异常。交通异常门限值确定的正确与否是交通事件检测与管理系统能否准确判断交通异常的关键。

门限值是交通流参数正常与反常的分界值。以交通流量 q 为例,假设它的门限值分别为 q_1、q_2。当 $q_1 \leqslant q \leqslant q_2$ 时,则交通流正常;当 $q < q_1$ 或 $q > q_2$ 时,则交通流反常。确定门限值,对交通流量这个参数即是确定 q_1 和 q_2。交通流参数是随机变化的,要严格判定是很困难的。门限值不是一成不变的,门限值的计算需要根据道路交通的实际情况进行,不同路段、不同时段的门限值并不一样,所以计算出的门限值需进行反复的调整。

3. 高速公路交通事件检测算法分析

高速公路事件检测系统是根据实时采集的交通流数据信息,通过相关的复杂计算,并将结果与设定的事件门限值进行比较,从而判断是否有交通事件发生。事件检测系统的关键是事件判断算法。

1) 交通事件检测算法分类

根据交通流理论,通过分析从车辆检测器检测的交通流数据,自动地判断事件发生的时间、地点和性质,是交通事件检测算法的主要功能。20多年来,已经研究和开发了大量的事件检测算法,有基于决策树的模式识别算法、预测值与采样值相比较的统计算法及近年来研究的低通滤波技术、突变论方法、神经网络方法、图像处理法等。

2) 交通事件检测算法评价

目前,在已研究的高速公路事件检测方法中,每一种都各有其优缺点。动态模型法在捕捉交通动态过程及自适应方面较好,易于移植,但计算效率却需进一步改善;突变论方法容易识别拥塞和确定拥塞诱因(常发性或偶发性),有计算快和易实现的优点;神经网络法的性能指标最佳,缺点是训练数据的依赖性较强,模型推广能力差;图像处理法具有直观、检测区域布置灵活的优点,缺点是实时性和精度需要改进。

评价高速公路交通事件检测算法的3个主要性能指标包括检测率DR(Detection Rate)、误报率FAR(False Alarm Rate)和平均检测时间MTTD(Mean Time To Detect)。

检测率是在某特定时段内,由算法检测到的事件数占实际发生事件数的百分比,即

$$检测率 = \frac{算法检测的实际事件总数}{所有实际发生的事件总数} \times 100\% \qquad (9\text{-}10)$$

交通事件检测算法并不能全部检测出所有的交通事件,尤其是对车流影响并不明显的轻微交通事件,如提高交通事件的检测率,常常会伴随更多的误报次数。

误报率是指在特定时段内,误报的事件数占该时段内总的测试次数的比值,即

$$误报率 = \frac{误报的交通事件数}{给定时段内总的测试次数} \times 100\% \qquad (9\text{-}11)$$

交通事件误报率是因需求的变动而产生的,为了降低误报率,目前采用的方法是持续性测试(Persistence Test):在呈报交通事件之前,须对此交通事件信号持续某一个时间段。在算法中加以持续性测试,可以十分有效地降低误报率。

平均检测时间是交通事件从实际发生到被检测之间的平均延误时间。平均检测时间在3个性能指标中处于次要地位,因为平均检测时间的长短与算法自身的参数选择及门限值的高低关系密切。

$$平均检测时间 = \frac{1}{n}\sum_{i=1}^{n}[TI(i) - AT(i)] \qquad (9\text{-}12)$$

式中:$TI(i)$——被算法检测到的第i个交通事件发生的时间;

$AT(i)$——第i个交通事件实际发生的时间。

交通事件检测的任何一种算法均无法避免产生误报,而检测率、误报率与平均检测时间之间有不可避免的取舍问题。在选择算法时,其误报率不能大于预先设置的容许值,对应的检测率和平均检测时间必须在接受范围内。

第5节 交通流紧急疏导

一、概述

交通疏导是交通监控的重要组成部分。在交通事件检测的基础上,交通疏导是交通监控的主要任务。高速公路交通疏导技术包括交通控制和交通诱导两个主要部分。交通控制包括入口匝道控制、主线控制、通道控制以及智能控制等;交通诱导则包括交通广播系统、可变信息板系统、车载导航系统等。为了确保高速公路的通行能力处于较佳状态,应根据不同的交通状态,实时采用合理和有效的控制方法和诱导策略。

常用的交通诱导屏如图9-11所示。

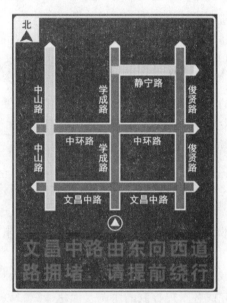

图9-11 交通诱导屏

二、交通控制

交通事件发生后,匝道控制和主线控制是目前高速公路的比较常用的两种控制方法。匝道控制是以匝道入口流量为系统的输入量,通过计算匝道上游交通需求和交通事件发生后下游道路剩余通行能力差额来寻求最佳入口匝道流量控制,平衡上、下游交通量,从而使交通需求不超过高速公路现存的通行能力,使高速公路主线交通流处于稳定状态,其主要目的是通过控制高速公路的交通需求,减小交通事件发生后造成的干扰。主线控制就是对高速公路主线的交通流进行调节、诱导和警告,其主要目的是当交通事件发生时,缓解主线上由事件产生的交通拥堵和交通瓶颈对交通流的影响。高速公路的匝道控制和主线控制不是孤立存在的,而是相互协调共同发挥作用,从而对高速公路交通流获得更好的控制效果。

三、疏导策略与方法

在交通事件发生的情况下,需根据具体交通事件的严重程度、事件对道路通行能力所造成的影响程度、当时高速公路上交通流的需求情况以及天气和路面状况等一系列信息而采取适当的紧急疏导策略与疏导方法,以减小交通事件造成的影响和损失。

在交通流量较小或轻微交通事件下,交通事件对道路通行能力影响不大,且因干扰而下降的通行能力仍然大于高速公路上游主线和上游匝道的交通需求总和,交通事件不会对交通流运行产生明显影响时,则不用进行交通流紧急疏导。此时,应采取的措施是及时、安全、快速地处理交通事件,并利用各种信息发布方式将事件相关信息发送给受影响的驾驶人,避免造成二次事件。

当交通事件对道路通行能力造成一定程度的下降,且下降后的道路通行能力大于上游主线的交通需求,但小于上游主线与相邻匝道交通需求总和时,会引起路段轻度的交通拥堵,此时可以采取单匝道动态控制方法来调节路段总交通需求,即匝道调节率根据邻近上、下游主线交通检测器所检测到的实时交通数据动态地进行确定。交通事件发生后,路段通行能力降低,而该疏导策略可以有效地降低路段的交通需求,有利于缓解路段交通压力,快速疏导交通流,避免加剧交通拥堵。由于该策略中的匝道调节率只涉及事发路段上游匝道和路段的交通需求以及下游路段通行能力,与其他匝道的控制及检测系统无关联,因此不能达到更大范围或全局最优控制。但这种措施实施相对较简单,对于交通事件引发的轻度交通拥堵具有很好的疏导效果。在采取匝道控制的同时,也可采取主线限速控制方法,降低交通流的整体速度,从而改善交通流运行的平稳性,保证车辆平顺的通过瓶颈路段,提高路段瓶颈处的通行能力,安全、有序地对交通流进行疏导。

当交通事件对道路通行能力造成较严重的下降,或交通事件不是很严重,但当时道路上的交通需求较大时,造成事发路段的道路通行能力低于上游主线的交通需求的现象,从而引发较严重的交通拥堵。此时,仅依靠单个匝道的调节来疏导交通流已无济于事,因而应当采取匝道控制、主线控制以及上游路段交通流诱导分流控制相结合的交通疏导方式,来减缓事发路段的交通压力,以便及时、有效地疏散交通拥堵,保证安全、快速地清除交通事件,尽快将交通流恢复到常态,恢复正常的交通秩序。

当交通事件的影响较大,造成的交通拥堵影响到上游的其他多个路段时,则应进一步采取多个匝道入口调节率的同步协调控制方式,即匝道全局动态最优控制方法,或多个匝道入口控制与出口诱导分流相结合的方式。在该控制系统中,各匝道均有单独的系统对所属区域的信息进行直接控制,它与本路段检测器及控制中心系统保持通信联系,由控制中心系统完成各匝道控制的协调及优化计算。该系统的控制目的是使高速公路上所有车辆总行程时间最小或总服务流量最大,也就意味着实施该策略后将使因拥堵而引起的总延误最小。该策略适用于因交通事件诱发的大范围、严重的交通拥堵情况,也有利于避免或消除常发性交通拥堵。

当交通事件非常严重时,有可能会造成路段通行能力严重下降,导致高速公路交通堵塞。此时,对于事发路段应采取行政管制手段,实施交通诱导、交通分流、封闭部分路段等综合疏导方式。其他相邻路段应根据实际情况,采取适当的控制策略,如入口匝道控制、主线限速控制及通道控制相结合的协调控制方式。针对不同的交通事件应预先制定相应的交通流疏导方案,以便在事件发生时及时、快速、有效地执行。

当出现恶劣气候时,高速公路交通流疏导的主要目的是提高行车安全,避免发生交通事故。如在大雾、大雨天气下,驾驶人视线受到严重影响,行车视距大大降低,而且雨天路面容易打滑,若不及时采取有效的交通控制措施,很容易引发多车追尾等严重交通事故,因此应根据不同的情况设定不同的行车间距和限速值,计算出最佳安全行车密度,并以此密度和车速为期望值应用合适的动态算法,从而得到最佳控制策略。

第6节　应用案例

高速公路综合管理系统

高速公路综合管理系统是运用综合管理的思想，运用网络通信技术、控制技术、传感器技术等先进的技术，集成高速公路已有的收费、监控、养护等系统的多源异构数据，在车辆、高速公路、高速公路使用者和管理者之间实现信息的共享，保证高速公路安全、通畅、高效的综合管理系统。

高速公路通信系统为高速公路综合管理系统提供网络化的信息传输支持，在同一个网络上可以传输语音、数据和图像信息及其他交通宏观管理信息，并向社会提供网络服务。监控系统的视频、音频、检测系统的告警、诱导系统的控制信号等可传送至网络中的每一个节点。利用高速公路通信网络可以在不同地点同时监视、远程控制某些场所，并具有移动图像探测、上报告警信息、进行远程指挥功能。

系统网络结构主要由远端多业务接入单元、本地多业务接入单元、传输网、接入网等组成。

高速公路收费站及沿途的视频、音频信息、交通流数据等通过远端多业务接入单元，转换成统一的以太网信号后接入光纤网络。高速公路沿途的监控信号由光纤网络的本地接入单元提供给高速公路综合业务接入网，通过综合业务接入网将高速公路沿途监控信息传输到监控分中心。分中心再把监控信号通过光传输系统上传至监控中心。系统网络结构图如图 9-12 所示。

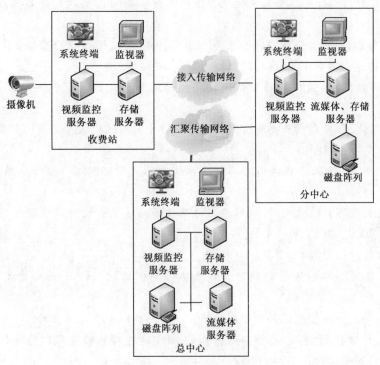

图 9-12　系统网络结构图

高速公路综合管理系统综合了高速公路的收费、监控、养护等数据，在此基础上实现信息的融合，并挖掘这些数据内部以及数据和数据之间潜在的规律和联系，为车辆、道路使用者提供更广泛的信息服务，为高速公路管理者提供高效的管理和决策支持，为政府及行业主管部门提供数据访问接口。高速公路综合管理系统是高速公路信息化发展的必然趋势，将有效提高高速公路的运行效率和服务水平。

课后习题

1. 什么是匝道控制？实施高速公路匝道控制应满足的条件有哪些？
2. 什么是区间测试系统？它的工作原理是什么？布点策略主要有哪些？
3. 什么是事件管理？它包括哪几个过程？
4. 高速公路交通疏导技术有哪几部分组成？

参 考 文 献

[1] 王亦兵,韩曾晋,贺国光.城市高速公路交通控制综述[J].自动化学报,1998,24(4).

[2] 任黎立.高速道路入口匝道控制方法综述[J].交通标准化,2006(5).

[3] 徐建闽,李林,林培群,等.高速公路交通管制策略仿真评价[J].公路,2011(2):83-87.

[4] 蔡志理.高速公路交通事件检测及交通疏导技术研究[D].长春:吉林大学,2007.

[5] 张阳,叶东升,朱岩.高速公路交通事件检测系统研究[J].交通与计算机,2003,21(3):6-9.

[6] 王庞科,高琴兰.高速公路事件管理[J].中国科技信息,2008(23):296-297.

[7] 宫子龙.高速公路事件管理研究[D].西安:长安大学,2001.

[8] 王彦卿,苏浩然.高速公路收费车道排队问题浅析[J].公路交通科技,2001,18(z1):125-127.

[9] 刘维维,雷博,马伟思,等.高速公路收费站设计中的排队论模型分析[J].黑龙江交通科技,2013(4):184-185.

[10] 于立军,甄曦.排队论在高速公路收费系统中的应用研究[J].城市道路与防洪,2008(7):174-176.

[11] 汤洪波,刘向远,陈洪章,等.排队论在公路收费站服务台设计及管理中的应用[J].四川建筑,2009,29(5):76-78.

[12] 黄璟.智能排队管理系统[D].南京:南京理工大学,2007.

[13] 陈智林.高速公路系统思想政治工作具体机制探析[J].中小企业管理与科技,2009(05):109.

[14] 皱文端.高速公路智能化若干问题的研究[D].衡阳:南华大学,2006.

[15] 黄思博,林培群,徐建闽.基于二项分布的BRT通道排队模型及线路优化调度[J].交通信息与安全,2010,28(4):9-12.

[16] 许伦辉,刘文亮,李智慧.基于排队过长的城市高速公路入口匝道控制策略[J].山东交

通科技,2005(4):4-5.

[17] 邹国平.基于智能的高速公路交通控制与管理[D].西安:长安大学,2002.

[18] 李洪武,胡晓健,陆建.交通意外事件紧急疏导配流方案生成方法研究[J].现代城市研究,2007(12):76-80.

[19] 张政.排队论在公诉公路收费系统中的应用[J].西安航空技术高等专科学校学报,2006,24(5):49-50.

[20] 韩涛.智能高速公路系统需求分析与研究[D].天津:天津大学,2006.

[21] 何志明.智能高速公路综合管理平台设计[D].广州:华南理工大学,2011.

第10章 智能收费系统

➡第1节 概述

随着现代交通事业的飞速发展,传统的人工公路收费及半自动收费方式已难以适应交通量的增长和满足公路管理现代化的需要,收费站成为高速公路的瓶颈地段,因而智能收费系统应运而生。

智能收费系统是以计算机技术、通信技术、GPS 技术、GIS 技术等技术为基础,在不需要停车和收费人员操作的情况下,自动完成收缴费用过程的系统。智能收费系统的重要特点有:不停车、无人工操作、缴费快和非现金交易等。

智能收费系统与传统人工收费及半自动收费系统相比有如下优点:

(1)快捷收费,工作效率提高。采用智能收费系统,使得收费操作可以在机器与机器之间通过电子信号快速地进行,采用电子货币的付费方式,避免了以往人与人之间现金交易的繁琐。智能收费系统,实现了不停车收费和收费工作的自动化,收费时间大大缩短,收费效率显著提高,还可以减少收费站的管理人员数量,降低收费站运营成本。

(2)收费站的通行能力提高,减少收费站路段的交通拥挤和堵塞。采用传统的人工收费方式,车辆在收费站处必须停车,当到达车辆较多时,往往会造成收费站车辆排长队,通行能力大大降低。采用智能收费系统后,车辆经过收费站时只需稍作减速,甚至可以保持高速行驶而不必停车,收费口的通行能力大大提高。同时,采用智能收费系统,道路管理部门可以采取更加灵活的工作方式,如根据不同的时段动态地调整收费标准,以达到分散高峰流量的目的,促进路网整体通行能力的提高。

(3)减少能源消耗和降低环境污染。由于驾驶人无需停车缴费,收费站的排队等候现象得到缓解甚至消失,减少了车辆频繁地制动、启动过程,因而机件和轮胎的磨损减少,油耗也得到降低。车辆排放的废气自然减少,降低了环境污染。

(4)收费过程中的贪污、舞弊行为得以杜绝。由于智能收费系统采用电子货币的付费方式,收费人员不直接接触现金,杜绝了收费过程中的贪污、舞弊行为。收费工作由智能收费系统自动完成,杜绝了收费过程中的人为因素的影响,完全按照收费标准执行,乱收费现象可以被遏制。

第2节 ETC收费系统

一、概述

ETC(Electronic Toll Collection)称为电子不停车收费系统,即车辆在通过收费站时不需要停车,通过车载设备实现车辆识别,在入口处自动写入信息并完成从预先绑定的IC卡或银行账户上扣除相应费用的操作,是国际上正在努力开发并推广普及的一种用于道路、大桥、隧道和车场管理的电子收费系统。ETC是先进的收费系统之一,也是智能交通系统(ITS)体系结构中的一个重要的组成部分。ETC系统可降低车辆在收费站的滞留时间,有效缓解收费站拥堵的现象,降低油耗,减少废气的排放,降低对环境的影响。

常见的ETC专用通道如图10-1所示。

图10-1 ETC专用车道

二、ETC的主要构成

ETC系统包括三大关键子系统:自动车辆识别系统、自动车辆分类系统以及违规抓拍系统。ETC系统构成如图10-2所示。

1. 自动车辆识别系统

自动车辆识别技术(Automated Vehicle Identification,AVI)是一种当车辆通过检测点时,不需人为操作,系统能快速、准确地识别车辆身份信息的技术。

主要的车辆识别技术包括:

(1)光学和红外AVI技术。该技术利用装在车辆上具有编码功能的标签,实现车辆识别。该标签类似于条形码由一系列宽度或颜色变化的线条组成,当车辆经过标签识别器时,数量和颜色不同的光被反射到识别器的读取单元上,通过识别这些光的含义就可以识别车辆的身份信息。

(2)射频和微波AVI技术,该技术利用射频、微波通信技术实现车辆身份数据代码的传送与识别。

(3)图像处理AVI技术,该技术利用摄像机(CCD)及计算机图像处理系统,通过将CCD摄取的图像数据,传输给计算机系统进行图像的预处理及识别,识别包括车牌号码、车辆类型等信息。

目前电子不停车收费系统中车辆识别技术主要以微波和红外技术为主,由于技术发展原因,微波方式的ETC已逐渐成为各国的主流。

2. 自动车型分类系统

自动车型分类(Automatic Vehicle Classification,AVC)是指根据已制定的车辆分类标准,对通过收费站的车辆进行信息采集,并根据这些信息对车辆进行自动分类,以便按照车型进行收费。

3. 违章抓拍系统(VES)

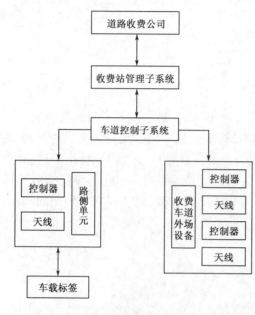

图10-2 不停车收费系统示意图

违章抓拍系统(Violation Enforcement System,VES)主要由摄像机、图像传输设备、车辆牌照自动识别系统等组成,用于对不带标识别卡、强行闯关逃费等违章车辆进行抓拍,将相关信息存储记录,并传输到收费中心,以便事后进行责任追究。

三、ETC的技术设备

1. 车载电子标签

1)按标签结构分类

车载电子标签按照标签的结构可分为单片式电子标签与两片式电子标签。

单片式电子标签结构简单,由一个单独的微波处理卡组成。每个电子标签具有独立、唯一的ID编码。标签通常包含只读区和可读写区两个数据段,只读区包括电子标签标识码、车牌号和车型等车辆物理参数,属于强制性固定信息。可读写区用于存放可更改的临时信息,如收费站点编号和出入时间、账户资金余额、个人ETC用户信息等。通过读取和校验电子标签的ID编码及发行信息,确定车辆的唯一性,从而对车辆的通行交易进行处理。单片式电子标签在物理结构上是一个不可拆分的整体。

两片式电子标签是带IC卡接口的电子标签,可读可写,由固定的车载机(微波处理卡)和可插拔的支付IC卡两部分组成,如图10-3所示。IC卡相对独立于电子标签,电子标签内部有微处理器和大容量内存储器,可以进行复杂运算、识别用户信息和车型数据等,并完成与车道天线双向通信的功能。车载机内存储了电子标签标识码、车牌号、车型等车辆物理参数,而用户的消费账号、账户金额、交易方面的信息则存储在支付IC卡里面。车载机主要完成IC卡的信息读写并与路侧读写设备通信。

2)按工作状态分类

车载电子标签按照工作方式分为主动式与被动式电子标签。

图 10-3　车载标签与 IC 卡（粤通卡）

主动式电子标签可以主动完成信息的编辑工作,并通过无线信道与控制中心通信。主动式电子标签一般都含有电源,能够在较远的范围内保持通信。主动式电子标签成本自然比较昂贵。此类电子标签主要用于"智能出行系统"的应用中。

被动式电子标签在欧美被广泛采用,其特点是价格便宜,通信距离比主动式电子标签近得多。

2. 微波天线

车道天线接收从天线控制器传来的数据信号,信号经调制和功率放大后经天线发射出去。当 ETC 用户匀速经过 ETC 车道时,车载电子标签被车道天线信号激活,进入工作状态,根据接收到的命令向车道天线回传相应的应答数据。主要通信过程如下:天线控制器从车道控制计算机系统接收通信指令,按照某种标准通信协议形成数据帧(如,专用短程通信 DSRC 协议),通过车道天线将数据帧发给车载电子标签,并将接收电子标签返回的数据上传给车道控制计算机系统。天线控制器是电子标签与车道控制计算机之间通信的调制解调设备,天线控制器通常内置多个控制模块,每个控制模块负责控制一个车道天线。天线控制模块通常由 PC 通信接口单元、RS485/RS422 天线接口单元、双端口数据存储器(DPRAM)、通信协议处理单元构成。PC 通信接口单元主要负责天线控制模块与车道控制计算机之间的通信,它可以是 PC 总线接口,也可以是 RS232 接口。

四、ETC 的工作流程

首先,车主需购置电子标签,并交纳一定的储值。然后由系统向电子标签输入车辆的识别码(ID)与密码,在电子标签数据区中写入与本车相关的全部信息,如电子标签识别码、车牌号码、车辆型号、颜色、车主姓名与电话等,并将上述信息通过网络上传到收费系统中。将电子标签安装在车内前窗上后,当车辆匀速驶入 ETC 收费车道入口处的天线发射范围,处于休眠的电子标签受到微波激励就会唤醒转入工作状态,电子标签通过微波发出电子标签标识码和车型代码,天线接收信息,确认电子标签有效后,以微波发出入口车道代码和时间信号等,并写入电子标签的存储器内;当车辆驶入 ETC 车道出口处的天线发射范围,经过唤醒、相互的认证识别过程,天线读取车型代码以及入口代码和时间传送给车道控制计算机,车道控制计算机存储原始数据,并将数据文件上传给收费站管理子系统与收费结算中心,从而自动完成收费,再打开自动栏杆让车辆通过。

ETC 收费系统的收费过程如图 10-4 所示。

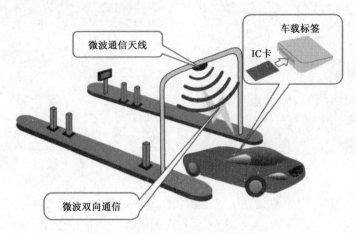

图 10-4　ETC 收费系统的收费过程示意图

第3节　基于 GPS 与 GIS 的收费系统

一、系统组成

在我国,车辆通行费征收在道路建设、车辆管理中具有重要的作用。结合计算机网络技术、GPS 技术、GIS 技术,实现交通运输领域的电子化全自动收费系统,能大大提高交通管理的效率。

GPS(全球定位系统)可以实时提供车辆空间定位数据,应用 GPS 设备可以准确地定位车辆位置坐标、计算车辆的行驶距离,GPS 数据还可以作为 GIS 应用的数据源,为空间分析提供重要的数据支持。

GIS(地理信息系统)是一种特定的空间信息系统,可以对地球表层空间中的有关地理分布数据进行采集、储存、分析和显示的系统。GIS 可对 GPS 数据进行处理,如投影变换将经纬度数据转换为 GIS 所采用的坐标系的坐标,再进行各种空间运算,为科学决策提供依据。

基于 GPS 与 GIS 的收费系统主要由 4 个子系统组成,包括 GPS 系统、移动通信系统、GIS 系统、收费系统。

(1)GPS 系统:用于接收 GPS 数据,定位车辆,利用 MapX 控件可以在电子地图中绘制被控车辆状态和车辆运行轨迹。MapX 是 MapInfo 公司向用户提供的具有强大地图分析功能的 OCX 控件产品,主要功能包括专题制图、逐层细化制图、注释、图层化、栅格图像、数据绑定、地图编辑等。

(2)移动通信系统:将 GPS 系统实时采集的数据以普通关系模式传输并存储在 GIS 系统数据库中。

(3)GIS 系统:其中的电子地图及数据库可以包含所有收费高速公路及其出口的空间位置信息及高速公路段落名称、段落长度、所属业主及收费标准等属性信息。

(4)收费系统:将 GPS 系统采集的数据以临时图层显示车辆和行车路线,与 GIS 系统的数据进行匹配,自动识别高速公路与国道,自动根据车辆实际行驶的计费道路进行快捷准确的计费和结算。

二、工作流程

用户到客户服务中心,办理相关的手续,安装所需的车载装置(包括 GPS、通信装置等)后,系统会通过 GPS 接收卫星信号定位车辆当前位置,上传定位数据并利用 MapX 控件在 GIS 系统的电子地图中以临时图层绘制被控车辆状态和车辆运行轨迹,将行车路线与 GIS 系统的电子地图进行匹配,应用路径辨识算法等自动识别车辆经过的路段是否属于收费高速公路,收费系统会自动根据车辆实际行驶的计费道路进行快捷准确的计费和结算。费用支付方式可采用实时支付和先使用后支付两种方式。

(1)对于实时支付方式,用户需办理缴费卡并往卡内预先存入一定资金,车辆驶离收费站时,实时扣取缴费卡中的当次费用,余额低于限定值时需要提醒用户充值。

(2)对于先使用后付费方式,用户则要定期到指定机构交纳费用。

两种收费方式的共同点是均需在缴费时递交收费数据,依据收费数据通过银行或指定收费机构对收缴费用进行划扣。为保证系统的良好运行,系统必须定期备份收费数据和更新电子地图及数据库。

基于 GPS 与 GIS 的收费系统收费过程示意如图 10-5 所示。

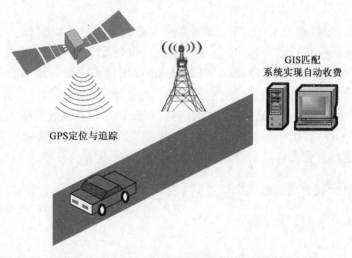

图 10-5　基于 GPS 与 GIS 的收费系统收费过程示意图

三、系统的特点

1. 适用性好

基于 GPS 的不停车收费系统利用现有收费车道即可,不需要对车道进行改进,可大大降低路旁设施投入,只需为采用该收费方式的车辆预留一个专用车道,其他未安装该收费系统的车辆仍使用其他收费方式的车道。该系统不需要在道路上建设收费设施,因而不受道路施工的约束。然而当整个路网有新建路段时,需要及时更新 GIS 系统的电子地图数据库。

2．可扩展性好

该收费系统可以与 GPS 卫星导航系统很好地兼容,提供更多的扩展功能,如车辆导航、出行规划、交通监控、交通信息服务等。

3．可灵活的定义收费区域定义和收费标准

当收费区域需要改变时,不需要对收费基础设施进行改建,只需要对 GIS 系统的电子地图数据库进行更新,同时管理部门可以通过系统及时对收费标准进行调整,操作灵活。

四、系统的不足

基于 GPS 与 GIS 的收费系统不足之处主要有以下几点:

(1)车辆的车载装置成本高,前期投入大,推广不方便。

(2)技术上,相对于 ETC 收费系统要新。虽然 GPS 技术与 GIS 技术已成熟,但其应用在道路收费方面较少。

(3)GPS 定位信号容易受到建筑物等的阻挡,影响车辆的定位,需要辅助系统支持。

(4)我国车辆保有量高,数据并发将是要面临的问题之一。

第 4 节　收费系统技术发展趋势

一、概述

在高速公路建设快速发展的同时,我国高速公路智能收费系统也有了很大的发展。高速公路收费系统已经由全面引进阶段逐步过渡到自主开发与引进相结合的阶段,主要体现在按区域联网收费、按线路联网收费、采用高新科学技术提高收费管理手段三个方面。随着社会、经济的快速发展,交通需求增加,对收费系统的技术要求越来越高,智能化的收费技术将逐步取代传统的人工作业方式,根据我国国情,未来 ETC 收费系统将成为智能收费系统的主导。同时基于 GPS 与 GIS 的收费系统也将越来越成熟,收费系统将向更加智能化方面发展,智能收费系统将会带来巨大的经济效益并促进相关产业链的发展。

二、ETC 系统技术发展趋势

1．车载单元(OBU)技术

1)功能多样化

随着 ETC 应用的推广,为更好地为驾驶人提供服务,将对车载单元功能进行扩展,融合 GPS 导航仪,提供多种服务功能,如车辆导航、车辆管理、交通信息服务等,车载终端能自动语音播报缴费情况,并可以随时查看缴费记录。

2)一体化设计

车载单元与车辆一体化设计,既提高了防震性能,又协调美观,同时采用车载电源,运行更加稳定。

3)集成收发芯片设计

车载单元的射频单元将采用集成一体化收发芯片,在同一块芯片中集成了射频发射单元,射频接收单元和唤醒单元,性能提升,设计简化。采用合理的控制策略,智能的调节车载单元灵敏度,确保在各种应用条件下车载单元均能表现出较佳的工作性能。

4)射频稳定性提高

我国幅员辽阔,南北纬度跨度大,实现 ETC 全国联网收费后,当用户的车载单元在不同纬度地区的系统中使用时,射频指标需保存一致,同时确保温差变化条件下射频的稳定性。

2. 路侧单元(RSU)技术

1) ETC 模式的货车计重收费

我国高速公路出行车辆中货车占有的比例较大,为从技术层面解决货车在高速通行时的计重精度问题,需要在 ETC 收费系统的基础上研发基于 ETC 模式的货车计重收费系统,吸引货车使用 ETC 收费系统,扩大 ETC 收费系统的用户群。

2)抑制邻道干扰

目前,单向通常只设置一条 ETC 收费车道,随着用户的增多,单向设置多条 ETC 收费车道才能满足需求,相邻的 ETC 收费车道增加,邻道干扰的造成交易错误的可能性就会大大提高。邻道干扰是指在两个相邻或相近的波道,所传输的信号超过了波道的宽度,从而对临近波道所传播信号造成的干扰。从加强通信区域控制、引入车辆检测装置、车牌识别和附加车道隔离装置等几个方面,可以解决邻道干扰问题,发挥 ETC 收费系统的优势。

三、基于 GPS 与 GIS 的收费系统技术发展趋势

用 GPS、GIS 等技术处理空间信息,与基于位置的交通服务、应急指挥、车辆监管等应用相结合,在智能交通运输领域具有重要的意义。在技术方面,借鉴国外经验,以基于 GPS 与 GIS 的收费关键技术,软硬件核心设备的研发和海量动态交通数据的提取、处理、分析为突破点,形成具有我国自主知识产权的关键技术和核心产品,使得我国智能收费系统技术实现跨越式的发展。交通数据是开展一切与交通相关问题研究的基础,其中对海量动态交通数据的提取、处理和分析更是影响现代智能交通管控系统成效的关键,其成果将对解决交通问题发挥重要作用,将有力提升我国高速公路的服务与管理水平,为实现区域交通一体化打下基础,进而形成国家高速公路综合管理体系,为人们提供安全、可靠、舒适、便捷的道路交通环境。

第5节 应用案例

广东省高速公路"一张网"联网收费系统

广东省高速公路"一张网"联网收费系统是在广东省高速公路联网收费系统的基础上,实现区域合并,为实现广东全省高速公路的联网收费而建立的系统。

一、广东省高速公路联网收费系统

2004 年 12 月,广东省高速公路联网收费系统正式开通。广东省高速公路联网收费系统采用了电子不停车收费(ETC)技术,大大提高了公路的通行效率。

广东省高速公路联网收费系统采用兼容电子不停车收费和人工半自动收费的组合式收

费技术,实现了粤通卡全省一卡通行。2005年底,全省的高速公路分为6个区域实现了联网收费,同时开通了电子不停车收费与粤通卡一卡通行。

高速公路联网收费系统自开通营运以来,ETC收费的优越性和便利性很快得到了广大用户的认可。在不到3年的时间里,广东建立了一个覆盖全省、全方位的粤通卡客户服务体系,包括客户服务中心、集呼叫中心、互联网服务和短信服务于一体的96533客户服务平台。

除了在广东省内的应用,粤通卡还与香港的ETC同行合作在香港发行了"快易通·粤通卡",实现了跨区域的联网收费。香港车辆可以在广东省内实现非现金缴费,配合专用电子标签后,可以实现不停车缴费。

从2004年开始,经过近10年整合,省内高速公路已分别形成粤中片区、粤东、粤西、粤北4个收费片区,尽管方便了很多,但如果开车经过不同片区,仍然需要多次停车缴费。

二、广东省高速公路"一张网"联网收费系统

广东省高速公路联网收费经过数年的努力,于2014年6月29日正式实施"一张网",并撤销除省界站及终点站外的所有高速公路主线收费站及标识站,届时,用户在广东省内上下高速只需一次缴费。

1. "一张网"联网收费系统框架

广东省交通运输厅发布的《广东省高速公路"一张网"联网收费系统暂行技术规定》指出,联网收费系统框架由省联网收费运营管理平台、省联网收费结算中心、路段收费中心、高清卡口、RFID标识点和ETC标识点、收费站和收费车道系统等组成。联网收费系统框架如图10-6所示。

2. 组合收费方式

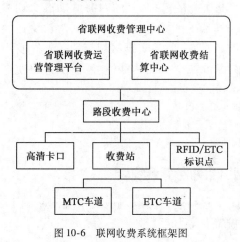

图10-6 联网收费系统框架图

《广东省高速公路"一张网"联网收费系统暂行技术规定》中明确指出联网收费系统提供3种收费方式。

1)现金缴费

现金缴费方式的具体工作过程是:当车辆驶入"一张网"入口时先领取一张RFID复合卡,记录入口信息;然后当车辆高速通过RFID标识点时,RFID复合卡就会接收并记录标识信息;当车辆驶出"一张网"出口时用户交回RFID复合卡,系统会读取其中的入口信息和路径标识信息,完成"一张网"车辆通行费的计算与征收。

2)非现金缴费

非现金缴费方式的具体工作过程是:当车辆驶入"一张网"入口时先领取一张RFID复合卡;然后当抵达MTC出口车道时,需要将RFID复合卡和粤通卡交给收费员,收费员刷RFID复合卡,计算路网通行费,刷粤通卡完成收费,并将粤通卡交还给用户。

3) ETC 电子不停车收费

车辆在通过 ETC 入口车道时,将粤通卡插进车载电子标签 OBU 后,就可不停车通过,入口信息会自动写入粤通卡中;ETC 车辆经过的 ETC 标识点时,会将路径标识信息写入双片式 OBU 内;当车辆抵达 ETC 出口时,将粤通卡插进电子标签 OBU 中后系统就会依据入口信息、路径标识信息自动辨识车辆实际行驶路径,自动完成车辆通行费的计算与扣款。

三、项目效益

广东全省高速公路联网收费系统,通过采用 ETC 收费技术和减少主线收费站,大幅度提高了通行效率,每年减少运营费用上亿元。除了给道路投资带来巨大经济效益,项目还大大节约了道路使用者的油耗和时间,符合节能减排、绿色出行的环保需求。可以预计,高速公路"一张网"联网收费系统将为社会和道路使用者带来更为巨大效益。

课后习题

1. 什么是智能收费系统?它与人工收费及半自动收费系统相比有哪些优点?
2. 什么是 ETC 系统?它的关键子系统包括哪些?
3. 基于 GPS 与 GIS 的收费系统的特点和不足分别是什么?
4. 简述 ETC 系统技术发展趋势。
5. 简述基于 GPS 与 GIS 的收费系统技术发展趋势。

参考文献

[1] 戴连贵,徐晓帆,姚锡元,等.智能收费系统的现状与发展[J].中国公路学报,1999(4):78-81.

[2] 马建芳.智能收费系统的设计和实现[D].上海:上海海事大学,2005.

[3] 吴旭.不停车收费系统(ETC)综述[J].信息与电脑,2010(5):73.

[4] 姚叶培.ETC 不停车收费系统应用探索[J].科技经济市场,2006(6):94.

[5] 张星.ETC 车道收费软件的设计与实现[J].中国交通信息化,2011(1):70-72.

[6] 赵祖明,谷建斌.ETC 计重收费系统总体设计的研究[J].衡器,2013,42(6):35-37.

[7] 胡宾,李全发,高文宝.ETC 系统的邻道干扰问题分析及射频指标控制[J].公路交通科技,2011,28(z):61-64.

[8] 邹金松.ETC 系统结构及其特点[J].中国科技博览,2010(30):204.

[9] 李从凡.ETC 系统中计重收费的研究[D].广州:华南理工大学,2009.

[10] 郭庚麒.不停车收费(ETC)关键技术浅析[J].广东交通职业技术学院学报,2009,8(1):33-37.

[11] 温炳.不停车收费系统(ETC)及其应用[J].陕西交通科技,2003(z1):129-131.

[12] 张勇,陈凯,周跃华,等.高速公路 ETC 车道防邻道及跟车干扰研究[J].交通节能与环保,2012(4):69-72.

[13] 李世红.高速公路ETC收费系统应用探究[J].科技风,2011(15):257.

[14] 马广青.高速公路ETC收费系统运营管理模式与目标实施浅谈[J].黑龙江交通科技,2006(12):122-123.

[15] 魏武,黄心汉,张起森.高速公路电子收费系统(ETC)及其应用前景[J].中南公路工程,1999,24(4):48-50.

[16] 张佳贺,邓永强.货车ETC计重收费系统关键技术探讨[J].中国交通信息化,2013(3):66-70.

[17] 杨雪松.基于ETC组合联网收费系统的设计与实现[D].上海:上海海事大学,2006.

[18] 杨林,鲁亭武.基于GPS和GIS的车辆管理系统应用[J].淮海工学院学报,2011,20(S1):80.

[19] 梁晶.基于GPS与GIS集成的道路养路费收缴系统的设计与开发[D].西安:长安大学,2009.

[20] 王伟.高速公路收费系统优化技术研究[D].长春:吉林大学,2008.

[21] 罗小宾,甄国富,胡晓兵.智能收费系统关键技术研究及实现[J].计算机工程,2003,29(4):137-139.

[22] 韩金辉.高速公路联网不停车收费系统发展趋势和前景[J].中国公共安全,2011(5):116-118.

[23] 王春生,赵昱阳,田林岩.电子不停车收费关键技术发展趋势探讨[J].中国交通信息化,2012(3):73-75.

第11章 智能物流系统

第1节 概述

教学录像

智能物流系统是针对物流行业的特点,以智能物流技术为主要研究对象的系统,包括自动化立体仓库、AGV(Automated Guided Vehicle)、搬运机器人、搬运/码垛机器人、高精度堆垛机、条形码以及 RFID 识别、综合信息系统等,采用自动化现代物流基础平台与研发平台、应用核心智能部件,实现管理的规模化、精益化、规范化和现代化。

智能物流系统(Intelligent Logistics System,ILS)是以互联网和物联网技术为基础,利用先进的信息采集与处理、信息流通与管理技术,完成物流的包装、运输、仓储、装卸、搬运、配送等多个环节,并能及时反馈每个环节动态,强化了监管过程,使货物能够高效地从供应者送达需求者的现代物流服务体系。智能物流系统提高了物流流转的效率,使得供应方的利润达到最大化,使需求方获得最佳的服务体验,同时在物流各环节中大大降低了自然和社会资源的消耗,最大限度地保护了自然生态环境。

一、智能物流系统的特点

智能物流系统具有以下特点:

1. 智能化

在物流活动的整个过程,在物流作业环节都存在大量运筹与决策过程,主要表现为监控过程智能化,主动监管车辆与货物,主动分析、获取信息,对物流活动实现全程智能监控;企业内、外部数据传递智能化,实现整个供应链的一体化、柔性化;物流决策智能化,通过实时的数据监控、对比分析,实现库存管理的智能化;对物流过程与调度的智能性优化,缩短客户个性化需求的响应时间;通过大量基础数据的智能分析,实现物流战略规划的建模、仿真与预测,建立科学的未来物流战略。

2. 一体化

一体化是指通过智能的物流管理,将物流过程中包装、运输、搬运、装卸、配送等各环节集合成一体化系统,以最佳的成本向需求方提供最满意的物流服务体验。体现了智能物流活动的整体化和系统化。

3. 柔性化

智能物流的发展会更加突出"以顾客为中心"的理念，根据客户的需要提供高度可靠、快捷、高效的服务，并灵活调整服务的内容。

4. 社会化

智能物流的发展将会促进区域经济的发展和资源在世界范围内的优化配置，实现社会化。

二、智能物流系统的关键技术

物流是不可或缺的社会行为，物流智能化是物流发展的必然趋势，是现代信息化的高级应用及表现形式，是各种信息技术应用与实践的活跃的领域。物流智能化是多种技术的整合与优化的结果，需要各种技术间的相互配合。

智能物流系统的关键技术包括物流可视化规划设计技术、先进供应链管理技术、物流实时跟踪技术、分布式联网仓储管理与库存控制技术、物流运输系统的调配与优化技术、物流基础数据管理平台和系统集成技术以及现在云平台电子商务技术等。

1. 现代供应链管理技术

供应链管理（Supply Chain Management，SCM）是指在保证一定的客户服务水平的前提下，把原材料供应商、生产商、仓储、配送中心和渠道商等有效地组织在一起来安排产品生产、转运、分销及销售活动，从而使整个供应链系统达到成本最低的综合管理方法。供应链管理包括计划、采购、生产、配送、退换货五大基本内容。

现代供应链管理通过信息技术和现代管理技术等，把采购、生产、销售过程的所有节点整合在一起，将供应商、制造商和顾客有机的连接起来，以适应市场的瞬息变化，适时地采购所需的原材料，及时地生产，满足顾客的需求。现代供应链管理的核心是建立采购商、制造商、供应商信息平台，实现采购商、制造商、供应商的信息共享，根据市场上的变化，使得供应链上的每一节能够及时地做出相应的调整。

2. 可视化技术

可视化物流系统是指在利用GPS卫星定位、GIS、射频识别（RFID）、无线通信技术、计算机图像处理等技术构建物流的可视化管理平台。在物流过程的每个环节中实现可视化的物流信息，包括物流资源信息、物流需求信息、物流过程、物流状态、物流控制和物流环境等，从而达到对货物和载体的全程监控，达到提高物流服务水平和效率的目的。物流可视化的技术基础——数字化物流体系，即应用现代信息技术与物流技术，使得供应链整体各环节的信息流与实体物流同步，并能产生优化的流程及协同作业，从而实现对供应链实体物流综合管理的数字化、规范化。

3. 实时跟踪技术

物流实时跟踪系统是智能物流的一个重要的子系统，是各种数据采集、存储、传输处理、信息技术、物流理念的有机集成。物流的全程跟踪和控制是智能物流提供的最重要的增值服务之一，它已成为现代物流发展的核心技术之一。基于先进的物流管理理念开发和设计的物流实时跟踪服务系统适应性强、功能完善，通过对物流的实时跟踪，可以对整个物流活动进行跟踪和管理，满足物流企业对货物跟踪和管理的需求。

4. 网络化分布式仓储管理及库存控制技术

目前,国内外许多大型企业都将部分管理、研发部门留在市区,而将制造部门迁移到郊区,或外省甚至国外,形成以城市为技术和管理核心,以郊区或外地为制造基地的分布式经营与生产运作模式。对制造企业而言,在网络化制造环境下,机件加工、产品装配和产品仓储需要对相关不同区域的仓储活动进行有序地管理,同时企业库存应根据市场的变化、配送地的调整进行实时的、动态的控制,使其满足不同用户的需求,这些都对企业物流系统提出了很高的要求。而网络化分布式仓储管理及库存控制技术是满足这一要求的一个趋势。对第三方物流企业而言,仓储位置的地域跨度往往极大,更需要应用分布式的联网的仓储管理及库存控制技术来降低管理成本,提高效率。

5. 物流运输系统的调度与优化技术

物流配送中心配载量的不断增大和工作复杂程度的不断提高都要求对物流配送中心进行科学管理,因此配送车辆的集货、货物配装和送货过程的调度优化技术是智能物流系统的重要组成部分。现代物流配送系统需要利用多种物流配送技术和方法来提高物流配送效率,降低配送成本,最大限度地降低车辆空驶率,提高配送作业的灵活度。在物流配送中优化运输车辆调度,将定量分析方法与计算机智能算法相结合,优化路径(图11-1),这些都有助于企业提高物流运作效率,提高服务水平,增加物流企业效益。

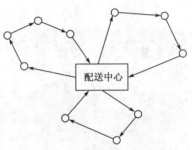

图 11-1　运输任务示意图

6. 物流基础数据管理平台和系统集成技术

物流基础数据管理关键在于实现对海量数据的处理,并且保证数据来源可信度及安全性,提供海量数据的存储与备份。系统集成要求实现不同应用系统的接入,实现多方共享信息。基础数据格式需标准化,如射频识别(RFID)数据描述采用标准格式(基于 XML、RDF 等);中间件开发遵循标准开发,强调模块化,并提供二次开发接口,满足不同应用开发需求;针对 RFID 应用,需要定义 RFID 数据模型,提供 RFID 接口,以便企业应用系统的接入。中间件开发中,需要重视对信息的读写控制,这是信息安全的重要需求。

7. 云电子商务

云电子商务(Cloude-Commerce),是指在云计算商业平台上开发应用的电子商务平台。在云平台上,所有的电子商务供应商、代理商、策划服务商、制作商、行业协会、管理机构、行业媒体、法律结构等都集中整合成资源池,各类资源之间相互按需交流,达成合作意向,从而降低成本,提高效率。

第2节　物流机械技术

一、概述

现代物流由运输、仓储、包装与分拣、装卸搬运、配送、流通加工、信息处理等基本环节组成。快捷、安全、准确、高效的物流服务,依赖于现代物流机械设备的支持。

物流机械设备是指参与物流过程的各个物流活动的机械设备总称,并在使用过程基本保持实物原来形态的物质资料。物流机械设备是现代物流运作的主要工具之一,是组织物流活动的物质基础,体现了现代物流技术水平。

智能物流系统对原有物流系统流程中某些关键节点采用自动化设备代替人工,从而提高流程运转效率、降低了物资损耗、优化了人员配置。如堆垛机可以完全高速高精度的码垛操作,使用码垛机器人进行物料的高层、立体存储;使用自动输送线对物料进行传输、移载、升降、分流、合流等操作;利用物流管理软件代替人工台账管理,便于企业统一管理和正确决策;利用计算机网络进行信息实时传递,保证信息的时效性、精确性和可追溯性。

1. 高精度自动堆垛机

高精度自动堆垛机(图11-2)采用国际先进全闭环控制系统,条码或激光测距等高精度认址技术,实现堆垛机高速高精度运行。

2. 仓储机器人

图11-2 高精度自动堆垛机

仓储机器人可以举起1t多重的货物,并且不知疲倦地在仓库里来往穿梭,通过计算机精确控制,机器人可以把装满货物的货架举起并运送到拣选区、包装区或仓储区等。订单的处理速度可比纯人工方式提高2~4倍,并且可以最大限度地利用空间;同时可使在货架空间中穿梭于货架间的理货员和配货员得到精简。工作人员只需使用手持终端,根据计算机系统里的配送数据下达控制命令,仓储机器人(图11-3)就会以最经济的方式将货物搬运到发货区,从而实现这一段流程的效率最大化。

图11-3 仓储机器人

3. 码垛机器人

码垛机器人(图11-4)采用全伺服驱动、定位及运动轨迹精确,反应速度快、性能安全可靠;机器人自身重量轻、占用空间比较小,能充分利用工作场地、也便于检修和维护;码垛机器人既可以独立完成任务,也可与其他设备或机器人联合使用。机器人很方便用于纸箱、塑料箱码垛,还可用于单个货物或产品的抓取或装箱工作。机器人与控制系统协调动作,可以适用多种垛型以及产品。

4. 自动导引运输车

自动导引运输车(AGV)(图11-5)是指在电磁或光学等自动导引装置引导下,沿固定的导引路径移动,具有安全防护以及各种移载功能的运输车。在物流活动中使用自动导引运输车不仅降低人力成本、提高效率,还可以使工作环境更加安全。

图11-4　码垛机器人

图11-5　自动导引运输车

5. 穿梭车

穿梭车(RGV)(图11-6)是满足快速、重载且便于安装的物流输送系统,同时具有分拣特性,可用于自动化立体仓库库前输送,也可以成为装配线的移动载体,使用范围非常广。穿梭车在仓储物流设备中主要有两种形式:穿梭车式出入库系统和穿梭车式仓储系统,以往复或者回环方式,在固定轨道上运行的台车,将货物运送到指定地点或接驳设备。

图11-6　穿梭车

二、物流机械设备的发展趋势

随着现代物流的发展,物流机械设备不断得到提升和发展,有如下发展趋势。

1. 大型化、高速化

大型化是指机械设备的容量、规模、能力越来越大,大型化是实现物流规模化的基本手段。高速化是指机械设备的运转速度、运行速度、运算速度、识别速度大大提高。物流机械设备的起重量、载重量、生产率、作业能力越来越大,工作速度来越快。

2. 实用化和轻型化

实用化是指一个物流系统的配置,在满足使用条件下,物流机械设备应经济、可靠、易维护、易操作和耐久性好。轻型化是指在考虑综合效益的基础上,减小机械设备的外形尺寸,简化结构,降低造价,减少设备的运行成本。

3. 专用化和通用化

随着物流活动的广泛深入,物流机械设备不断更新,品种越来越多。物流活动的系统性、一致性、经济性、机动性、快速化,使得一些物流机械设备向专业化、通用化的方向发展。物流机械设备专用化是以物流工具为主体的物流对象专用化,以特有的功能满足特殊的需要,能发挥出最佳的效用,如铁路、船舶、集装箱专用起重机的功能将不断增加,性能不断提高,适应性更强。物流机械设备通用化是指物流机械设备的功能多样化,能够满足多种情况,实现物流作业的快速运转。

4. 自动化和智能化

将机械技术和电子技术相结合,将先进的微电子技术、电力电子技术、光缆技术、液压技术、模糊控制技术等应用到机械的驱动和控制系统,实现物流机械设备的自动化和智能化将是今后的发展方向。应用人工智能技术,以降低工人的劳动强度,改善劳动条件,使操作更加轻松自如。

5. 系统化

在物流机械设备单机自动化与智能化的基础上,将各种物流机械设备组成一个集成系统,通过中央控制室的控制,与物流系统协调配合,进一步促进物业流程的优化。

6. 绿色化

物流机械设备绿色化是指使得物流机械设备更加有效地利用,降低资源消耗和噪声,减少对环境的污染。

第3节 物流信息技术

物流信息技术是用现代信息技术参与物流活动的各个作业环节,是物流管理现代化的重要标志,也是物流技术中,关系最紧密,发展速度最快的领域,尤其是随着计算机网络技术的广泛应用,使物流信息技术的效用达到了较高的水平。伴随着物流信息技术的不断发展,新的物流管理理念和经营方式得以产生,并不断推进物流活动的变革。

物流信息技术的发展,会不断促进企业应用先进的供应链管理技术来获得竞争优势。成功的企业需要通过信息技术的应用来支持它的经营战略决策并优化组合经营业务,通过利用信息技术来提高供应链管理活动的效率性,增强整个供应链的经营决策能力。

在流通领域,现代物流中心广泛应用现代物流的各项高新技术。自动化立体仓库、自动分拣系统、无线移动电脑控制下的物流中心入库、出库、拣货、盘点、储存管理等,基本实现了配送中心物流作业的无纸化。

物流信息技术已经深入到物流企业的各个业务流程,无线移动通信、自动化仓储管理、监控调度管理、资源管理、业务管理、客户服务、客户关系管理、需求管理、订单管理、采购、生产管理、产品开发和销售、退货、财务管理等构成了一体化的现代物流管理体系,实现了对物流各要素的合理搭配和高效利用,降低了成本,提高了经济效益。

第4节 智能仓储技术

一、概述

仓储是现代物流的核心环节,是企业物资流通供应链中的一个重要环节。在仓储管理活动过程中,伴随着仓库订货、货物入库、货物管理、货物出库的发生会产生大量的仓储物流信息,使得仓储具有数据量大、信息内容复杂、数据处理操作频繁等特点。高效合理的仓储管理能够有效调节物资的供应和需求,降低成本。随着计算机技术、信息技术和自动化技术的发展,仓储水平有了突飞猛进的提高。但是,随着业务量的不断增长和客户需求的提升,仓储也面临着更大的挑战,如何缩短入库流程和查货时间,加强存货控制与监管,降低物流和配送费用,提高空间、人员和设备的使用率,成为企业降低成本,提高自身竞争力的关键。

  从20世纪90年代末开始,人工智能技术的发展促使仓储技术向智能化方向发展。仓储智能化主要表现在储备量科学化、配送经济化、仓储成本最低化、库存信息现代化、库存货位及其状态可跟踪、智能化查询结果输出、库存操作单据自动化生成,以及多方位、直观的统计信息等。智能仓储是在不直接进行人工干预的情况下,自动获取和提高最优物资储运方案的管理系统,具有节约劳动力、提高作业速度和质量、提高保管效率、降低成本等优点。它是生产制造、供应链和物流中不可或缺的重要组成部分,其智能化管理在增加企业利润、提高企业竞争力和满足客户服务等方面已经成为一个重要的因素。

二、智能仓储的特点

  智能仓储管理的应用,使得仓库管理各环节数据处理的速度和准确性大大提高,确保了企业准确地掌握库存的水平,从而合理控制企业库存,最大限度地减少储存成本。通过合理的编码,可以科学地对库存货物的批次、保质期等进行管理。利用系统的库位管理功能,可以随时了解库存货物所在位置,有利于提高仓库管理的工作效率。智能仓储具有以下特点:

1. 仓库管理智能化

  通过对物资的入库、库存调拨、库存盘点和出库等业务的控制和管理,方便企业对库存物品进行统计、查询和对物品流向的跟踪,达到降低库存,减少库存积压与短缺现象,降低成本,保证企业经营活动顺利进行。库存信息智能化管理可以降低库存管理和系统操作难度,合理利用仓库空间,提高仓库的存储能力,减轻操作人员的劳动强度,从而提高物流管理水平。

2. 实时库存控制

  系统通过设置安全库存量、物资保质期等库存控制定额,自动监控库存实际状态,并进行提示,以有效进行库存量的控制和管理。物资账龄分析,在账面上直接反映接近报废或失效的物资品种,并提供报警功能。通过应用自动识别技术实现无纸化作业和实时信息控制,建立以电子标签为中心的数码仓库系统,帮助实现实时库存控制,对人力资源进行合理调配,保证库存处理的高效,并对库存进行定期或不定期盘点,及时发现和杜绝库存漏洞。

3. 操作便捷化

  库存情况实时反映在系统中,当货物进入库房后,以最直接、快速的方式放置到最恰当的位置,使库存保持最佳状态。

4. 智能分析

  仓储管理最基本的思想是方便查询库存商品的情况,智能仓储系统能够自行分析库存,并做出相对应的决策,不仅节省人力资源,并且快捷、不易出错。

三、自动化立体仓库

1. 自动化立体仓库的定义

  自动化立体仓库技术是物流仓储活动高度现代化的产物,是有关物料搬运和仓储的一门综合科学。它以高层立体货架为主要载体,运用成套先进搬运设备和先进的计算机控制技术,达到高效率地利用空间、时间和人力资源,完成货物出入库处理。

自动化立体仓库除了高层立体货架之外还包括轨巷道堆垛机、出入库托盘输送机系统、尺寸检测条码阅读系统、通信系统,软件系统包括自动控制系统、计算机监控系统、计算机管理系统等,以及其他辅助设备如调节平台、钢结构平台等,通过这些设备组成的复杂的自动化系统,协同完成出入库有关的各项作业,如图 11-7 所示。

立体仓库设备可以实现仓库高层空间的合理利用,自动化完成货物存取,操作简便,能极大提高物流部分货物流转效率,减轻工作人员的劳动强度。

图 11-7　自动化立体仓库

近年来随着企业柔性化制造系统的兴起,加上科技与计算机技术的进步,有更多的工厂表达了对立体化自动化仓库的兴趣,自动化立体仓库用现代科技手段取代了烦琐的人工作业方式,达到迅速、准确地传送物品和信息的目的。

2. 自动化立体仓库的构成

自动化立体仓库主要由三大类设施组成:

1)土建及公用工程设施

(1)库房。库存容量和货架规格是设计库房的主要参考依据。

(2)动力系统。

(3)照明系统。

(4)消防系统。自动化立体仓库一般库房容量大,设备和存储的货物多且密度大,而配置的管理和操作人员较少,所以仓库内一般都采用自动消防系统。

(5)通风及采暖系统。

(6)其他设施。如排水设施、避雷接地设施等。

2)机械设备

(1)货架。货架一般采用钢质材料,优点是构件尺寸小,制作安装方便,结实耐用空间利用率高。立体仓库的货架一般分隔成为独立单元格,单元格可存放托盘或直接存放货物。

(2)货箱与托盘。用来存放小件货物,便于叉车和堆垛机叉取和存放。可以大大提高货物装卸和存取的效率。

(3)堆垛机。堆垛机是自动化立体仓库中最重要的设备,它是自动化立体仓库中专用起重设备。

(4)周边搬运设备。搬运设备一般由电力来驱动,采用自动或手动控制,把货物从一处移到另一处。

3)电气与电子设备

(1)检测装置。用于检测各种作业设备的参数,通过对检测数据的判断和处理,及时解决设备的折损问题,以保证系统安全可靠地运行。

(2)信息识别设备。这种设备必不可少,用于采集货物的品名、类别、货号、等级、目的地、生产厂等物流信息。

(3)监控及调度设备。主要负责协调系统中各部分的运行,它是自动化立体仓库的信息枢纽,在整个系统中控制中心。

(4)计算机管理系统。用于仓库的账目管理和作业管理,并可与企业的管理系统交换信息。

(5)数据通信设备。自动化立体仓库是由众多子系统组成的复杂的自动化系统。各子系统、各设备之间需要进行大量的信息交换,因此需要大量的数据通信设备,包括电缆、光纤等。

3. 自动化立体仓库的优点

自动化立体仓库的主要优点有:

(1)充分利用仓库的垂直空间,其单位面积存储量远大于普通仓库。
(2)作业全部实现机械化和自动化,既节省了人力,又提高了作业效率。
(3)仓储管理信息化,管理效益高。
(4)货位集中,便于控制与管理。
(5)能更好地适应低温、有毒等特殊环境的要求。
(6)采用托盘或货箱存储货物以及使用机器作业,降低了货物的破损率。

第5节 商用车辆运营管理系统

一、概述

商用车辆运营管理系统(Commercial Vehicle Operation,CVO)是为运输企业提高利润而开发的智能型运营管理技术,目的在于提高商用车辆的运营效率和安全性。通过卫星、路边信号标杆等装置,以及车辆自动定位、自动识别、自动分类和动态称重等设备,实现电子通关;辅助企业的车辆调度中心对运营车辆进行调度管理,及时掌握车辆的位置、货物负荷情况、移动路径等有关信息,提高车辆的使用效率,降低企业的运营成本。

大多数商品和原材料从产地转移到需求地,都或多或少地通过公路运输实现。运输企业总希望改善服务的同时,能降低成本。商用车辆运营管理系统就是通过信息技术实现无纸化作业,来增强运输企业的安全生产能力、提高设备使用效率,达到企业控制成本的目标;通过新技术的应用,可以更好地执行载重等各项运输规章,减少道路设施的维护保养费用。

在欧美,CVO 智能化的优点得到广泛共识,CVO 被认为是 ITS 工程的践行者。

商用车(Commercial Vehicle)商用车包含了所有的载货汽车和9座以上的客车,可分为客车、货车、半挂牵引车、客车非完整车辆和货车非完整车辆,共5类。

CVO 有许多新技术与 ITS 其他领域的技术有所不同,包括电子数据交换 EDI、车辆动态称重 WIM(Weight In – Moving)、危险货物事故响应和货车自动列队驾驶等都是 CVO 中应用的特殊技术。对于物流管理系统而言,CVO 系统有相对的独立性,例如大范围的无线通信网络、卫星定位跟踪和用于车辆维护或货物盘存的车载计算机都可独立实施。

二、商用车辆的监测

商用车辆的安全监控系统是指在车辆行驶过程中对驾驶人、车辆与货物进行无干扰地监控，发现是否有任何不安全的状况，并将监控结果报告给驾驶人、运输公司管理员或相关的执法人员。

商用车辆的 GPS 监控调度系统（图11-8）是集全球卫星定位系统（GPS）、地理信息系统（GIS）以及无线通信技术于一体的软、硬件综合系统，其主要由三部分组成：车载终端、无线数据链路和监控中心。GPS 车辆调度系统的建设，要根据监控覆盖范围、实时性、调度业务、车辆容量、刷新速率等要求，选择合适的无线数据链路和电子地图以及开发相应业务软件来满足用户的要求。目前的 GPS 车辆调度系统，无线数据链路应用较多采用移动通信技术方式，主要有覆盖范围广、无需架设基站、数据丰富等优点。

图11-8　GPS 监控调度系统

1. 车载终端

车载终端设备主要组件包括：控制单元（CPU）、显示单元、GPS 天线、GSM 手机（或其他通信模块）、防盗报警器等。主要功能为：

1）防盗报警功能

当有紧急情况发生时，用户可以触发隐蔽的报警按钮，终端自动将 GPS 接收机中的位置数据通过 GSM 手机的短信功能传送给监控中心。

2）导航功能

GPS 模块可以提供车辆的准确位置、速度和方向等数据，并对车辆进行导航，也可以在终端上存储电子地图，显示单元上可以实时显示移动目标在电子地图上的位置。根据目的地选择最佳的行驶路线，并可以做到偏航提示，同时进行路线修正。

3）通话功能

车载 GSM 手机可进行语音通话，当用户离开车时还可将手机取下正常使用。GSM 手机支持数话兼容，可以接收来自指挥中心的控制指令。

2. 无线数据链路

无线数据传输设备作为基站与各目标车辆进行信息交换的媒介，备选方案包括以下几种：公网设备（如 GSM、CDMA、CDPD）、集群通信（如公安上用的 350M、800M 集群系统）、常规电台（采用专用信道和无线 MODEM）。

3. 监控中心

监控中心是车辆与货物跟踪系统的中枢，通过电子地图、货物信息等对车辆和货物进行及时跟踪。在一个公用的通信平台上，工作人员可以监控同时所有入网目标车辆的运动，接受若干车辆的信息报告并进行动态跟踪，处理各种报警信息。

监控中心管理系统可以实现以下主要功能：

1）车辆调度功能

监控中心可针对电子地图上选定区域，发出广播指令，则在该区域内的车辆将自动发送信息给监控中心，工作人员可随时通过 GSM 电话，根据需要调度车辆。

2）监控报警功能

在车辆遇到抢劫时，驾驶人可以悄悄按下隐蔽处的报警按钮，监控中心可以查询报警车辆的位置，并监听车内的情况。

3）信息查询功能

可通过业务数据库查询任何入网用户的信息，比如车辆信息、驾驶人信息等。

三、商用车辆的定位

车辆控制中心通过 GPS 和电子地图实时查询车辆的地理位置，并在电子地图上显示出车辆的实际位置，动态掌握车辆所在位置，帮助物流企业优化车辆配载和调度。另外，车辆定位控制也是搜寻被盗车辆的一个辅助手段，这对运输贵重货物具有特别重要的意义。

商用智能车辆定位与导航系统是应用自动车辆定位技术、地理信息系统与数据库技术、计算机技术、多媒体技术和现代通信技术的高科技综合系统。目前智能车辆定位与导航系统在 ITS 中的应用可划分为 3 个层次：自主导航系统、单向通信系统和双向通信系统。

自主导航系统在车内装有定位装置与电子地图，行驶中的车辆能够获得自身实时位置和实现静态的路径诱导功能。信息的收集、传送、处理和分析均在车上独立完成，不需要与外部进行通信联系，缺点是不能接收实时交通状况，不能接受动态路径诱导，也不能向控制中心报告车辆的状况。

单向通信系统由交通信息中心和车载导航设备组成，前者负责采集、分析和处理实时交通信息并向路网中行驶的车辆广播，用户可随时通过车载接收装置获取最新的道路状况并进行最佳路线选择。单向通信系统可以获得实时动态的路况信息，缺点是控制中心不能接收到车辆的反馈信息，无法获取交通流量的即时分布状况。

双向通信系统真正在信息中心和出行者之间实现了双向信息交换，交通中心为移动车辆提供交通信息服务，出行者将车辆的当前位置、目的地和既定行驶路线等信息上传给信息中心,因而信息中心能够进行准确的拥堵预报和即时流量疏导,真正实现对交通流的动态监控、动态预测和动态引导。双向通信系统将来自于车辆的信息作为交通流信息的重要来源,将车流分布、道路状况和用户的出行信息综合起来作为交通系统控制决策的约束条件,体现了 ITS 的核心概念。

智能车辆定位导航系统的主要功能为:

(1) 自动车辆定位。可在出行前准确地确定出车辆所在位置,并以图形方式显示在电子地图背景中。

(2) 行车路线设计。可依据驾驶人提供的起点、终点和途经点,自动规划出出行者最小的最佳行驶路线。

(3) 路径引导服务。在行进过程中使用语音或图形指令,帮助驾驶人沿预定路线顺利抵达目的地。

(4) 信息查询。通过电子地图,为用户提供主要物标查询,如旅游景点、宾馆、医院等。

(5) 无线通信功能。可接受实时交通信息广播,驾驶人可以及时了解最新的道路状况,同时车辆可以与交通控制中心取得联系,实现报警、求助等通信功能。

课 后 习 题

1. 什么是智能物流系统?它有什么特点?
2. 智能物流系统的关键技术包括哪些?
3. 什么是智能仓储?它有什么特点?
4. 什么是自动化立体仓库技术?它有哪些优点?
5. 什么是商用车辆运营管理系统?

参 考 文 献

[1] 张军杰.智能物流发展状况、影响因素及对策研究[J].物流科技,2011(3):62-64.

[2] 刘楠,惠巧鸽.智能物流的发展[J].中国商贸,2012(13):142.

[3] 王道平,关忠兴.物流信息系统[M].北京:北京大学出版社,2012.

[4] 周永尼,胡岚.浅议智能物流运输系统[J].当代经理人,2005(18):238-239.

[5] 董淑华."信服发啦"与智能物流系统[J].物流技术,2012(16):53-56.

[6] 杨军.钢铁物流电子商务系统的研究与应用[D].武汉:武汉理工大学,2010.

[7] 周鲜成,贺彩虹,石彪,等.基于物联网的智能物流仓储管理系统研究[C].Proceedings of 2010 International Conference on Remote Sensing(ICRS 2010),2010,3:315-317.

[8] 于山山,王斯锋.基于物联网的智能物流系统分析与设计[J].软件,2012,33(5):6-7.

[9] 张全升,龚六堂.基于物联网技术的智能物流的发展模式研究[J].公路交通科技,2011(3):250-252.

[10] 汝宜红.物流学[M].北京:高等教育出版社,2009.

[11] 陶新良,高明波,栾登旺,等.可靠性技术在物流机械中的应用[J].物流技术,2003

(9):29-30.
[12] 于英.物流技术装备[M].北京:北京大学出版社,2010.
[13] 封为.论我国物流机械制造企业技术真空的形成及解决途径[J].物流技术,2004(5):1-2.
[14] 田贵超,黎明,韦雪洁.旅行商问题(TSP)的几种求解方法[J].计算机仿真,2006,23(8):153-156.
[15] 郭靖扬.旅行商问题概述[J].大众科技,2006(8):229.
[16] 陈文兰,戴树贵.旅行商问题算法研究综述[J].滁州学院学报,2006,8(3):1-5.
[17] 杨震,高波,赫振维.浅谈物流机械设备的管理[J].中国储运,2010(12):99-100.
[18] 刁宏.浅析未来的"智能物流"[J].华北电业,2011(3):56-57.
[19] 雷花妮.物联网智能物流系统基础研究[J].科技视界,2012(21):139-140.
[20] 魏国辰.物流机械设备发展的回顾与展望[J].物流技术,2002(1):3-4.
[21] 刘玉,张晖,孙岚.移动智能仓储物流应用研究.2012全国无线及移动通信学术大会论文集(下)[C].北京:人民邮电出版社,2012.
[22] 周兴建,张北平.现代仓储管理与实务[M].北京:北京大学出版社,2012.
[23] 李忠成.智能仓储物联网的设计与实现[J].计算机系统应用,2011,20(7):11-13.
[24] 王芹,李强.智能仓储系统的设计及调试问题解决[J].四川工程职业技术学院学报,2011,25(2).
[25] 李聪.智能仓储系统设计与实现[D].上海:上海交通大学,2008.
[26] 肖红,杨飞,王孝昆,等.智能物流系统的关键技术研究.2007第三届中国智能交通年会论文集[C].南京:东南大学出版社,2007.
[27] 赵立权.智能物流及其支撑技术[J].情报杂志,2005(12):49-51.
[28] 骨军,李金,湛志勇.智能物流系统的相关理论及技术与应用研究[J].科技创新与生产力,2011(4):13-16.
[29] 闻学伟,汝宜红.智能物流系统设计及应用[J].交通运输系统工程与信息,2002,2(1):16-19.
[30] 周立新,刘琨.智能物流运输系统[J].同济大学学报,2002,30(7):829-832.
[31] 刘单忠,王昌盛,张玲新.物理信息技术[M].上海:上海交通大学出版社,2007.
[32] 陶新良,毛建云.物流设施及设备[M].北京:机械工业出版社,2012.

第12章 智能车辆系统

第1节 概述

教学录像

一、智能车辆系统的定义

智能车辆系统（Intelligent Vehicle System，IVS）是一个包括环境检测、自动驾驶、规划决策等多种功能的综合性系统。它综合利用传感器技术、信号处理技术、通信技术、人工智能技术、计算机技术等，实现更为智能、安全、舒适的驾驶。智能车辆系统是智能交通系统一个重要组成部分，也是车辆工程领域研究的热点。

智能车辆能够分辨车辆所处的环境和状态，分析各传感器所收集到的信息，可以给驾驶人发出警告，提醒其注意危险；在紧急情况下，可以帮助驾驶人操作车辆，防止事故的发生；或者代替驾驶人的操作，实现车辆的自主驾驶。在自动驾驶模式下，汽车能够自动感知周围环境，自动选择行驶路线，如果出现行人或障碍物，它会减速或停车，实现不需人干预的安全驾驶，驾驶人可以一边开车一边休息、聊天、上网。

智能车是高新技术密集的新型车，是目前国际的研究热点，也是未来汽车的升级产品。智能车辆系统的推广使用可以提高车辆驾驶安全性和道路使用效率。当前，智能车系统在私家车、公共交通系统、军事及其他工业领域都得到了应用，随着有关技术的不断深入研究，智能车的应用领域将不断扩展。

二、智能车辆系统的关键技术

智能车辆系统的发展离不开许多高新技术的有力支持。智能车辆系统关键技术包括如下几个方面：

1. 智能车辆系统的体系结构

智能车辆系统的体系结构设计的优劣关系到系统整体性能的发挥和智能水平的高低。智能车辆系统由环境感知、路径规划、决策、智能控制等模块组成。系统的体系结构问题的研究内容是如何把各个模块有机结合起来，使之能相互协调配合。智能车辆系统的体系结构是整个系统的框架,起着对各个模块的调度和集成的作用,其设计的好坏关系到系统的性能和整体水平。

2. 驾驶人行为检测技术

通过监控驾驶人的行为和汽车运行状态,判断是否有违规行为或危险状况,如果存在,则向驾驶人发出警告。

3. 环境感知技术

环境感知技术是指识别车辆周围的交通环境,如车道状况、车流情况、车辆周围的障碍物、行车标志等。对环境和车辆自身状态的感知是智能车可靠运行的前提。由传感器获得的信息要经过有效的分析处理,才能确定汽车所处的环境和状态,并一进步确定是否要对驾驶人发出警告或者实施自主驾驶。单一的传感器技术都有一定的适用范围和局限,不能保证在任何环境中都能提供完全可靠的信息。智能车需要获得充分准确的信息,因此需要采用多传感器信息融合技术,综合多个传感器采集的数据。目前,在智能车辆领域,应用的传感技术主要有机器视觉、磁导航、惯性导航、GPS、激光雷达、毫米波雷达、声呐、红外探测等。

4. 自主驾驶技术

自主驾驶是智能车辆技术的最高发展阶段,它完全由车载智能系统自动地操作车辆全部功能。要实现自主驾驶,需要智能车拥有像驾驶人一样的敏锐的"眼睛"、聪明的"大脑"以及灵活"四肢"。环境感知系统相当于驾驶人的眼睛,它需要识别出道路状况,得到道路信息、周围车辆情况以及自身的行驶状态。

辅助视频

车载决策系统相当于驾驶人的大脑,它利用路径规划技术进行决策判断,决定车辆下一步的操作以及要行驶的最优路径。自主驾驶控制系统相当于驾驶人的四肢,它需要操纵转向盘控制器、节气门控制器以及制动控制器等设备,使车辆按预定的道路前进。

5. 其他技术

智能车辆的关键技术还包括导航与定位技术、决策技术、路径规划技术等。智能车辆系统是高新技术的综合体。

第2节 世界智能车辆的研究与发展

一、智能车辆的产生

20世纪50年代初,美国的Barrett Electronics公司开发出了第一台智能运输工具——自动引导车辆系统(Automated Guided Vehicle System,AGVS),这是智能车研究的开始。

1974年,瑞典的Volvo Kalmar汽车装配厂与Schiinder-Digitron公司共同研发出了自动引导车辆系统,它可以在汽车装配过程中取代传统的拖车,使工作效率大大提高,为Volvo Kalmar公司赢得了良好的经济效益。此后,AGVS在汽车装配领域成为主流的运输手段。

20世纪80年代,智能车辆在各领域的应用前景得到了广泛的关注,因此很多国家都掀起了对智能车辆的研究热潮。此外,传感器技术、信号处理技术、网络通信技术、计算机技术及人工智能的飞速发展,为智能车的研究与发展提供了良好的技术基础平台。

二、智能车辆的发展及现状

1. 美国智能车辆发展及现状

美国的智能车辆研究开始较早,研究进展较快。20世纪80年代,美国国防高级研究计划局与陆军合作研制出了世界上首台地面自主车辆(ALV),如图12-1所示。它综合采用了高性能计算技术、机器视觉技术、传感技术和卫星导航等多种当时的最新技术,实现了自主驾驶。ALV利用路标识别技术进行导航,实验环境是较平坦的野外环境,行驶速度是10km/h,自主行驶距离是20km。此外,卡内基·梅隆大学也自20世纪80年代开始,先后开发了Navlab系列智能车辆。

目前,美国的智能车辆研究成果主要有军方研制的DEMO Ⅲ智能车辆、卡内基·梅隆大学研究开发的NavLab系列和佛罗里达大学研制的Kelvin智能车辆。DEMO Ⅲ智能车集中了多种传感器,包括摄像机、激光雷达、超声波、红外线技术等,能够在各类环境下调整车速,并能在8m的范围内发现和避让行人。NavLab智能车采用的是SonyDXC-151A彩色摄影机,用于对道路和障碍物进行检测,并根据检测结果,控制车辆速度和方向。NavLab在公路实验中,行驶了3000mile,其中自主驾驶2859mile,平均速度为85km/h。Kelvin智能车采用了2个摄像机,适合于行驶在比较平缓的地区,其特点是非常轻便且行驶速度相对较高。

目前,谷歌公司拥有最成熟的无人驾驶技术,它在智能车领域的研究成果令人瞩目。从2009年谷歌宣布启动无人驾驶技术的研究开始,2012年5月,美国内华达州机动车辆管理局甚至为谷歌公司的一辆自主驾驶汽车颁发了首例"自动驾驶"汽车车牌,这意味着允许这辆汽车可以在公共道路测试行驶。到2016年年底,谷歌研发的自动驾驶汽车已成功行驶了超过322万km。图12-2为谷歌研制的自动驾驶汽车。

图12-1 世界上第一台地面自主车辆(ALV)

图12-2 谷歌自动驾驶汽车

谷歌公司的自动驾驶汽车在车顶位置安装了激光测距仪,实时精确地绘制出周围200m之内的3D地形图并上传至自动驾驶系统;利用视频摄像头感知周围的交通状况,包括交通信号灯和移动障碍物;利用车载雷达探测较远处的固定障碍物;利用微型传感器监控车辆是否偏离了GPS导航仪所制定的路线。智能车的车载系统连接到谷歌的数据中心,数据中心能处理汽车收集的有关周围地形的大量信息。

2. 欧洲智能车辆发展及现状

在欧洲,智能车的研究成果主要包括:德国奔驰公司与联邦国防大学合作,先后研制出 VaMoRs 和 VaMoRs-P 两种实验车;大众汽车公司与相关技术研究部门合作研制了 Carvelle 智能车;法国帕斯卡大学(Blaise Pascal University)与雪铁龙汽车技术中心合作研制了 Peugeot 智能车;意大利的帕尔玛大学(University of Parma)研制了 ARGO 系列智能车等。另外,法国国防部开发了 DARDS 自主侦察演示车。

VaMoRs-P 智能车装有 4 个小型摄像机,组成了两组双目视觉系统,在高速公路上进行了大量行使实验,包括跟踪车道白线、避障和自动超车。VaMoRs-P 智能车的最高车速可达 130km/h。Carvelle 智能车利用两个摄像机来进行环境检测,图像识别以及车辆控制的处理过程很快,其最高车速为 120km/h。Peugeot 智能车的硬件配置轻便,根据在高速公路上进行的几百千米的实验表明,其车速达 130km/h。ARGO 智能车集成了机器视觉和多传感器技术,在一次长达 2000 多千米的非常规化道路(包括平原、山地、隧道、高架桥等)的测试中,获得了良好的效果。

3. 亚洲智能车辆发展及现状

1993 年,日本丰田公司研制的智能车在高速公路上进行了实验,其车速达到了 60km/h;2001 年,日本日产公司生产了具有安全预警系统的汽车;Galant 车是由三菱公司研制的具有预警功能的智能车。此外,韩国和新加坡也对智能车辆也进行了大量研究。我国对智能车辆系统的研究成果在下面介绍。

4. 我国智能车辆发展及现状

我国对智能车辆的研究起步较晚,但是 20 多年来,很多大学及科研机构在智能车辆系统领域取得了令人瞩目的成果。

国防科技大学在 80 年代末期研制了出我国第一辆自主驾驶车辆 CITAVT – I,同时自 1988 年,清华大学开始研制 THMR(Tsinghua Mobile Robot)智能车系统。THMR – V 智能车采用了摄像机视觉系统、GPS 定位和激光雷达测障等多传感器技术,实现了自主驾驶,最高速度可达 150 千米/小时。此外吉林大学从 1992 年开始智能车辆的研究,目前已经研制了 4 代 JUTIV 型智能车辆。

2014 年 4 月份,百度公司与宝马宣布开始自动驾驶研究项目,并在北京和上海路况复杂的高速公路上进行了测试;2016 年 4 月,百度发布一项名为"Apollo"的自动驾驶平台开放计划,将向汽车行业及自动驾驶领域的合作伙伴提供一个"开放、完整、安全"的软件平台,帮助他们结合车辆和硬件系统,快速搭建一套属于自己的完整的自动驾驶系统。该平台包括车辆平台、硬件平台、软件平台、云端数据服务等四大部分。百度将开放环境感知、路径规划、车辆控制、车载操作系统等功能的代码或能力,并且提供完整的开发测试工具。

尽管我国的智能车在速度上也经达到了世界先进水平,但是在整体技术水平上跟国外的研究还有差距,特别是环境感知技术仍需进一步提高。

第3节 驾驶人行为检测技术

驾驶人行为检测技术是应用图像处理、多源信息融合等技术,检测分析驾驶人的驾驶动作和行为,判断其是否符合操作规范或存在安全隐患,并通过在线警告、违规管理等方式规范驾驶人的驾驶行为,提高驾驶行为的安全性和规范性。

一、技术原理

驾驶人行为检测技术的基本原理是使用图像处理、计算机视觉、模式识别等技术来监控驾驶人行为。为避免交通事故的发生,利用CCD/CMOS摄像头持续不断地观察驾驶人的双手、眼睛、耳朵、鼻子和下颚的方位,对驾驶人的驾驶状态进行监控。根据图像处理的结果来判断驾驶人是否有违规或不良的驾驶行为,包括是否打电话、抽烟、单手驾驶、压盘、打瞌睡、扭头与人聊天以及是否注视前方路面。通过汽车行驶记录仪、加速度传感器等设备获取车辆行驶状态信息,判断是否存在空挡滑行、超速行驶、挡位与速度配合不合理等非正常的行车状态。应用多源信息融合技术分析违规驾驶行为与疲劳驾驶状态。当检测出有不符合操作规范的行为或者疲劳的症状时,及时报警并辅助驾驶系统采取相应措施。

驾驶人行为检测系统一般由信号采集、特征提取、信息融合、违规行为或疲劳状态判断以及输出报警等模块组成。

系统的工作原理为:利用多种传感器,如摄像头、汽车CAN总线、行驶记录仪、加速度传感器等,对上述典型违规行为或疲劳特征信息进行实时采集和处理,运用各种信息处理方法提取和识别违规行为或疲劳特征信息。应用多传感器信息融合技术,对互补或冗余的疲劳特征信息进行有机融合,建立起违规/疲劳驾驶智能决策模型,对驾驶人是否违规或疲劳驾驶进行准确的判断。当检测到有违规行为或者疲劳状态时,输出报警模块可通过语音等报警装置提醒驾驶人注意行车安全,并存储违规行为数据。系统的功能结构如图12-3所示。

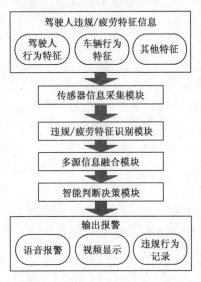

图12-3 驾驶人行为检测系统组成

"运安宝"是利用驾驶人行为检测技术对驾驶行为进行督导的系统。它可以识别6种基本驾驶动作(双手离盘、左手离盘、右手离盘、压盘、向左猛转转向盘、向右猛转转向盘),可以实现加速度检测和实时语音报警等功能。"运安宝"驾驶行为督导系统可以应用于车载视频监控系统和辅助驾驶系统中。图12-4为"运安宝"驾驶行为督导系统结构图。

二、关键技术

驾驶人行为检测技术需要综合应用图像处理、计算机视觉、模式识别、传感器技术、电子技术和信息技术等多个学科的知识,其中最关键的技术包括运动目标跟踪技术、人脸检测技术以及多源信息融合技术等。

1. 运动目标跟踪技术

运动目标跟踪技术是利用视频设备和计算机技术实时跟踪场景中的活动目标,它融合了计算机图像处理、人工智能、模式识别、自动控制等众多领域中的先进技术。目标跟踪的实质是在视频序列中对感兴趣的目标的位置、速度等运动数据进行有效的评估与分析。目标跟踪的基本任务为：对运动目标的运动轨迹进行分析，取得目标的个数以及每个目标的状态，包括位置、速度等参数，从而分析和判断目标的行为，从而指导行动。

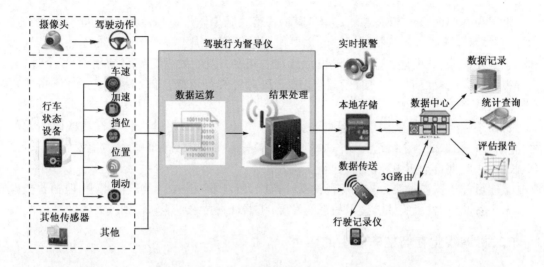

图12-4 "运安宝"驾驶行为督导系统结构图

在智能车的驾驶人行为检测技术中，需要对驾驶人的双手、头部等部位进行跟踪。通常通过 CCD/CMOS 摄像头采集图像数据，建立感兴趣区域，应用模式匹配、卡尔曼滤波等算法检测及跟踪驾驶人目标部位。

2. 人脸检测技术

人脸检测技术是对输入的人脸图像采用一定的搜索策略以确定其中是否含有人脸，如果存在，则根据人脸的特征，进一步判断每个脸的位置、大小和各个面部器官的位置。人脸检测是人脸信息处理中的一项关键技术，也是模式识别与计算机视觉领域的一项重要的研究课题。

对驾驶人疲劳状态的检测以驾驶人行为特征为出发点，研究人脸和人眼定位。具体检测内容包括驾驶人头部运动状态、眨眼、眼睛凝视方向等，以此来确定驾驶人是否疲劳。

3. 多源信息融合技术

多源信息融合（Multi-source Information Fusion, MIF）是指充分利用不同时间和空间的多种类型的传感器信息资源，使用信息技术对按时序获得的多传感器采集的信息加以分析和综合，以完成估计与决策任务。

驾驶人行为检测系统从视频分析模块、汽车行驶记录仪、加速度传感器等获取驾驶人疲劳状态、驾驶人转向盘操作动作、离合器踏板位置、制动踏板位置、加速踏板位置、转向盘转角、速度、加速度、GPS 定位信息等信息，应用多源信息融合技术分析驾驶人违规驾驶行为和疲劳状态。

第4节　智能车辆与机器视觉

一、机器视觉的概念及原理

机器视觉(Machine Vision)就是用计算机代替人眼来做辨识和检测,以便进一步实施控制,核心技术是视觉处理。机器视觉的主要作用包括感知周围环境中实体的形状、位置、运动姿态等几何信息,视觉处理包括对视觉信息的获取、传输、处理、存储和理解的整个过程。机器视觉研究的最终目标是使计算机能够获得对客观环境的理解和描述,从而认知现实世界。

机器视觉检测系统使用图像摄取装置(如 CCD/CMOS 照相机),将目标转换成图像信号,并由专门图像处理系统进行定量分析,通过各种运算抽取目标的特征,如位置、数量、面积、长度等,实现自动辨识和检测功能。

虽然目前机器视觉能力与人类视觉系统相比,还处于一个十分初级的水平,但随着微电子技术、图像处理技术等核心技术的迅猛发展,机器视觉技术将能够得到极大的发展。

二、机器视觉在智能车辆上的应用

机器视觉技术正广泛应用于各个方面,如智能车辆导航、生物特征识别(指纹识别、人脸识别、虹膜识别)等。在智能车辆系统中,机器视觉所负责环境感知功能将提供驾驶人所需要的绝大部分驾驶信息。在生活中,人们在驾驶汽车时所接受的信息大部分来自于视觉(如,路面状况、交通控制信号、交通标志等),通过对周围交通环境的观察来决定采取适当的驾驶行为。因此,选择机器视觉作为感知环境的传感器是一种很自然的选择。同时,视觉导航较之磁导航技术,对基础设施的要求较低,因而被公认为是最有前景的导航方法。机器视觉在智能车辆环境感知系统中的主要功能包括:检测周围车辆及行人、识别车道、自身横向位置估计、前方车辆跟踪等。主要应用于碰撞预警系统、离线报警系统、低速巡航系统以及全自动车辆系统。

1. 碰撞预警系统

碰撞预警系统负责在车辆行驶过程中,对潜在的碰撞进行预警。预警系统利用车载多种传感信息获得关于车辆自身和环境的感知,分析判断车辆发生碰撞的危险系数,可以在驾驶人没有意识到潜在的碰撞时,向驾驶人发出警告,或者在驾驶人对潜在的碰撞没有对做出反应的情况下,自动控制车辆以避免事故的发生。碰撞预警系统的功能主要包括前方碰撞警告、后方碰撞警告、盲点警告、步行检测与警告等。

基于机器视觉的碰撞预警系统由图像采集子系统、图像处理子系统、决策模型子系统以及报警子系统组成,如图 12-5 所示。碰撞预警系统利用 CCD/CMOS 摄像机采集周围车辆的图像,然后由图像处理子系统对采

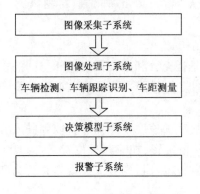

图 12-5　碰撞预警系统结构图

集的图像进行分析处理,对危险物进行识别和跟踪,并计算出本车与危险物的距离、危险物的相对速度等数据。根据图像处理子系统提供的数据,利用决策判断模型,对当前情况进行判断,如果情况危险,提前 4~5s 进行报警。

2. 离线报警系统

离线报警系统能够在车辆驶出车道线时发出警报,防止意外情况发生。通过汽车前方的摄像头,机器视觉系统可以分析识别出车道分界线,并设定自己所在的车道为正确车道。当驾驶人在不知不觉中偏离正确车道时,系统马上会发出警报。

3. 低速巡航系统

低速巡航系统的功能是在堵车状态下,使车辆能够在不高于一定速度的情况下实现走走停停的低速巡航控制,这是智能车辆的研究热点问题之一。

目前很多的低速巡航系统使用雷达技术,雷达具有对于数据处理量要求低和易于实现的优点。但是仅依靠雷达,系统的可靠性得不到保障,因此当前的研究方向是将机器视觉与雷达相结合,以提高系统可靠性。

4. 自动驾驶系统

自动驾驶技术综合利用了计算机视觉、自动控制、模式识别、汽车操控动力学等多学科技术,是智能车辆技术的最高应用。自动驾驶系统需要负责定位与路线选择、道路环境感知、车体控制等方面的职责,研究范围包括道路选择、车辆巡航、排队行驶、低速自动控制等问题。

道路规划能力是自动驾驶必需的功能之一。道路规划是指,在得知行程的终点后,能够迅速地确定一条最优行驶路线,并且根据需要依次经过各个中间结点,最终到达行程终点。智能车辆系统利用 GPS 定位信息,配合电子地图与机器视觉就能够进行动态路径规划,提高车辆自主导航的有效性和可靠性。

自动驾驶系统的运行过程类似于驾驶人驾驶汽车的过程。首先,摄像机将车辆前方的和周围的道路与交通情况输入到图像处理系统。图像处理系统识别出周围车辆的相对距离、相对车速等状况。然后,路径规划系统根据这些信息确定一条最优行驶路线。最后,路径跟踪系统根据跟踪的路径,结合车辆行驶状态参数形成控制命令,控制转向盘和加速踏板等设备的动作,使汽车在规划的道路上安全行驶。

第5节 导航与定位技术

在智能车辆系统中,导航与定位技术主要应用于车辆的自动驾驶、道路规划、监控与调度等方面。在导航与定位系统的研究中,常用的技术包括:视觉导航、磁导航、惯性导航、GPS 导航等。各种导航技术都有其局限性,因此,目前智能车辆导航与定位技术的研究热点是对多种传感器进行融合,实现更为精确的导航。

一、机器视觉

机器视觉是目前被公认为是最有前景的导航方法,它具有检测范围广、信息容量大、施工成本低廉等诸多优势,更加适合于应用在非结构化的道路环境中。目前,国内外研制的智

能车辆都主要是依靠机器视觉来进行环境感知,进而实现车辆的自主驾驶。

机器视觉的不足之处是,受光线变化的影响较大,在光照条件不好或者无光照的条件下,机器视觉的可靠性会大大降低。

二、磁导航

磁导航是通过感应外界电磁环境变化,对路径信息进行准确判断,以对车体方向和速度进行控制。这种导航技术通过在车道下埋设磁钉或电缆来为智能车辆提供道路信息。磁导航技术与其他技术相比更为成熟可靠,因此被很多智能车辆系统所采用。美国Chrysler公司和日本丰田公司的智能车系统均采用的是电缆引导方式。

磁导航技术的优点是具有较好的环境适应能力,它在各种天气和光照环境下都能提供可靠的信息。其不足之处在于探测范围小,且对基础设备要求较高,需要在车道下埋设如磁钉、电缆等导航设备,施工量大,且不易维护。

三、惯性导航

惯性导航是一种自主式导航技术,不需要外部信息。惯性导航以牛顿力学定律为理论基础,通过测量载体移动的加速度,对时间积分得到速度,速度再对时间积分来得到移动距离。因此,惯性导航是一种演算导航方式,即从一已知位置出发通过连续测量获得的载体的运动方向和速度推算出下一位置,通过计算可连续测算出载体的航向、位置和姿态。惯性导航系统一般依靠按正交坐标系设置的陀螺仪和加速度计,来测得载体的运动信息。

惯性导航具有抗干扰、隐蔽性好、不受气象条件限制、数据更新率高、短期精度和稳定性好的优点,此外,惯性导航技术能提供位置、速度、航向和姿态角数据,所产生的导航信息连续性好而且质量高。惯性导航技术的缺点是:由于导航信息是通过积分计算而获得的,因此计算误差随时间的延长而增大,长期来说精度差;每次使用之前需要较长时间的初始对准工作,设备价格昂贵。

智能车辆系统往往将惯性导航技术与其他导航技术相结合,构成组合导航系统。组合导航系统不仅可以修正惯性导航系统的累积误差,还能保留惯性导航技术自身的优势。例如美国卡内基梅隆大学研制的Navlab5智能车,就采用了包含惯性导航系统的综合导航技术。

四、GPS与数字地图

GPS(Global Positioning System)是一种具有全球范围、多功能、全天候优势的导航定位、授时、定速系统,可向全球客户提供连续实时的三维位置、三维速度和时间信息。GPS具有技术成熟、定位精度高、价格低廉的特点,已经成为全球导航定位的首选技术。

数字地图(Digital Map,DM)是指用数字形式描述地图要素的数据集合。用于智能车辆导航和定位的数字地图,是根据数字化制图信息定义路网及其相关属性,且易于被车辆导航系统访问的文件。数字地图数据库是整个车辆导航系统的基础。当导航系统需要显示道路网地图、规划行车路线、提供实时的车辆位置信息或者导航车辆时,都离不开数字地图的帮助。

在智能车的自动驾驶系统中,GPS/DM 导航技术为车辆的精确定位、方向控制与道路跟踪提供导航信息,是必不可少的导航与定位关键技术之一。

五、多传感器融合技术

采用多传感器融合技术可以克服单一导航与定位技术的局限性,使智能车能在复杂多变的环境中实现有效可靠的导航与定位。多传感器融合导航系统充分利用多种传感器资源,通过合理使用这些传感器导航信息,把它们在空间或时间上的冗余或互补信息按照某种准则进行组合,避免单一导航传感器的缺陷,从而提高导航与定位系统的有效性与准确性。多传感器融合导航技术已成为发展趋势。

美国卡内基梅隆大学研制的 Navlab5 智能车采用了多传感器融合技术,其传感器系统由机器视觉系统、GPS 系统、惯性导航系统组成。通过上述传感器的输出融合,Navlab5 的传感器系统可产生车体的局部($X,Y,$方位)和全局(经度,纬度)的位置信息,以及车辆的速度、行驶的距离和转弯半径等数据。

目前,对智能车辆多传感器融合技术的研究才刚刚起步,还没形成成熟可靠的数据融合模式与方法。因此,在该领域仍然需要进行大量深入的研究。

课后习题

1. 什么是智能车辆系统?它具有哪些功能?
2. 智能车辆系统的关键技术有哪些?
3. 驾驶人行为检测技术的基本工作原理是什么?
4. 什么是机器视觉?列举智能车辆系统中哪些功能会使用到机器视觉。
5. 智能车辆系统中常用的导航与定位技术包括哪些?

参考文献

[1] 宋维堂,张鸽.基于智能车辆的多传感器数据融合算法研究与分析综述[J].现代交通技术,2012,9(3):83-85.

[2] 党宏社,韩崇昭,段战胜.智能车辆系统发展及其关键技术概述[J].公路交通科技,2002,19(6):126-130.

[3] 索文义.电子控制技术在汽车上的应用[J].甘肃科技,2007,23(1):133-134.

[4] 金浙良.机器视觉在汽车前方车道识别中的应用研究[D].南宁:广西大学,2009.

[5] 卢卫娜.车辆视觉导航方法研究[D].西安:西北工业大学,2006.

[6] 梁华.移动机器人路径规划与视觉系统基础研究[D].杭州:浙江大学,2002.

[7] 杨儒锆.非结构环境下移动机器人导航控制系统的研究[D].上海:上海大学,2003.

[8] 吴磊.基于多元信息融合的驾驶人疲劳监测控制系统研究[J].中国农机化学报,2013,34(1):193-195.

[9] 陈远祥.视频图像运动目标跟踪技术的研究[D].南京:江苏大学,2010.

[10] 石磊.自主式车辆环境感知技术研究——道路环境理解方法研究[D].南京:南京理工大学,2010.

[11] 盛敬.驾驶人疲劳监控系统中人脸检测与识别研究[D].沈阳:东北大学,2006.

[12] 郭曦.无人驾驶车辆导航系统软件的分析、设计与实现[D].上海:同济大学,2008.

[13] 李旭,张为公.智能车辆导航技术的研究进展[J].机器人技术与应用,2007(4):24-27.

[14] 廖力.基于视觉的结构化道路检测算法研究[D].武汉:武汉理工大学,2009.

[15] 王宏,何克忠,张钹.智能车辆的自主驾驶与辅助导航[J].机器人,1997,19(2):155-159.

第 13 章 智能车路合作系统

第 1 节 概述

教学录像　　辅助视频　　辅助视频

一、系统概念

智能车路合作系统(Cooperative Vehicle Infrastructure System,CVIS)是当今世界 ITS 领域的研究前沿,是智能交通系统中技术难度最高的系统。智能车路合作系统以道路和车辆的智能化为基础,使车载系统与道路基础设施结合起来,在车辆和道路之间建立有效的信息通信,通过道路交通信息的智能感知实现人、车、路、环境的相互协作、协调。

车辆在高速行驶中可以实现车与车、车与路侧设施的信息共享;交通管理中心可以得到整个路网的实时交通数据;出行者可以在任意设备上获取及时可靠的交通信息。总之,更透彻的感知,更全面的互联互通,更深入的智能化,是智能车路合作系统发展的目标。从技术角度而言,智能车路合作系统是 ITS 的整合与提升,是当前智能交通领域的研究热点与技术前沿。

对智能车路合作系统的具体定位是:基于车与车(Vehicle to Vehicle,V2V)、车与基础设施(Vehicle to Infrastructure,V2I)、基础设施与基础设施(I2I)之间的信息通信与交互的智能交通系统。通过信息感知系统、监控系统、通信系统等基础设施,车辆可以实时获取道路环境以及交通的运行状况,实现车辆的自动导航和控制、辅助安全驾驶、不停车收费、实时交通信息发布、交通管理自动化以及事故处理自动化等功能,实现更为高效的交通管理控制的综合应用平台。

二、系统运行原理

智能车路合作系统由配备在车道和车辆上的传感器、计算机系统、通信设备以及管理中心的管理系统组成。在道路的适当位置,每间隔一段距离布置相应的智能路侧设施,这些路侧设施与车辆上安装的智能终端系统以及管理中心的管理系统进行信息交换。智能车路合作系统能够获得车辆运行情况和道路周边环境状态,这些信息由控制中心的管理系统进行统计分析、制定管理方案并发布管理控制信息。智能车路合作系统通过车与车、车与路之间的协调配合可以实现车辆的自动驾驶。

三、系统优势

智能车路合作系统可极大地提高道路的通行能力和交通的安全性,使出行质量得到全面提高。国内外的研究表明,智能车路合作系统可以提高每条车道每小时的车流量2～3倍,而行车时间减少35%～50%。同时,由于智能车路合作系统部分降低或完全排除了人为因素对交通安全的消极影响,使交通事件的预防成为可能。

在提高道路的通行能力、缓解交通拥堵方面,智能车路合作系统具有以下优势:

(1)提供统一规划、统筹安排的车辆的驾驶操作,消除人为因素引起的交通流的异常波动。人的原因引起的车辆随机的加速减速严重影响车流的稳定,而智能车路合作系统可以消除这些随机因素的影响,使车辆可以保持匀速行驶,减少制动、加速或减速,从而使道路保持较高的车流率,减少和缓解交通拥堵现象。

(2)更有效地利用车道资源。智能车路合作系统通过对车辆的统一管控,可以使车辆流更为紧密的流动。在交通高峰时,有效减小车辆间的安全间隙,维持车道上车辆的最佳速度和间隔,提高车道的通行能力。

(3)更有效的交通管理体制。车路合作系统能够实时提供车辆道路的运行信息,管理中心可以实时指挥车辆安全行驶,因此能够减少由于驾驶人的原因而引起的交通事故。此外,可以对交通事件进行事前判断,这一主动警务模式,将是交通领域管理体制的深刻变革。

四、研究内容

车路合作系统的主要研究内容有:
(1)系统逻辑框架。
(2)实时信息采集技术。
(3)通信系统技术,包括车车通信、车路通信及网络技术研究。
(4)基于车路协同环境下的交通协调控制理论。
(5)基于车路协同环境下的交通流理论。

第2节 智能车路合作系统的技术体系

一、逻辑框架结构

智能车路合作系统包括道路交通基础设施、交通数据库、管理中心3个组成部分。道路交通基础设施负责道路环境以及车辆运行状况信息的采集与发布;交通数据库负责对采集到的信息进行存储、分析和处理;管理中心负责整个系统的各种服务。体系架构如图13-1所示。

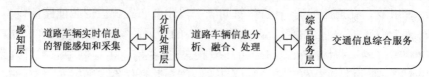

图13-1 智能车路合作系统的体系架构

1. 交通信息感知层

感知层由车载智能终端和路侧设施两部分组成，通过安装在道路与车辆上的传感器设备获取车辆、道路与环境的状态信息。传感器包括 CCD\CMOS 摄像头、激光雷达、雷达、GPS、RFID 等设备。CCD\CMOS 摄像头，可以采集交通信号灯、移动物体、道路边界、车道标识等数据。激光雷达可以采集动态道路环境状况，包括移动物体和道路基本情况。雷达可以测量车辆与前后左右各个物体间的距离。GPS 系统可以定位车辆位置和行驶状态信息。

2. 交通信息分析处理层

交通信息分析处理层采用智能计算技术对信息进行融合处理，实现对交通管理的决策和控制。分析处理层包括大型分布式数据库，该数据库存储了海量的有关路网交通的时空数据、实时交通数据等。在此基础上，分析处理层还负责道路环境与交通流信息的融合处理、交通流预测、基于浮动车技术的数据挖掘、道路交通信息的知识发现等工作。大数据技术在交通信息分析处理层，可以发挥其对海量数据的存储、快速处理与深度挖掘的能力。

3. 交通信息综合服务层

智能车路合作系统的综合服务平台，包括不停车收费、车辆导航与定位、辅助安全驾驶、出行信息发布、车辆实时监控、应急事故处理、运营车辆管理与调度等服务。综合服务平台通过车与车、车与基础设施、基础设施与基础设施之间的多种通信方式，把管理中心同车载智能终端以及路侧基础设施相连，提供多种媒体形式的信息服务。

二、关键技术

智能车路合作系统是 ITS 中技术难度较大的系统，涉及物联网技术、通信技术、信息处理技术、定位导航技术、自动化控制技术、多源传感技术、机器视觉技术、计算机网络技术等多个领域，技术体系十分庞大和复杂。按照系统结构，可以把关键技术分为车载智能终端系统、智能路侧系统、道路交通信息的融合处理技术、车—车/车—路通信技术 4 个领域。

1. 车载智能终端系统

车载智能终端系统融合多种传感器技术、导航定位、无线通信、移动网络、计算机以及多媒体技术，为驾乘人员提供车辆导航、辅助安全驾驶、交通信息、移动办公等综合服务。

研究内容包括：基于车载传感技术的车辆与行人识别，基于车路协同感知的车辆行驶状态及行为识别，车辆精准定位，辅助安全驾驶技术、自主驾驶技术、移动双向数据传输以及车载一体化系统集成等。相关的主要技术有：GPS 技术、RFID 技术、激光雷达、微波雷达、超声及红外线技术、视频处理技术、惯性导航技术等。

2. 智能路侧系统

智能路侧系统包括各种路侧传感器、路侧信息处理单元、路侧控制主机、路侧交通控制设备、无线通信设施和管理中心服务器等。智能路侧系统旨在利用各种监测系统，采集道路交通信息，并把这些信息传递给管理中心和车辆，同时接收管理中心的指挥控制指令与服务信息，并发布给附近道路上行驶的车辆。智能路侧系统将人、车、路集成为一个整体，并进一步提高各种信息的精度，在车流量较大的道路交叉口，其作用尤为重要。

系统的主要研究内容包括：基于路侧传感和车路协同感知的交通信息收集、多渠道交通流量检测、交通事件迅速判别、多模式无线数据传输、路侧系统综合集成技术等。

3. 交通信息的融合处理技术

智能车路合作系统使用多种类型的传感器进行信息采集，以提高信息采集的质量和精度。对不同传感器采集的交通数据，需要综合应用图像处理、语音处理、数字信号处理等技术，进行分析处理。不同传感器数据需要按照一定的原则进行组合，利用互补信息，去掉冗余信息，以此来获得对交通状况的一致性的判断。对融合后的数据还要应用数据挖掘、知识发现等技术，才能实现信息的深度发掘、更大范围的集成和更有效的应用。

管理中心相当于智能车路合作系统的"大脑"，它负责对车载智能终端和智能路侧系统所采集的信息进行融合、处理与挖掘，并将管控指令和服务信息向接收对象发布。通常情况下，信息中心由多台服务器组成，包括车辆数据服务器、道路数据服务器、高性能计算服务器以及监控服务器等。

4. 车—车/车—路通信技术

主要研究高速行驶状态下的基于多模式的车—车/车—路通信技术，包括车—车/车—路自组织网络通信技术，高速车辆环境下稳定高效的转换与路由技术、兼容各种无线网络协议的多模式接入技术、车辆动态分簇融合技术等。

第3节 智能车路合作系统通信网络构建

智能车路合作系统以道路智能与车载智能的协调合作为基础，其中通信需求无所不在，通信网络的主要功能就是建立一种或多种网络结构，使得车辆在通信网络中能够获得可靠的信息并得到相应的服务。通信网络中包含多种信息的交互，即车载系统与路侧设施以及管理中心之间的信息交互。通信网络负责把行驶中的车辆信息、传感器采集到的路况信息通过无线传感网、互联网、3G或其他方式发送至管理中心，同时把管理中心的管理控制信息发送至车辆或路侧设施，实现及时高效的调度指挥与服务。

目前没有一个现成的通信网络和通信方式能够完全满足智能车路合作系统的要求。因此，智能车路合作系统的网络要充分利用现有通信技术的发展成果，多种网络和通信方式相结合，集成组织成一个符合系统要求的通信网络。

智能车路合作系统的通信网络由各种传感器网络以及有线/无线数据传输网络组成。网络结构如图13-2所示。

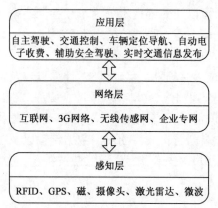

图13-2 智能车路合作系统通信网络结构

一、通信系统结构

智能车路合作系统的通信网络系统可以分为两种类型，即车—车通信和车—路通信，如图13-3所示。车—车通信是指车辆之间通信（Inter-Vehicle Communication，IVC）；车—路通信是指车辆与路侧基础设施之间通信（Road-Vehicle Communication，RVC）。智能车路合作系统通过车—路和车—车通信技术实时获取当前交通信息。

1. 车—车通信系统

车—车通信系统提供在高速移动环境下，车辆之间直接传送和接受信息的网络。车—车之间通信以移动自组织网络传输技术基础，传递信息的车辆自动检测通信范围内的其他车辆，并将信息传递给下一辆车，通过多跳通信的方式将信息发送出去。车辆可以和其无线通信范围内的任何车辆直接通信，也可以利用其他车辆作为中间节点与无线通信范围以外的车辆进行通信。

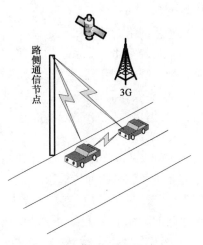

图 13-3　智能车路合作系统的通信网络

车—车通信系统能很好地满足道路上车辆的快速移动变化的特性，可以实现汽车之间的"对话"，有效地减少交通事故的发生，提高交通安全与出行效率。同时车—车通信系统也是自主驾驶技术中至关重要的组成部分。目前，很多汽车生产商都在研究这方面的技术产品，比如福特正在研究的"Intelligent Vehicle Technology"，以及宝马提出的"Car-to-X Communication"计划。

2. 车—路通信系统

车—路通信系统是基于车辆与路侧基础设施通信的系统。车—路通信系统类似于无线局域网络，路侧基础设施相当于无线局域网中的访问点，当车辆进入到访问点的覆盖范围内时，可自动建立通信。车—路通信系统可以实现更大范围的信息共享，可靠性较高，但是如果当某些路侧基础设施遭到破坏时，可能会造成通信中断。

二、现有通信技术

1. ZigBee 技术

ZigBee 技术是一种近距离双向无线通信技术，具有复杂度低、功耗低、速率低、成本低的特点，主要用于短距离、低功耗、低传输速率的设备之间的通信。

ZigBee 网络可以容纳多到 65000 个无线数据传输模块，每个 ZigBee 网络模块之间可以相互通信，具有高可靠性。每个网络节点间的距离可以从标准的 75m 进行扩展。

与移动通信的 CDMA 网或 GSM 网相比，ZigBee 网络具有低速率、低时延、低功耗、实现简单、低成本、网络容量高的特点。每个 ZigBee 网络节点自身可通过安装的传感器采集数据和实现监控，还可以自动中转别的网络节点传送过来的数据。而且每个 ZigBee 网络节点还可在自身信号范围内，和多个不承担信息中转任务的孤立的子节点进行无线连接。

ZigBee 填充了低成本、低功耗和低速无线通信市场的空白，与其他标准在应用上几乎无交叉。可以广泛地应用在智能交通的无线网络通信中。

2. 蓝牙技术

蓝牙（Bluetooth）是一种低成本的、开放的、短距无线通信技术规范的代称，可以在不同种类设备之间传送数据。蓝牙技术采用分散式的网络结构以及快跳频和短数据包技术，支持一对一、一对多通信，其数据速率为 1Mb/s，工作在全球通用的 2.4GHz ISM（即工业、科学、医学）频段。蓝牙技术采用时分双工传输方式，通信距离为 10m 左右（如果提高功率，可以扩大到100m)。

蓝牙网络的基本单元是微微网,各微微网通过使用不同的调频序列来区分。蓝牙技术服务于智能车路合作系统的通信网络的最后10m。它能够以简单的设备、低廉的价格把车载智能系统、智能路侧系统以及各种网络终端设备在近距离内连接起来。运用蓝牙通信技术,能够有效地简化车/路之间终端的通信,也能够较好地简化这些设备与因特网之间的通信,使数据传输更加迅速高效。

3. UWB 技术

UWB(Ultra Wide Band)即超宽带无线技术,是一种无载波通信技术,利用纳秒至微微秒级的非正弦波窄脉冲传输数据,并通过正交频分调制或直接排序将脉冲扩展到一个频率范围内,在较宽的频谱上传送极低功率的信号。UWB是新一代的无线通信技术,适用于高速、近距离的无线个人通信,被认为是未来短距离无线通信的主流技术。

UWB 具有以下特点:

(1)传输速率高:UWB可以在10m的范围内达到数百 Mb/s 至数 Gb/s 的数据传输速率。

(2)带宽极宽:UWB带宽可以在1GHz到数个GHz之间。并且可以兼容目前的窄带通信系统而不互相干扰。

(3)消耗电能小:因为UWB不使用载波,只是发出瞬间脉冲电波,所以耗电量小。

(4)发送功率小:UWB系统发射功率小,通信设备正常工作功率可以小于1MW,可以大大延长系统工作时间。

此外,UWB还具有保密性好和抗干扰性能强的优点。这些特性使得UWB成为一种近距离无线通信的可行技术。UWB的应用范围包括:车—车通信、车—路通信、位置测定、高速无线LAN、雷达、安全检测、室内通信等领域。

4. RFID 技术

射频识别技术(Radio Frequency Identification,RFID),可通过无线电信号读写相关数据,用于控制、检测和跟踪物体,而无需识别系统与特定目标之间建立机械或光学接触。

RFID是一种简单的无线系统,只有两类基本器件:一个阅读器(Reader)和很多电子标签(Electronic Tag)组成,其结构如图13-4所示。其工作原理是:阅读器发射特定频率的无线电波给电子标签,用来驱动电子标签电路将内部的数据送出,此时阅读器便依序接收解读数据,并发送给应用程序做相应的处理。

图13-4　无线射频识别的体系结构

RFID具有移动通信、自动识别、定位和远距离监控等功能,是物联网的基本感知和识别技术之一。智能车路合作系统通过装载在道路和车辆上的电子标签与RFID等识别技术,实现对车辆和道路的有用信息进行提取和有效利用,以达到对道路交通进行有效的监管和服务。RFID 已经成为服务 ITS 重要的信息通信技术。

RFID 另一个应用领域是数字化汽车标准信源。数字化汽车标准信源可以看作是一个电子车牌和汽车的终身电子身份证。它存储了汽车标准化身份特征信息和其他管理基础信息。

5. 3G 技术

3G 指第三代移动通信技术(3rd Generation),它是将无线通信技术与国际互联网等多媒体通信技术相结合的新一代移动无线通信系统。目前国内支持三个无线接口标准,分别是中国电信的 CDMA2000 标准、中国联通公司的 WCDMA 标准和中国移动的 TD-SCDMA 标准。3G 与 2G 的主要区别是在数据传输速率上的提升和丰富的图像、音频、视频等多种媒体形式的数据传输类型。3G 网络在室内、室外和行车的环境中分别支持至少 2Mb/s、384kb/s 以及 144kb/s 的传输速度。

3G 技术的发展为数字、语音和视频等交通信息的实时传输、监控、调度发挥了重要作用。目前,3G 技术已经广泛应用于实时路况检测、车辆导航、车辆监控、位置跟踪等方面。同时,3G 网络技术与车载智能终端系统相结合,可以实现智能车路合作系统的很多服务功能,比如道路状态信息的采集与发布、出行路线的选择、援助服务以及其他信息服务等。随着无线 3G 网络技术的逐步成熟,3G 技术将成为智能车路合作系统中通信系统的主要支撑技术。

6. GPRS 技术

通用分组无线业务(General Packet Radio Service, GPRS)是一种分组交换形式的无线数据传输服务,是在已有的 GSM 网络之上增加了一个新的网络,形成的一个新的网络实体,支持端到端、广域的无线 IP 连接。GPRS 的理论带宽可达 171kb/s,分组交换接入时间小于 1s,能提供快速的高速 TCP/IP 连接。每个用户可同时占用多个无线信道,同一无线信道又可以由多个用户共享,资源被有效利用。

GPRS 提供了一种高效、低成本的无线分组数据业务。特别适用于具有突发性、频繁的、少量的数据传输的应用领域,如交通状态的远程监控、交通数据的传输等。由于采用了 TCP/IP 协议,GPRS 还可以容易地与互联网技术的应用平台相整合,适合于车载系统的通信业务。

7. DMB 技术

数字多媒体广播(Digital Multimedia Broadcasting, DMB),是在数字音频广播(Digital Audio Broadcasting, DAB)基础上发展起来的新一代广播系统。它在传输高质量的音频数据的同时,还能同时传输视频、图形、文字等多种类型的数据。适合于智能交通导航、交通综合信息服务等可视数据的传输,因此可以广泛应用在汽车、公交车、出租车、地铁、火车等移动载体上。在交通导航方面,DMB 可以提供电子地图和图文形式的实时路况信息,为多媒体交通信息的传输提供了一个良好的平台。

三、DSRC 系统

为了实现对车辆的实时智能管理,国际上专门开发了适用于 ITS 领域道路与车辆之间的通信协议,即专用短程通信(Dedicated Short Range Communications,DSRC)协议。

DSRC 是一种高效的无线通信技术,它可以实现在小范围内(通常为数十米)对高速运动的目标的识别和双向通信,可以实时传输图像、语音和数据信息。DSRC适用于车辆识别、车辆与车辆以及车路之间信息交互等方面,可以应用在车路合作系统的车—车、车—路双向通信。目前,DSRC已经广泛应用到前方障碍物检测和避让、车辆自动识别、不停车收费系统、智能停车管理、实时交通调度与控制等领域。

1. DSRC系统组成

DSRC通信系统主要包括4个部分组成:车载单元(On-Board Unit,OBU)、路侧单元(Road-Side Unit,RSU)、DSRC通信协议和管理中心。车载单元安装在汽车上,相当于通信系统中的移动终端。路侧单元主要是指路侧通信设备,如路侧天线。路侧单元的参数主要有频率、发射功率、通信接口等。路侧天线能够覆盖3~30m的通信区域。DSRC通信协议是车载单元与路侧单元实现无线短程通信核心技术。路侧单元、管理中心和相关辅助设备形成路侧网络,通过管理中心与其他网络相连进行信息交换。系统组成结构如图13-5所示。

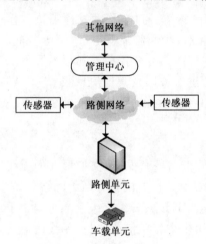

图13-5 DSRC系统结构图

2. DSRC通信协议

DSRC协议采用简化的3层协议结构,包括物理层、数据链路层和应用层。物理层提供帧传输控制服务和信道的激活/失效服务。在物理层,DSRC提供具有优先级的成对上/下行信道。数据链路层定义通信帧的具体结构,提供差错和流量控制,保证信息传输的可靠性。同时,提供实现相应功能的程序和程序单元。应用层实现通信初始化和释放程序、广播服务支持、远程应用等相关操作。

3. DSRC通信技术

DSRC有两种通信方式,包括车—车通信和车—路通信。车—车通信采用基于多跳的Ad-Hoc网路模型;车—路通信采用基于一跳Ad-Hoc网络模型。

DSRC技术按传输方式可分为3种形式:主动式系统、被动式系统和半主动式系统。主动式系统中,路侧单元先发射询问信号给车载单元,车载单元再发射数据给路侧单元。车载单元发射数据需要使用自身的电源。主动式系统适于图像、语音等大数据量传输,其通信可靠性高。被动式系统中,路侧单元发射电磁信号用以激活车载单元,车载单元被激活后,以一种切换频率发送信息给路侧单元。被动式系统的车载单元的电池可有可无。被动式系统的优点是车载单元设备简单、价格便宜、容易推广;缺点是数据传输能力不及主动式系统。半主动式系统的性能和特点介于主动与被动系统之间。目前,日本主要推行主动式DSRC,而欧洲则主要推行被动式DSRC。

四、通信组网技术

1. 移动自组织网络

自组织网络(Ad-Hoc)是由一组通信设备节点通过无线链路组成的无中心、多跳、临时性自治传输系统,每个节点兼具路由功能。当节点可移动时,称为移动自组织网络(Mobile Ad-Hoc NETwork,MANET)。MANET具有以下特点:

(1)多跳(multi-hop):因节点发射功率有限,远距离通信时需要依靠其他节点充当中继,从而每个节点既是终端又是路由器。

(2)无基础设施(infrastructure-less):整个网络没有固定的基础设施,能够在不能利用现有网络基础设施的情况下,提供终端之间的相互通信。

(3)自组织(self-organized):每个移动节点在需要通信时可以自发发起一个网络或者参加已经存在的网络,在无需通信时也可以自由退出一个网络。

(4)节点移动(node mobility):自组织网络中的移动结点都是平等的,互相作为其邻居结点的路由节点。

(5)动态拓扑(dynamic topology):由于终端的随机移动、节点的随时开机和关机、无线信道间的相互干扰等综合因素的影响,移动终端间的网络拓扑结构随时可能发生变化,而且变化的方式和速度不可预测。

车辆自组织网络(Vehicular Ad-Hoc NETwork,VANET)是一种应用于道路上的新型移动无线自组织网络。VANET除了具有一般无线自组织网络的特点外,还具有自身独有的优势,例如高动态性、可预测的移动性、网络密度动态性等。VANET可以适应不断变化的网络拓扑结构,为车辆之间、车辆与路侧设备之间提供通信。VANET的网络通信可以分为两大类:车—车通信与车—路通信。

在VANET里,每一辆汽车都是一个网络节点,汽车通过自身配置的各种传感器,感知周围环境信息,并把相关信息在网络里广播。例如,车辆在紧急制动时可以通过VANET广播紧急制动的消息,而收到该信息的后面的车辆可以提醒驾驶人注意或者自动减速,以减少追尾事故的发生。

目前,VANET日益成为世界各国的研究热点,日本、欧洲以及美国都先后启动了相关的科研项目,并取得了一定的研究成果,VANET的性能在不断改进。

2. 无线传感器网络

无线传感器网络(Wireless Sensor Network,WSN)是由众多的传感器以自组织方式构成的无线传输网络。WSN用以采集、处理和传输监控区域内感知对象的监测信息。

无线传感器网络是由大量的无线传感器(sensor)、汇聚节点(sink)、任务管理节点、Internet或通信卫星等组成的一个多层的无线网络。大量的传感器节点将采集到的数据通过汇聚节点再经其他通信网络发送给用户。

由于传感器节点的位置不能预先确定,因此任意时刻节点间必须通过无线信道连接,以自组织方式组成网络。通过局部的数据采集和预处理以及节点间的高效的数据交换来完成数据传输。

无线传感器网络集数据采集、处理、传输于一体,具有无中心、自组织、多跳路由、动态拓扑、分布密集等特点,在信息采集与监控领域具有广阔的应用前景。

第4节 美国 Connected Vehicle 计划

辅助视频

辅助视频

辅助视频

美国交通运输部、美国联邦公路局、汽车工业联盟等多个机构组成联盟,在2003启动了VII(Vehicle Infrastructure Integration)计划,于2009年开始实施车联网——IntelliDrive^{SM}计划,现在更名为

Connected Vehicle 计划。Connected Vehicle 计划不同阶段研究内容的变迁,如图 13-6 所示。

Connected Vehicle 计划是大型的 ITS 研发计划,它为交通系统的运行提供了全新的解决方案,其研究内容覆盖了车—车通信、车—路通信、交通机动性、人的要素、环境影响以及利用互联网连扩展应用功能等方面。

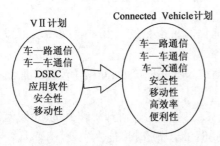

图 13-6　Connected Vehicle 计划研究内容

Connected Vehicle 以安全和效率为主要特点。它通过开发和集成智能车载系统和智能路侧系统,利用无线通信技术实现车—车通信、车—路通信以及车—X 通信,全面感知周围环境信息,在危险情况下提示并辅助驾驶人及时做出安全决策。同时利用多种媒体,向出行者提供实时交通拥堵及出行诱导信息,提高道路交通的运行效率。

Connected Vehicle 的主要研究目标包括:

(1)通过车辆的自动紧急防撞,加强车载智能系统对车辆的控制、测试并评价决策系统的性能等措施增强交通安全性。

(2)通过相互连接的车辆、基础设施以及各种移动设备感知完整、精确、实时的交通信息,同时开发集成了所有应用的交通管理系统的技术框架。

(3)利用实时数据,开发性能更高的交通管理系统,为出行者提供实时交通服务信息。

(4)整合包含停车收费、公共交通等电子支付系统,创建统一的交通支付平台。

(5)捕捉车辆周围的环境数据,以此为基础对交通管理进行改进。

(6)为智能车路合作系统制定一个制度体系框架,保证每位用户都能够平等地从系统中获益。

第5节　欧盟 eSafety 计划

在第 10 届 ITS 世界大会上,欧洲道路运输信息通信合作组织(European Road Transport Telemetric Implementation Coordination Organization,ERTICO)最先提出 eSafety 计划,后来被欧盟委员会列入欧盟计划。eSafety 计划的任务是利用先进的计算机与通信技术促进交通安全系统的研究与集成应用,为道路交通提供全面的安全解决方案。eSafety 的具体研究范围包括安全系统的体系框架和标准、交通通信标准化、车路协同等领域。

eSafety 提出以两种方式解决安全问题:一是利用车载安全系统,二是利用智能车路合作系统。智能车路合作系统通过车—车、车—路通信技术获取道路环境信息,从而有效评估道路的安全状态并优化车载安全系统的功能。eSafety 包括 70 余项研发项目,这些项目大部分都把以车载通信为基础的车—路通信与协同控制作为研究重点之一。eSafety 重点研究项目包括:

(1)SAFESPOT 项目:研究如何为驾驶人提供安全辅助信息。

(2)CVIS 项目:解决车—路间多种方式混合通信的问题。

(3)PreVENT 项目:利用先进的信息、通信和定位技术,开发自主式和协调式主动安全系统。

（4）COOPER 项目：解决道路监测设备网络信息提供的问题。

（5）SeVeCom 项目：解决无线自组织网络的信息安全问题。

（6）I-way 项目：通过提供实时的路况信息和路侧设备信息，增强驾驶人的感知能力和反应能力。

（7）Car2Car 项目：解决车—车、车—路通信技术的标准化和市场化问题。

第6节 日本 Smartway 计划

Smartway 计划由政府与民间 23 家知名企业共同发起，计划通过融合"车辆信息和通信系统"（VICS）、"不停车电子收费系统"（ETC）、"先进辅助巡航道路系统"（ACAHS）等现有系统，利用现代信息处理与通信技术，达到增强交通安全、提高行车效率的目的，实现车路联网的"智能道路"。所谓"智能道路"是指车辆能够获得智能设备发送的各种实时交通信息；道路与车辆相互协调，车辆依据获得的信息能够进行自动驾驶；车路通过收费站时，不需停车交费。Smartway 发展重点在于将现有的各项 ITS 功能，如 ETC 系统、网络支付和 VICS 等整合于车载单元 OBU 上，使道路与车辆实现双向连接而成为 Smartway 与 Smartcar。

Smartway 框架描述如下：车载单元 OBU 具有数据处理和通信功能，除了提供应用程序运行环境外，还提供车辆之间以及车辆与其他实体之间的通信的接口。路侧单元 RSU 分布于道路沿线、交叉口以及任何需要实时通信的地方，主要负责通过 DSRC 无线链路与 OBU 以及其他远离 Internet 服务的网络实体之间的通信功能。

Smartway 系统可以为用户提供的服务如下。

（1）辅助安全驾驶服务：将各种传感器采集到的道路环境状况信息利用通信系统，发送给目标车辆，使驾驶人能够得到实时、准确的路况信息。

（2）浮动车信息服务：将浮动车采集到的交通信息，与路面、天气等信息进行整合处理后，及时发送给附近车辆。

（3）交叉口信息服务：当车辆接近交叉口时，利用专用短程通信技术向车辆发送交叉口交通信息。

（4）停车场电子付费服务：利用先进的车路通信系统，在停车场实现电子付费服务。

（5）宽带互联网连接服务：为智能车辆、智能公路提供宽带互联网的连接服务，进一步扩展系统功能。

2007 年 Smartway 计划已初步完成在 Tokyo Metropolitan Expressway 部分公路的试点，自 2009 年起于日本 3 大都会区进行试验，并计划早日普及全日本。

课后习题

1. 什么是智能车路合作系统？
2. 智能车路合作系统的逻辑架构可以分为哪几个组成部分？
3. 智能车路合作系统的通信网络系统由哪些部分组成？

4. 什么是 DSRC？其特点是什么？

参 考 文 献

[1] 王东柱,杨琪.欧洲合作智能交通系统发展现状及相关标准分析[J].公路交通科技,2013.30(9):128-132.

[2] 彭登,徐建闽,林培群.城市车路协同系统的通信及定位技术研究[J].计算机工程与设计,2011,32(3):859-862.

[3] 李清泉,熊炜,李宇光.智能道路系统的体系框架及其关键技术研究[J].交通运输系统工程与信息,2008,8(1):40-48.

[4] 陈超,吕植勇,付姗姗,等.国内外车路协同系统发展现状综述[J].交通信息与安全,2011,1(29):102-105.

[5] 王曦.智能交通系统中无线通信网络的研究[D].青岛:中国海洋大学,2008.

[6] 王哲.交通流中的车—车间无线通信系统的通信性能分析[D].合肥:中国科学技术大学,2009.

[7] 赵智明,项洪印.DSRC 技术及其在智能交通中的应用[J].中国科技信息,2005,2(22):13-14.

[8] 王国锋,宋鹏飞,张蕴灵.智能交通系统发展与展望[J].公路,2012(5):217-222.

第 14 章　交通仿真系统

第 1 节　概述

一、交通仿真系统的概念

仿真是人们对现实系统的某一层次抽象属性的模拟。通常,人们建立能够描述现实系统的一系列仿真模型(这里的仿真模型是一个广义的模型包括数学模型、物理模型等),对它进行试验以便获得需要的信息。仿真是一个相对的概念,任何仿真模型都不可能完全模拟现实系统,都是对现实系统的某一层次、范围的接近描述。随着科学技术的进步,尤其是信息技术和计算机技术的发展,计算机仿真技术越来越成为仿真技术发展的趋势。更多的仿真模型建立在计算机上,利用计算机对仿真模型进行实验,获得定量或者定性数据,为决策者提供支持。

交通仿真是指运用计算机仿真技术来研究交通行为,通过建立的交通仿真模型再现交通流状态在路网上随时间、空间的变化规律以及对各种交通管理控制措施的反应。由于交通系统是一个复杂的巨系统,也是一个非线性系统,利用经典的数学、物理方法无法全面、准确地分析交通行为。但交通仿真技术能够克服解析数学以及经验模型的局限性,能够更加全面地了解交通状态的变化,更加准确地评价改善方案的效果。由于交通仿真技术的优势,所以在交通工程的应用研究中越来越受到重视。

总体而言,交通仿真系统克服了交通现场实验成本高、难控制,交通系统复杂、影响因素众多等缺点,为研究交通行为提供了一个良好的实验平台。其优点主要如下:

(1)替代交通现场实验,节省了大量的财力、物力,而且更加安全、高效。
(2)可重复性,可以根据需要多次模拟交通行为。
(3)同样的交通条件下,可模拟对比分析不同交通组织优化方案的优劣。
(4)能够对易产生严重后果的交通事件进行模拟。
(5)能够模拟现实中并不存在的交通系统,为交通规划或交通状态预测提供依据。

尽管交通仿真技术具有很多优点,但是也存在许多缺陷并有一定的局限性,如:

（1）仿真模型中的各个参数需要标定、校正和验证，以便和实际交通系统吻合，如果忽视这一点，仿真结果也就失去了意义。

（2）交通仿真模型是对现实交通系统的简化和抽象，这就会引起一定程度的"失真"，这将会影响仿真结果的准确性。

（3）仿真模型的建立需要大量的知识和实际工程经验，包括交通流理论、计算机技术、交通信号控制、交通网络流理论等。理论和实际经验的结合才能建立比较符合真实系统的仿真模型。

二、交通仿真系统的分类

交通系统是一个复杂的巨系统，构成交通系统中的各种元素种类繁多而且各元素关系十分复杂。根据仿真模型对交通系统中各个元素的模拟细致程度，可以将交通仿真系统分为微观仿真模型、中观仿真模型以及宏观仿真模型。

1. 微观仿真模型

微观交通仿真模型是对交通系统中各个元素以及各元素之间的关系模拟最为详细、细致的。它是以单个交通实体（包括机动车、行人和自行车等）以及各个交通实体之间的相互作用行为为模拟对象。例如，它能够模拟车辆之间的跟车行为、变道行为和超车行为，并且能够对前方设置的交通信号控制实体做出相应的反应等。它还能够以动态图像的形式显示交通实体在路网中的运行状态，能够得到车辆在路网中当前的位置、速度以及加减速度等参数。

2. 中观仿真模型

中观交通仿真模型对交通系统各个交通实体的模拟细致程度是介于微观交通仿真模型和宏观交通仿真模拟之间的。它比微观仿真模型模拟的细致程度低，但是又比宏观仿真模型模拟的细致程度高。它对交通实体的描述是以多个车辆构成的车队为模拟单元，能够模拟车队在路段和交叉口的流入和流出行为。就每辆车而言，车道变换被描述成建立在相关车道的实体基础上的瞬时决策事件，它无法细致地描述单个车辆之间的相互作用行为。

3. 宏观仿真模型

宏观交通仿真模型是对交通系统中的各个交通实体描述最为粗糙的。它不会去描述单个交通实体之间的行为，车辆跟车、变道以及超车这些细节都不会去明确地描述。它通常采用流量、密度和速度去描述交通流。它通常用于预测、评价宏观交通管理措施实施前后对整个路网的影响。

根据不同的交通仿真模型，国内外的交通研究机构或公司开发了多种交通仿真软件系统，可以根据各个交通仿真软件系统的仿真范围、仿真模型模拟的细致程度，对这些仿真软件系统进行比较。本书仅选取一些使用广泛、商业化成熟的具有代表性的交通仿真软件系统进行比较，如图14-1所示。

不同的交通仿真软件系统采用不同的仿真模型，而仿真模型决定了该仿真软件对仿真对象描述的范围、细致程度。一般来说，仿真模型模拟的越细致，而仿真范围就越小；仿真模型模拟的越粗糙，仿真范围就越大。

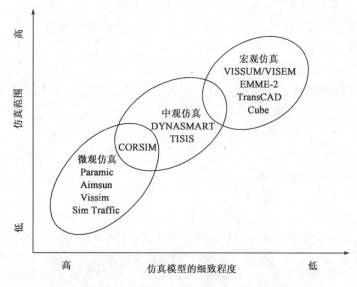

图 14-1 常见仿真软件的分类及仿真范围、细致程度

第2节 交通仿真模型与系统介绍

辅助视频

一、微观交通仿真模型与系统

1. 微观交通仿真模型

微观交通仿真模型是指对交通流在微观层面进行相应的描述,其模型基础是微观交通流模型。微观交通流模型是以单个车辆为描述单位的,能够细致地描述车辆之间的跟车、超车以及车辆变换车道等行为。微观交通流模型大多建立在跟驰理论的基础上,跟驰理论是借助动力学理论,研究道路上无法自由行使车辆的特性,其特性表现为制约性、延迟性和传递性。根据跟驰理论开发出来的微观交通流模型通常分为 3 类:刺激—反应模型、安全距离模型以及心理—物理模型。

1) 刺激—反应模型

刺激—反应模型主要描述驾驶人在车辆行驶过程中受到各种环境刺激所做出的相应行为。比如,当前车驾驶人加速或减速时,由于前后车之间的距离以及速度差发生变化,后车驾驶人也会相应地加速或者减速。刺激—反应模型包括 GM(General Motor)模型和线性模型。

(1) GM 模型

GM 模型是早期的车辆跟驰模型,模型形式简单,很多后来的跟驰模型都是以 GM 模型为基础,但是 GM 模型的通用性较差。其数学表达式为:

$$a_{n+1}(t+T) = cv_{n+1}^m(t+T)\frac{\Delta v(t)}{\Delta x^l(t)} \tag{14-1}$$

式中:$a_{n+1}(t+T)$——第 $t+T$ 时刻第 $n+1$ 辆车的加速度;

$\Delta v(t)$——t 时刻第 n 辆车与第 $n+1$ 辆车之间的速度差；

$\Delta x(t)$——第 t 时刻第 n 辆车与第 $n+1$ 辆车之间的距离差；

c, m, l——常数。

(2) 线性模型

Helly 的线性模型相比较 GM 模型有一定的优势，但是模型的通用性还是较差，其数学表达式为：

$$\left.\begin{array}{l} a_n(t) = C_1\Delta v(t-T) + C_2[\Delta x(t-T) - D_n(t)] \\ D_n(t) = \alpha + \beta v_n(t-T) + \gamma a_n(t-T) \end{array}\right\} \quad (14\text{-}2)$$

式中：$D_n(t)$——期望跟驰距离；

$C_1, C_2, \alpha, \beta, \gamma$——参数。

2) 安全距离模型

安全距离模型也称为防撞模型，该模型主要是确保当车辆以某一速度行驶时，前后两辆车之间的间距至少保持一个车身的距离。当车辆行驶速度为 16.1km/h 时，其数学表达式为：

$$D_n(v) = L_n(1 + v_n/16.1) \quad (14\text{-}3)$$

式中：L_n——一个车身的距离；

v_n——车辆 n 的行驶速度。

3) 心理—物理模型

心理—物理模型也叫反应点模型，该模型认为当前后两车的速度差或距离差达到某一阈值时，后车驾驶人才会做出相应的反应。比较著名的心理—物理模型是 Wiedemann74 模型。Wiedemann74 模型是 Wiedemann 在 1974 年开发的心理—物理间距模型，后经改进开发了 Wiedemann99 模型。

根据 Wiedemann 模型的基本观点可以把驾驶人行驶状态分为 4 种类型：

(1) 自由行驶(Free driving)：后车驾驶行为不受前车的影响。此种驾驶模式下，驾驶人努力达到并维持一定的车速(期望车速)。实际上，此时的车速很难保持恒值，而是在期望车速附近摆动。

(2) 减速靠近(Approaching)：后车驾驶人减慢车速，以适应前车的车速。当后车接近前车时，后车驾驶人制动减速以便到达他的期望安全距离，此时前后车的速度差为 0。

(3) 跟近行驶(Following)：后车驾驶人跟随前车，没有意图加速或是减速。后车驾驶人基本保持恒定的与期望的安全距离，实际上，前后车的速度差在 0 附近摆动。

(4) 制动(Braking)：当前后车间的距离小于期望安全距离时，后车驾驶人制动减速，减速度从中等到最大值。这种情况发生在前车车速突然变化、后车前方的第三辆车(非紧随的前车)变化车道。

该模型的基本思路是：一旦后车驾驶人认为他与前车之间的距离小于其心理安全距离时，后车驾驶人开始减速。由于后车驾驶人无法准确判断前车车速，后车车速会在一段时间内低于前车车速，直到前后车的距离达到另一个心理安全距离时，后车驾驶人开始缓慢地加速，由此周而复始，形成一个加速、减速的迭代过程。

该模型通过在 $\Delta X/\Delta V$ 平面上的 6 个值 AX、ABX、SDX、SDV、$CLDV$、$OPDV$ 将车辆跟驰状

态划分为不同的区域,如图14-2所示。

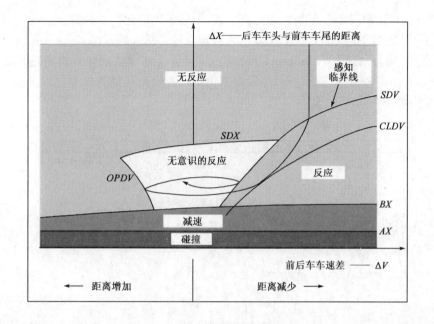

图 14-2　Wiedemann 跟车模型示意图

2. 微观交通仿真系统

微观仿真模型能够细致地描述车辆与车辆之间的驾驶行为,但是微观仿真模型一般比较复杂,模型参数众多,能够仿真的路网范围比较有限,在计算机上运行速度比较慢,这是其不足之处。借助微观交通流模型,一些公司开发了相关的微观仿真软件,目前应用比较广泛、相对比较成熟的商业软件有:Sim Traffic、VISSIM、Paramics、AIMSUM、TransModeler 等。

二、中观交通仿真模型与系统

中观仿真模型是从中观层面对交通流进行描述,其描述的细致程度介于微观仿真模型和宏观仿真模型之间。中观仿真模型以车队为描述单位,描述车队在节点处的流入和流出行为,中观仿真模型在计算机上的运行速度较快,适合路网比较大的交通仿真。

1. 中观交通流模型

1) 车头时距分布模型

Buckley 把车头时距分成两部分,一部分是服从分布为 $g(t)$ 的随机变量(最小车头时距),另一部分是超出前一部分的且服从指数分布 $h(t)$ 的随机变量,该指数分布的参数为 λ。车头时距分布模型是两者的加权值,其数学表达式为:

$$f(t) = \varphi g(t) + (1-\varphi)h(t) \qquad 0 < \varphi < 1 \qquad (14-4)$$

式中,φ 表示两种随机变量的加权值;$h(t) = \lambda e^{-\lambda t} \int_0^t g(z)\mathrm{d}z / B$,$B$ 表示 $h(t)$ 中车头时距超出最小车头时距的概率。

Buckley 提出的车头时距分布模型能够描述车辆排队与随机分布现象,但是模型中并没有考虑车辆类型、出行者以及出行目的等因素,这是其不足之处。

2) 排队—服务模型

排队—服务模型以单个车辆作为仿真单元,但是车辆的运行受到速度—密度函数控制,通常用下游节点处的排队服务器来模拟车辆遇到信号控制时的延误。

中观模型 Mezzo 是由 W. Burghout 开发的,并且可以结合微观仿真模型进行混合仿真,该模型分别对路段和节点进行建模,路段模型包括行驶模型和排队模型,节点模型使用服务器模型,如图 14-3 所示。

图 14-3　Mezzo 路段排队—服务模型

其中,车辆的运行受到如下速度—密度函数控制:

$$V(k) = \begin{cases} V_{\text{free}} & k < k_{\min} \\ V_{\min} + (V_{\text{free}} - V_{\min})\{1 - [(k - k_{\min})/(k_{\max} - < k_{\min})]^a\} & k \in [k_{\min}, k_{\max}] \\ V_{\min} & k > k_{\max} \end{cases}$$

(14-5)

式中:$V(k)$——车流密度为 k 时的车流速度;

　　　V_{free}——自由流时的车流速度;

　　　$V_{\min}$——阻塞流时的车流速度;

　　　$k_{\min}$、$k_{\max}$——自由流密度和阻塞流密度;

　　　a、b——模型参数。

上面的速度—密度函数中,当车流处于低密度时,车流速度独立于车流密度,但在速度 V_{free} 附近波动;当车流处于拥堵密度时,车流速度不同于以往的速密函数(认为车流速度为 0),而是车流速度取很小的数值 $V_{\min}$;当车流密度处于区间 $[k_{\min}, k_{\max}]$ 时,车流速度与密度是非线性函数。

如果当 $V_{\min}$、$k_{\min}$ 等于 0,并且模型中的参数 $a = b = 1$ 时,上述模型就简化成了格林希尔兹(Greenshields)提出的线性速度—密度函数模型。

2. 中观交通流仿真系统

中观交通仿真模型虽没有微观仿真模型的精度高,但是在计算机上的运行速度较微观仿真模型快,因此使用于中大型路网的仿真。国内外对微观、宏观仿真模型研究较多,而对中观仿真模型的研究还较少。不过,仍有一些学者或公司利用中观交通流模型开发出了一些使用比较广泛的中观交通仿真软件。INTEGRATION 软件便是应用比较广泛、比较成熟的中观仿真软件。INTEGRATION 模型是由加拿大皇后大学的 Michel Van Aerde 教授开发的。该模型的主要特点是综合了微观交通流参数和宏观交通流参数,而且还能够进行在准动态 OD 模拟。

三、宏观交通仿真模型与系统

相比于微观交通仿真模型、中观交通仿真模型,宏观交通仿真模型对交通实体的细节程度描述要小得多。宏观交通仿真模型的基础是流体力学模型,也称为交通流连续介质模型。宏观交通流模型一般常采用流量、密度和速度来整体描述交通流,对交通实体之间的相互作用,例如车道变换、跟驰行为、超车行为等,不作明确描述。

1. 宏观交通流模型

1) LWR 模型

LWR 模型由 Lightill、Whitham 和 Richards 提出的动力学密度波模型,其公式如下:

$$\frac{\partial \rho(x,t)}{\partial t} + \frac{\partial [\rho(x,t) \cdot u(x,t)]}{\partial x} = 0 \tag{14-6}$$

式中:$\rho(x,t)$——t 时刻位于 x 处交通流的密度;

$u(x,t)$——t 时刻位于 x 处交通流的平均速度。

LWR 模型对于平均速度 $u(x,t)$,提出了如下的一个平衡的速度—密度关系假设:

$$u(x,t) = u_e[\rho(x,t)] \tag{14-7}$$

考虑到 $q = \rho \cdot u = \rho \cdot u_e(\rho) = q_e \cdot \rho$,所以 LWR 模型可由如下公式表示:

$$\frac{\partial \rho(x,t)}{\partial t} + q'_e(\rho) \frac{\partial \rho(x,t)}{\partial x} = 0 \tag{14-8}$$

式中:$q'_e = \frac{dq_e}{d\rho}$,是关于密度 ρ 的一阶双曲型方程。

2) Payne 模型

Payne 模型是 Payne 在 1971 年根据跟驰理论,把流体动力学中的动量方程引入到交通流理论中。Payne 认为某密度下的车流经过一定时间后会达到一个平衡速度,构造平均速度 u 与密度 ρ 的关系:

$$u(x,t+T) = u_e[\rho(x+\Delta x,t)] \tag{14-9}$$

对上式关于 $\Delta x, T$ 进行 Taylor 展开得到:

$$\frac{du}{dt} = \frac{\partial u}{\partial t} + u\frac{\partial u}{\partial x} = \frac{u_e(\rho) - u}{T} + \frac{\Delta x}{T}\frac{du_e}{d\rho}\frac{\partial \rho}{\partial x} \tag{14-10}$$

上式右端第一项为弛豫项,描述车流在一定的弛豫时间 T 达到平衡状态的过程。第二项为期望项,反映驾驶人对前方环境的反应过程。连续性方程为:

$$\frac{\partial \rho}{\partial t} + \frac{\partial \rho u}{\partial x} = 0 \tag{14-11}$$

Payne 模型是一个交通动力学模型,相对 LWR 模型,能更好地描述实际交通流,比如它能够较好地描述交通波的形成、拥堵的消散以及交通迟滞、失稳等现象。但是它不能够解释在大于临界密度区域出现时停时走的自组织现象。

2. 宏观交通仿真系统

宏观交通仿真系统是基于宏观交通流模型开发的,宏观交通仿真软件一般用于大型路网的仿真,由于其对交通流不做细节性描述,因此宏观交通仿真模型在计算机上运行的速度较快。比较著名的宏观仿真软件有 TransCAD、Cube 等。TransCAD 是一个集合 GIS 和交通模型功能于一体的交通规划模型,其交通规划模型的基础是"四阶段"模型,该仿真软件在国内外使用比较广泛。Cube 仿真软件也是在交通规划领域应用比较广泛、比较成熟的规划软件,Cube 在我国一些大城市的交通规划机构以及高等院校都有着广泛应用。Cube 的突出特点便是与当今流行的地理信息系统 ArcGIS 软件直接衔接,具备地理信息系统的基本功能。这些宏观交通仿真软件的共同特点都是以流量、密度、速度作为最基本的车辆运行控制参数,通过流量、密度、速度以及路段饱和度的变化来反应交通流的变化规律。

第3节 在线交通仿真技术

一、在线交通仿真技术概述

随着交通数据采集技术(视频检测技术、基于 GPS 采集技术等)的不断发展,自动化的交通数据采集技术逐渐代替传统的耗时、耗力的人工采集技术。这使得在线交通仿真技术得到快速发展,在线交通仿真技术也可理解为基于实时交通数据的交通仿真技术。在线交通仿真技术是指根据现场交通数据采集设备采集到的交通信息,经过信息的处理与融合,利用道路交通状态判别技术,估计当前的道路交通状态;然后根据短时交通流预测技术,估计短期未来的交通状态;快速制定不同的交通管理控制方案,把管理控制方案输入在线交通仿真系统中,给出最优的方案作为实施方案。在线交通仿真系统一般包括以下几个模块:实时交通数据采集与融合、当前道路交通状态判别、短时交通状态预测、动态交通管理控制方案制订、交通方案的仿真测试等模块。交通仿真模型的构建主要基于当前道路交通状态估计与短时交通状态预测这两个模块。因此,这两个模块为在线交通仿真系统中的核心模块。

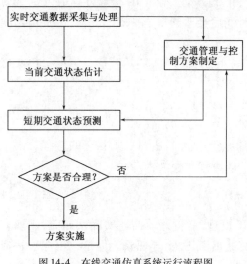

图 14-4 在线交通仿真系统运行流程图

其他模块主要为在线交通仿真系统提供交通信息输入功能。图 14-4 为在线交通仿真系统运行流程示意图。

在线交通仿真系统中的交通仿真模型大多选择中观交通仿真模型,主要是基于如下考虑:中观仿真模型比较好地兼顾了模型描述精度和运行速度,在满足模型精度的前提下又能实现快速的交通仿真,能够做到与现实同步。虽然把微观仿真模型应用到在线交通仿真系统中的研究较少,但近年来也有一些学者做了相关的研究。然而由于微观仿真运行速度较慢的原因,很难做到与实际系统同步运行的要求。

二、在线交通仿真技术在交通控制上的应用

现有交通控制系统通常根据采集到的交通数据,运行相应的交通控制方案。这一运行方式的不足之处也比较明显:通常不能对控制方案在实际运行之前做出相应的评估;即使在仿真平台上对控制方案作了相应的评价,但时间一长,该控制方案便不能很好地适应交通流的变化。在线交通仿真技术在交通控制上的应用通常是指采用专门的接口技术和设备,将仿真系统与真实的交通现场设备连接起来,通过相应的交通数据采集设备,将采集到的交通

数据进行相应的处理与融合,生成相应的交通控制方案,将该控制方案输入到仿真系统中,对控制方案进行仿真评估,从而进行交通控制和交通诱导。在线交通仿真技术具有低成本、高效率、评价指标全面等优点,克服了现有交通控制系统测试评估方法的低准确性、低效率、高成本、评估指标不全面等的不足,是一种基于仿真技术的新型测试、评估方法。

交通控制在线仿真系统主要用于城市道路交通控制的微观仿真应用研究,能够为交通控制方案设计、交通流诱导以及交通流理论研究等提供了一个灵活的实验平台。

交通控制在线仿真系统由以下几个模块组成:仿真系统、交通信号控制系统、仿真系统控制软件。其工作原理图如图 14-5 所示。

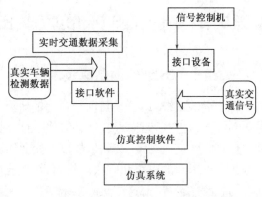

图 14-5 交通控制在线仿真系统工作原理

第 4 节 多维度一体化仿真技术

辅助视频　　辅助视频

一体化(Integrated)又可称为集成化,它主要是针对分散化而言的。由第 1 节中介绍的各类交通仿真软件可知,任何一个交通仿真软件,在功能上,它主要包括建模、优化分析、输出数据等功能;在模型组成上,它主要由一系列的基本模型组合而成的。例如,VISSIM 仿真软件中主要由跟车模型、车道变换模型等一系列基本模型拼合而成的。一般而言,一个交通仿真软件通常涉及的部分包括:仿真模型、模型参数、实验框架、仿真输出数据等。这些仿真软件的基本特点如下。

(1)功能上的分散化:针对不同功能开发了一些独立的软件;
(2)模型上是不分层的;
(3)在资源管理上:模型与实验不分;算法完全嵌入到程序中,不易扩展和管理;数据是在系统之外的,基本上不进行管理。

而多维度一体化交通仿真可以理解为将多个能够实现微观、中观以及宏观仿真的交通仿真软件集成为一个能够实现多个功能的仿真软件系统,使其能够根据实际研究的需要调用不同的仿真模型,并且能够实现对仿真资源的统一管理。多维度一体化交通仿真可以仅实现功能上的一体化(如图 14-6 中 x 轴),也可以仅实现模型上的一体化(如图 14-6 中 y 轴),或是对功能、模型以及管理资源实现全部的一体化(如图 14-6 中虚长方体)。实现多维度一体化的关键技术有:功能上的一体化主要

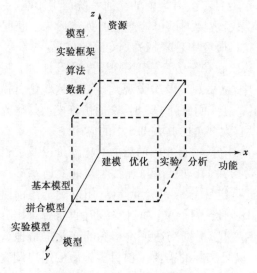

图 14-6 多维度一体化仿真设计

考虑接口与数据格式转换问题;资源管理上的一体化主要用到数据库技术;模型上的一体化主要考虑模型之间的分解和拼合。

第5节 用于ITS评价的仿真技术

一、用于ITS评价的仿真技术概述

智能运输系统(ITS)是目前交通运输研究领域的热点和难点,也是未来交通运输发展的趋势和方向,是交通运输进入信息时代、智能时代的重要标志。当前交通问题主要集中表现为:交通拥堵、交通污染、交通事故以及交通能源损耗等,智能运输技术的出现为解决这些交通难题提供了新的思路和方法。然而,在智能运输系统实施前,利用智能运输系统解决交通问题的思路能否可行,这还是一个未知数。究其原因如下:

(1)智能运输系统的研究起步较晚,最早研究智能运输系统的欧美、日本等发达国家也是从20世纪90年代开始的。因此,在世界范围内很难找到成功实施ITS项目的案例和参考经验。

(2)即使有些ITS项目得到了成功的应用,但是由于交通系统的复杂性,其移植性较差,难以适应新地区的交通特性。

因此,如何在ITS项目实施前,对其效果进行相关的预测和评价,成为交通研究人员亟须解决的难题。

目前,对ITS项目的评价手段主要分为两种:一种是现场实施;另一种是仿真技术。现场实施是指在划定区域的一个小范围内对ITS项目进行真实测试,考察ITS项目在实施前后对该地区的影响。该评价方法的不足之处非常明显,即实施的代价昂贵,对于可能产生的灾难性后果难以估计,而且得到的结论是常常有限的和基于当地情况的,结论难以推广。仿真技术一般是指在硬件平台(例如PC机、工作站等),通过利用仿真模型对ITS项目进行效果预测和评价。它与现场测试相比,更加灵活、便宜,而且不会对当前的交通系统产生影响,更能够对容易产生灾难性后果的方案进行评价,消除了现场测试可能产生的灾难后果。正是仿真技术的这些优点,交通仿真技术在评价ITS项目研究中越来越受到专家的重视。

利用交通仿真技术对ITS项目进行评价时,其核心在于仿真模型是否适合ITS评价。目前,国内外开发了多种交通仿真模型(包括宏观、中观、微观以及次微观)。然而,这些仿真模型大多不适合ITS项目的评价分析。究其原因主要是人们研究ITS时,交通仿真模型的研究早已开展,因此,人们在开发交通仿真模型时并没有太多考虑其在ITS中的应用。

目前,ITS项目评价通常分为3类:项目实施前评价、项目实施前后的对比评价以及项目实施后的用户调查评价。项目实施前的评价主要指在ITS项目实施前,对当前交通基础设施、交通安全、交通环境等方面的交通评价指标进行定性分析和定量计算,用以确定当前阶段有没有必要实施ITS项目,也为实施前后的对比分析做铺垫。项目实施后的前后对比分析是指比较分析交通评价指标在项目实施前后的变化,根据交通评价指标的变化定量地分析项目的实际成本与效益,对项目进一步调整,以满足实际的需要。项目实施后的用户调查评价是指站在用户的角度来评价ITS项目的效果。ITS项目实施后,出行者直接面对这些项

目,项目的效果如何,用户会有直观的感受。通过收集用户的意见,对项目方案进一步调整,同时吸取经验和教训。

对 ITS 项目内容的评价常常包括技术评价、经济效益评价、社会效益评价以及环境评价等方面,但核心是关注 ITS 项目实施后对当前交通系统的影响,即影响评价。通过选定交通评价指标以及评价指标的比重,定量计算和定性分析项目实施前后,评价指标的变化,分析项目的效益和成本,最终做出评价结论。ITS 项目评价的一般流程如图 14-7 所示。

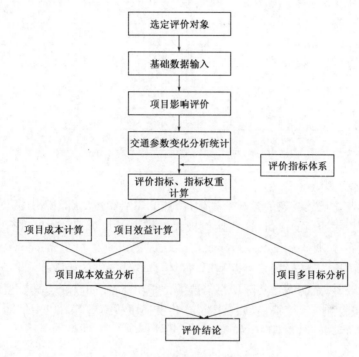

图 14-7　ITS 项目评价的一般流程

二、微观交通仿真用于 ITS 项目评价

交通仿真模型按照对交通系统描述的细致程度可以分为宏观仿真模型、中观仿真模型以及微观仿真模型。微观仿真模型是最适合评价 ITS 项目的工具,主要基于如下考虑:

(1)微观仿真模型能够非常细致地表现出各个交通实体之间的相互影响。例如,车辆换道时能够表现出目标车辆对前后车辆的影响,同时目标车辆的驾驶参数也在发生变化;车辆与交通控制系统的相互作用也能细致地表现出来,比如车辆通过信号控制交叉口的延误、排队长度等指标都能够得到,这些指标能够反映出交通控制系统的效率。

(2)微观仿真模型特别适合在计算机上再现道路的实际交通状况,通过三维画面能够细致地观察车辆与信号灯、可变情报板等交通设施之间的相互作用,还能通过一些输出参数定量评价这些影响。

正是微观仿真模型的这些优点,使得微观仿真模型成为评价 ITS 项目的有力工具。大致来说,微观交通仿真模型在 ITS 评价中应用的领域有匝道控制、交叉口信号控制、交通事故分析、可变标志牌、收费站等。表 14-1 所示为欧盟的 SMARTEST 对 58 个微观仿真模型进行研究后,得到模型对 ITS 功能的支持情况。根据 SMARTEST 对用户发出的调查,发现微观仿真模型在交通信号控制、事故与拥挤这两个方面特别有应用价值。

微观仿真模型对 ITS 功能的支持　　　　表 14-1

功　　能	有此功能的模型占总数的百分比	功　　能	有此功能的模型占总数的百分比
车辆探测	77%	自适应巡航控制	32%
自适应交通信号	74%	区域进入控制	29%
协调交通信号	68%	自动收费	29%
匝道控制	58%	拥挤收费	23%
静态路径诱导	52%	自动公路系统	19%
动态路径诱导	48%	自动车辆	19%
事故管理	45%	停车诱导	16%
公交车辆优先	42%	区域交通信息	10%
高速公路流量控制	39%	行人和自行车的支持	10%
可变情报板	35%	公共交通信息	6%

数据来源:SMARTEST 项目报告。

目前一些商业化比较成熟的微观仿真软件,如 PARAMICS、AIMSUN II、VISSIM 都向用户提供了可与外部程序通信的接口,这些接口极大地扩大了其对 ITS 项目进行仿真评价的功能。外部应用程序接口(Application Program Interface,API),最早是 Windows 操作系统二次开发的一个技术手段。同样,用户可以利用微观仿真软件提供的函数库和外部程序接口,针对自己的实际需要,可定制满足实际项目需要的仿真功能,比如改变仿真模型中的车辆产生模型、修改车辆跟驰和车道变换模型、自定义产生交通事故模型等。以上借助 API 定制微观交通仿真对 ITS 项目进行影响评价的思路可以用图 14-8 表示。

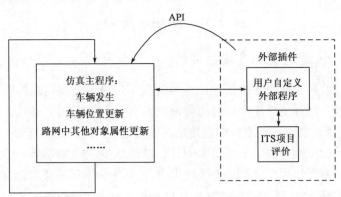

图 14-8　ITS 影响评价中微观仿真主程序与外部插件关系

三、面向 ITS 的仿真模型

交通仿真模型是 ITS 中进行交通分析的重要手段和方法,但并非所有的仿真模型都适用于 ITS 的分析。一般而言,面向 ITS 的仿真模型需要满足以下条件:

(1)清晰地表现路网的几何形状,包括交通设施,如信号灯、车检器等。

(2)清晰地表现驾驶人的行为。
(3)清晰地表现车辆间的相互作用,如跟车、车道变换时的相互作用。
(4)清晰地表现交通控制策略(定周期、自适应、匝道控制等)。
(5)模拟先进的交通管理策略,如采用VMS提供的路径重定向、速度控制和车道控制等。
(6)提供与外部实时应用程序交互的接口。
(7)模拟动态车辆诱导,再现被诱导车辆和交通中心的信息交换。
(8)应用于一般化的路网,包括城市道路和城市间的高速公路。
(9)细致地仿真路网交通流的状况,例如交通需求的变化,模拟交通设施的功能。
(10)模拟公共交通。
(11)提供结果分析的工具。
(12)提供图形化的交互界面(GUI)。

辅助视频　　辅助视频　　辅助视频

第6节　应用案例

广州中山大道快速公交(BRT)试验线交通仿真

一、项目背景

广州市中山大道快速公交(BRT)试验线是广州市快速公交系统第一段重点试验路段。沿线客流量大,公交线路多,道路交通状况十分复杂。且该试验线采用"灵活线路+专线"的模式,进入通道内运营的所有线路及车辆必须接受调度,通道内线路及车辆相对较多,调度复杂性较高。

为使BRT智能交通系统充分发挥运营调度作用,保障BRT线路及车辆运营调度有序正常进行,在中山大道BRT智能交通系统项目中增加开展BRT试验线运营调度交通仿真工作内容具有重大意义。利用微观仿真模型可以对各种线路组织和运营调度方案可能产生的交通效果进行分析、预测和评估,实现对运营时交通运行状态细致、定量的微观交通仿真分析,从而辅助判断BRT线路组织和运营调度方案的可行性,为BRT智能交通系统运营调度及优化提供辅助决策。

广州市中山大道BRT试验线全长22.9km,呈东西走向。西起天河区广州大道,东至黄埔区夏园,穿越天河区和黄埔区,由天河路(2.8km)、中山大道(13km)、黄埔东路(7.1km)三个道路部分组成。BRT试验线采用"封闭式走廊+灵活线路"的运营方式,如图14-9所示;BRT的专用车辆的布置采用路中式,车站的布置方式采用侧视站台半敞开式法;乘客进出站的方法采用以人行天桥为主,斑马线为辅的方式;车站设乘客信息显示系统,方便乘客选定搭乘车次;交叉口采用控制信号优先的方式;票务系统采用站台售检票的一票制(2元)的方

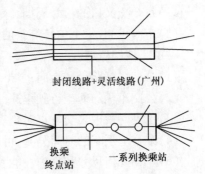

图14-9　封闭式走廊+灵活线路模式示意图

式,且通道内实行免费换乘。建成后将减少沿线红绿灯7处,完善行人过街系统,减少现状无信号不安全过街10处,交通秩序将得到极大改善。

二、仿真软件的选择

常用的交通微观仿真软件有 PARAMICS、AIMSUN2、VISSIM 和 CORSIM 等。这几种软件在欧美国家的交通界已普遍地应用,国内也有一些单位正在使用这些软件,软件选择时考虑了如下一些因素:

(1)业已商业化多年,提供完善的技术支持和使用文档;
(2)适用于通用的计算机软硬件平台;
(3)在 ITS 研究和应用中使用频率较高。

本项目采用的是德国 PTV 公司的 VISSIM 软件进行微观交通仿真。

三、仿真模型建立和运行

1. 模型建立的数据要求
1)网络数据
(1)现状路网方案图。
(2)详细的交通设计(交叉口渠化)方案:车道线及车道功能、信号灯等。
(3)车道数与车道宽度。
(4)公交站点位置和尺寸。
(5)停车线位置。
2)交通流数据
(1)交通流中各种车辆成分及其比例。
(2)车辆类型、交通管制的交通方式对象等。
(3)各种交通方式的静态路径流量。
(4)公交车辆与公交线路数据。
(5)各类车辆的期望行车速度分布。
3)信号控制数据
(1)每个交叉口的信号周期、绿灯时长和红黄时长。
(2)定时控制:每个信号灯组的红灯结束时间和绿灯结束时间。
4)BRT 线路资料
(1)公交线路路径和走向。
(2)公交车辆的期望行驶车速。
(3)仿真时段内公交发车时刻表或发车间隔。
(4)乘客上下车的时间分布,可以对不同线路、不同站点分别进行定义。
(5)车辆几何尺寸和物理性能参数。

2. 模型建立的流程
(1)创建各种速度分布。

系统中的加速度曲线图如图 14-10 所示。经过天河路与天河东路交叉口、天河东路与天河北路的交叉口的实地调查,每个车道每个绿灯小时能够通过的车辆数约为 1080 辆,在系统中调试车辆加速度参数,使仿真系统中的交叉口一车道一小时通过的车辆数与上述值接近,得到的期望加速度曲线如图 14-10 所示。

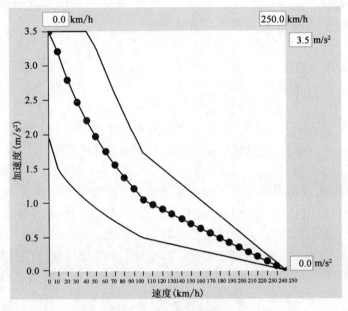

图 14-10　期望加速度曲线图

(2)创建\修改\编辑车辆类型的特征参数和分布。

(3)创建车辆组成。

(4)在 VISSIM 中读入该背景图,进行定位、定义比例尺操作,并保存加载背景图后的 VISSIM 文件。

(5)绘制路段和连接器,包括 BRT 车道和机动车道。

(6)在道路网的相应入口处加载机动车的交通产生量。

(7)定义路径决策点和主要路径分支的比例。

(8)定义无信号控制交叉口的冲突区域(停车/让路规则),保证优先交通流与次要交通流的安全交织。

(9)信号控制交叉口应创建信号控制器,定义每个信号控制器的信号灯组、定时控制的灯色变化时间表。

(10)在路网中绘制信号灯——在停车线处绘制信号灯,并选择各个信号灯对应的信号灯组。

(11)信号控制交叉口中设置信号控制后各冲突交通流的优先让行规则设置。

(12)设置公交站台的位置和长度。

(13)创建公交线路,定义发车时刻表或发车间隔,进入路网的占有率。

(14)定义在站点的停靠的子站和在该站点的下车概率。

(15)定义每个站点上每一条线路的上车人数。

(16) 数据统计分析设备设置：行程时间分析路段、延误分析路段、排队计数器、数据检测器等。

(17) 绘制车站站台，在关键站点的站台绘制行人路段，并输入行人流量。

(18) 添加3D信号灯、标志标牌和3D建筑模型，美化3D仿真环境。

3. 仿真模型建立

1) 建立全线公交线路、专用道与BRT站点模型

针对BRT专用道，在仿真模型中单独绘制BRT专用道，并用其他颜色与社会车道区别；分析处理《预测BRT路线途经站点上下客流量》的数据，得到每一条线路在每一个站点的下车比例以及每一条线路在进入BRT车道时车上已有的人数；绘制58条公交线路的行驶路径和走向，依据数据设置在仿真时段内公交的发车间隔和占有率；针对58条BRT公交线路分别设置它在每一个站点的子站停靠方案，并在仿真模型中进一步设置每一条线路在每一个站点的高峰小时上车人数和下车比例，完成BRT线路和站点的模型建立。

2) 建立全线机动车路段与交叉口模型

根据提供的底图，在仿真模型中绘制全线机动车路段和交叉口模型；在路段上，采用多种手段处理瓶颈路段（包括路段的分流点和合流点），使其交通流更加顺畅，与现实更加符合；在交叉口，利用仿真模型中的"行驶路径决策"工具分配各个方向的各个流向流量；定义无信号控制交叉口的冲突区域（停车/让路规则），保证优先交通流与次要交通流的安全交织。同时，由于BRT专用道的影响，一些主要交叉口的交通组织方案有了很大的改动，在仿真模型中综合考虑了这些因素，完成路段与交叉口模型（图14-11）的建立。

图14-11 体育东路交叉口模型

3) 建立沿线交通控制模型

由于沿线主要交叉口的交通组织方式的调整，各交叉口的相位设计和信号周期都有所调整。依据相序、周期和流量配时得到的信号控制参数，在仿真模型中创建信号控制器、定义每个信号控制器的信号灯组和灯色变化时间表，并在仿真路网中的停车线处绘制信号灯，选择各个信号灯对应的信号灯组，即可完成沿线的交通控制模型。

4) 数据统计分析设备设置

根据需求指标，在仿真路网中分别设置行程时间分析路段、延误分析路段、排队计数器和数据检测器等；在重要的交叉口，把该交叉口的影响区域设置为节点。利用这些仿真设置，模型能够得到一系列评价指标，这对于分析路网各方面的性能有很大的分析意义。

5)建立站台和人行天桥模型

根据高峰小时的客流量分析,在重要的站点建立人行天桥和站台模型,以直观的视频效果体会站点的实际情况,如图 14-12、图 14-13 所示。

图 14-12　岗顶站人行天桥

图 14-13　岗顶站站台

4. 仿真模型运行与评价

在构建好 VISSIM 路网模型后,即可运行仿真,但由于 VISSIM 中仿真初始阶段的模拟交通流尚未达到稳定状态,因此,为了获得稳定的交通流、稳定的数据,故将仿真数据的收集时段设置在第 7000s~第 10600s 之间,时长为 1h,统计间隔为 3600s。

在 VISSIM 中定义和配置了各种评价类型以及评价结果的输出形式后,运行仿真,即可以得到评价指标的原始数据。最终评价指标都是来源于仿真得到的原始评价数据,各指标的数据来源可参见表 14-2。

评价指标的数据来源　　　　表 14-2

评 价 指 标	数 据 来 源
高峰小时 BRT 线路的流量和车速	数据采集点
BRT 车辆平均停站时间	车辆记录
BRT 车辆平均行程时间	行程时间
BRT 车辆在交叉口的延误时间	延误

续上表

评价指标	数据来源
公交专用道饱和度与服务水平	数据采集点
BRT 车辆平均载客率	车辆记录
乘客平均等待时间	车辆记录
路段机动车饱和度与服务水平	数据采集点
交叉口机动车延误	节点评价、分析器报告
交叉口机动车排队长度	节点评价、分析器报告
交叉口机动车饱和度与服务水平	交叉口机动车饱和度与服务水平
路段机动车平均车速	数据采集点

课后习题

1. 交通仿真和一般系统仿真之间的关系是什么？你是怎么看待交通仿真的？
2. 交通仿真系统是如何分类的？分类的依据是什么？
3. 对比一般交通仿真，在线交通仿真的意义是什么？你是如何理解在线交通仿真的？
4. 交通仿真在 ITS 评价中的作用是什么，你是怎么认识的？
5. 结合具体的项目，应用相关的仿真软件，你是如何体会、理解交通仿真的一般流程的？

参考文献

[1] 吴娇蓉. 交通系统仿真及应用[M]. 上海：同济大学出版社，2006.

[2] 姜桂艳. 道路交通判别技术与应用[M]. 北京：人民交通出版社，2004.

[3] 谢正全. 基于 VISSIM 的实时数据交通仿真技术的应用研究[D]. 成都：西南交通大学，2010.

[4] 郑媛元. 城市交通控制在线仿真技术[D]. 北京：北方工业大学，2008.

[5] 熊光楞，安亚凡. 一体化仿真软件和仿真操作系统[J]. 系统仿真学报，1989，1：36-39.

[6] 裴玉龙. 道路交通仿真系统[M]. 北京：人民交通出版社，2004.

[7] Eric Bernauer, Laurent Breheret, et al. Review of Micro-Simulation Models. SMARTEST/D3 and Appendix D, 1999-03.

附录　本书配套数字教学资源

序号	资源类型	资源名称	学习目的	来源	时长	对应页码
1	辅助视频	Toyota Intelligent Transport System	学习智能交通系统的基础理论与技术体系	YouTube公开视频	05:55	P14
2	辅助视频	Neuroevolution-Car learns to drive	学习基于神经网络的自动驾驶控制	YouTube公开视频	05:52	P37
3	辅助视频	Intersection Solutions from Sensys Networks	学习信号交叉口线圈检测技术	Sensys Networks公司公开视频	01:49	P43
4	辅助视频	线圈车型分类	学习线圈检测技术——车型分类	实拍原创制作	01:11	P44
5	辅助视频	车牌识别系统	学习车牌识别的应用案例	实拍原创制作	05:21	P51
6	辅助视频	交通流量检测实例展示	学习基于计算机视觉的交通流检测技术应用	实拍原创制作	06:20	P51
7	辅助视频	面向计算机视觉的交通语言设计与检测——标牌识别	面向计算机视觉的交通语言设计与检测——标牌识别	实拍原创制作	00:38	P51
8	辅助视频	面向计算机视觉的交通语言设计与检测——停车场空位检测	面向计算机视觉的交通语言设计与检测——停车场空位检测	实拍原创制作	01:15	P51
9	辅助视频	ISBAK-Full Adaptive Traffic Management System（ATAK）Video-ENG	学习自适应城市交通管理系统	YouTube公开视频	02:30	P80
10	教学录像	《智能交通系统》第5章第4~8节	深入学习大数据时代的交通信息平台	华南理工大学 黄玲	16:10	P87

续上表

序号	资源类型	资源名称	学习目的	来源	时长	对应页码
11	辅助视频	Cloud Computing-What is Cloud Computing	学习云计算技术	YouTube公开视频	04:42	P89
12	辅助视频	The world's largest data center	学习大数据技术	YouTube公开视频	03:05	P94
13	辅助视频	广州市天河区交通信号协调方案仿真对比	学习交通信号控制系统应用案例	实拍原创制作	06:14	P100
14	辅助视频	康安达交通信号协调控制系统演示	学习交通信号协调控制应用案例	实拍原创制作	20:12	P100
15	辅助视频	连贯流绿波协调控制方案实测效果	学习干道绿波协调控制应用案例	实拍原创制作	34:23	P100
16	辅助视频	驾驶行为督导系统"运安宝"展示	学习基于视频检测的驾驶行为督导系统应用案例	实拍原创制作	06:17	P102
17	辅助视频	广州市智能交通管理指挥系统专题片	学习智能交通指挥调度系统	实拍原创制作	09:15	P107
18	辅助视频	广州交通APP——行讯通	学习基于移动互联网的出行者信息服务系统	实拍原创制作	01:49	P127
19	辅助视频	广州中山大道BRT试验线交通仿真	学习广州市快速公交系统应用案例	实拍原创制作	07:34	P229
20	教学录像	《智能交通系统》第8章第5节	深度学习智能公交应用案例	华南理工大学 黄玲	03:50	P150
21	辅助视频	M80 Fwy Management System	学习智能高速公路管理系统	YouTube公开视频	04:26	P152
22	教学录像	《智能交通系统》第11章第1~5节	深入学习智能物流系统	华南理工大学 黄玲	22:21	P181
23	教学录像	《智能交通系统》第12章第1~5节	深入学习智能车辆系统	华南理工大学 黄玲	17:40	P194
24	辅助视频	Self-Driving Car Test-Steve Mahan	学习自动驾驶车辆	YouTube公开视频	03:01	P195
25	教学录像	《智能交通系统》第13章第1~6节	深入学习智能车路合作系统	华南理工大学 黄玲	33:07	P205
26	辅助视频	Connected Vehicle-The Future of Transportation	学习车联网技术	美国交通运输部公开视频	07:22	P213
27	辅助视频	U.S. DOT-Vehicle To Vehicle Communication	学习车与车通信技术	美国交通运输部公开视频	09:51	P213

本书配套数字教学资源　附录

续上表

序号	资源类型	资源名称	学习目的	来源	时长	对应页码
28	辅助视频	Connected Vehicle demonstrations	学习车联网技术应用实例	美国交通运输部公开视频	02:41	P213
29	辅助视频	未来车联网无信号机路口示例	学习智能车路合作系统	实拍原创制作	01:29	P205
30	辅助视频	Autonomous Intersection Management-Traffic Control for the Future	学习自治交叉口控制方式	YouTube公开视频	03:55	P205
31	辅助视频	PTV Vissim and Viswalk-New York Subway	学习 Vissim 和 Viswalk 仿真软件在地铁中的应用	PTV 公司公开视频	01:45	P219
32	辅助视频	PTV Viswalk and Vissim-All the Way through an Airport	学习 Vissim 和 Viswalk 仿真软件在行人仿真中的应用	PTV 公司公开视频	07:53	P225
33	辅助视频	PTV Vissim and Viswalk-Simulation of a Multi-Modal Junction	学习 Vissim 和 Viswalk 仿真软件在多模式的交叉口中的应用	PTV 公司公开视频	02:14	P225
34	辅助视频	大中城市路网交通运行仿真	学习大中城市路网交通运行仿真的应用案例	实拍原创制作	02:59	P229
35	辅助视频	广州 BRT 信号交叉口仿真视频	学习广州 BRT 信号交叉口仿真的应用案例	实拍原创制作	02:00	P229

注：1. 为帮助师生对《智能交通系统》进行更加深入和立体的学习，我们针对本书中的重点、难点章节，制作了与之配套的数字教学资源（主要包括教学录像、辅助视频两种内容形式）。
2. 广大师生在使用过程中，可以通过扫描书中相应页码设置的二维码进行下载观看。